UTB

Eine Arbeitsgemeinschaft der Verlage

Böhlau Verlag · Wien · Köln · Weimar
Verlag Barbara Budrich · Opladen · Toronto
facultas.wuv · Wien
Wilhelm Fink · München
A. Francke Verlag · Tübingen und Basel
Haupt Verlag · Bern · Stuttgart · Wien
Julius Klinkhardt Verlagsbuchhandlung · Bad Heilbrunn
Mohr Siebeck · Tübingen
Nomos Verlagsgesellschaft · Baden-Baden
Ernst Reinhardt Verlag · München · Basel
Ferdinand Schöningh · Paderborn · München · Wien · Zürich
Eugen Ulmer Verlag · Stuttgart
UVK Verlagsgesellschaft · Konstanz, mit UVK/Lucius · München
Vandenhoeck & Ruprecht · Göttingen · Bristol
vdf Hochschulverlag AG an der ETH Zürich

Grundzüge der Politikwissenschaft

Begründet von Mir A. Ferdowsi

Bisher erschienen:

Christian Schwaabe: *Politische Theorie 1* UTB 2931

Christian Schwaabe: *Politische Theorie 2* UTB 2932

Petra Stykow: *Vergleich politischer Systeme* UTB 2933

Stefan A. Schirm u.a.: *Globalisierung und Global Governance* UTB 2965

Petra Stykow u.a.: *Politikwissenschaftliche Arbeitstechniken* UTB 3137

Julian Nida-Rümelin: *Politische Philosophie der Gegenwart* UTB 3242

Werner Weidenfeld: *Die Europäische Union* UTB 3347

Christian Schwaabe

Politische Theorie 2

Von Rousseau bis Rawls

3., durchgesehene Auflage

Wilhelm Fink

Der Herausgeber:
Mir A. Ferdowsi (†), Dr. phil. habil., apl. Professor für Politikwissenschaft und Akademischer Direktor am Geschwister-Scholl-Institut für Politische Wissenschaft der Universität München. Neuere Veröffentlichungen u.a.: (Hg.): Internationale Politik im 21. Jahrhundert. UTB 2284, Fink Verlag, München 2002, zus. mit Volker Matthies (Hg.): Den Frieden gewinnen. Zur Konsolidierung von Friedensprozessen in Nachkriegsgesellschaften, Bonn 2003; zus. mit Dietmar Herz und Marc Schattenmann (Hg.): Von himmlischer Ordnung und weltlichen Probleme. Fink Verlag, München 2003; (Hg.): Afrika – ein verlorener Kontinent? UTB 8290, Fink Verlag, München 2004; (Hg.): Weltprobleme, 6. Neuausgabe, Bayerische Landeszentrale für Politische Bildung, München 2007 sowie in der Schriftenreihe der Bundeszentrale für politische Bildung, Band 642, Bonn 2007.

Der Autor:
Christian Schwaabe, Dr. phil. habil., Privatdozent für Politikwissenschaft am Geschwister-Scholl-Institut der Universität München; Veröffentlichungen im Fink Verlag: Freiheit und Vernunft in der unversöhnten Moderne. Max Webers kritischer Dezisionismus als Herausforderung des politischen Liberalismus (2002); Antiamerikanismus. Wandlungen eines Feindbildes (2003); Die deutsche Modernitätskrise. Politische Kultur und Mentalität von der Reichsgründung bis zur Wiedervereinigung (2005)

Online-Angebote oder elektronische Ausgaben sind erhältlich unter **www.utb-shop.de**

Bibliografische Information der Deutschen Nationalbibliothek

Die Deutsche Nationalbibliothek verzeichnet diese Publikation in der Deutschen Nationalbibliografie; detaillierte bibliografische Daten sind im Internet über
http://dnb.d-nb.de abrufbar.

3., durchgesehene Auflage 2013

(Wilhelm Fink Verlag GmbH, Jühenplatz 1, D-33098 Paderborn)

Internet: www.fink.de

Printed in Germany.
Einbandgestaltung: Atelier Reichert, Stuttgart
Herstellung: Ferdinand Schöningh, Paderborn

UTB-Band-Nr: 2932
ISBN 978-3-8252-3909-1

Vorwort des Herausgebers

Man mag es begrüßen oder es bedauern, unbestreitbar ist aber, dass mit der Vollendung des Bologna-Prozesses und der flächendeckenden Einführung von Bachelor-Studiengängen sich nicht nur die Hochschullandschaft grundlegend verändern wird, sondern dass damit auch wir, die Hochschullehrer, vor gewaltigen Herausforderungen in der Lehre stehen. Nicht unerheblich wird auch die Last sein, die auf die Studierenden zukommt. Denn es bedarf eines großen Engagements und eines umfangreicheren Zeitaufwandes als bislang, um sich in der relativ kurzen Zeit von vier bis fünf Semestern ein Basis-Wissen des Faches anzueignen und die vielen obligatorischen Module auch zu bestehen bzw. die entsprechenden ECTS-Punkte zu erwerben.

Vor allem die Tendenz zur „Verschlankung" des Studiums erfordert übersichtliche, aber nicht weniger umfassende und fachlich fundierte Lehrbücher. Die Reihe „Grundzüge der Politikwissenschaft", deren einzelnen Bände sich thematisch an die geläufigen Module des Bachelor-Studiums orientieren, hat sich zum Ziel gesetzt, Lehrbücher neuen Typs zu konzipieren, die – von exzellenten Vertretern des Faches verfasst – in knapp ausgearbeiteter Form Einführungen in die Studieninhalte bieten. Sie sollen den Studierenden dazu verhelfen, sich veranstaltungsbegleitend und durch Selbststudium in ein für sie neues Fachgebiet einzuarbeiten. Der Text ist lesefreundlich und konzentriert sich auf die wesentlichen Informationen des jeweiligen Themenbereichs. Dadurch erhalten die Studierenden einen schnellen und umfassenden Überblick und eine Grundlage für weiterführende, vertiefende Studien.

Der Herausgeber und der Autor hoffen, mit dem vorliegenden Band zum schnellen und erfolgreichen Studienablauf beizutragen.

München, im Sommer 2007 Mir A. Ferdowsi

Inhalt

Einleitung

In der Einleitung zum ersten Teilband dieser Einführung in die politische Theorie wurde bereits über den Gegenstand, die Herangehensweise und die Ziele dieses Lehrbuches gesprochen. Das dort Gesagte gilt natürlich ebenso für den vorliegenden zweiten Teilband, und es sollte vom Leser unbedingt in Erinnerung behalten werden. Das betrifft insbesondere den Hinweis auf die intensive Beschäftigung mit der Originalliteratur, die für die Auseinandersetzung mit dem politischen Denken unverzichtbar ist. Das betrifft zum anderen den Hinweis auf die notwendige Konzentration auf einige wenige klassische Ansätze und systematisch wichtige Fragestellungen, die in einem Einführungsbuch unausweichlich ist. Dazu sei mit Blick auf die Auswahl dieses Bandes noch kurz eingegangen.

Die Darstellung des ersten Bandes reichte vom Beginn der abendländischen politischen Philosophie bei Platon und Aristoteles über das christliche Denken des Mittelalters bereits weit in die Neuzeit hinein: zu Niccolò Machiavelli und Thomas Hobbes, die in je eigener Weise als Begründer neuzeitlichen politischen Denkens gelten können, und zu John Locke, der als einer der Urväter des modernen Liberalismus vom platonischen Ausgangspunkt bereits denkbar weit entfernt ist. Insofern darf die hier gewählte Aufteilung auch nicht dahingehend missverstanden werden, dass hier nach inhaltlich relevanten Kriterien eine „Zäsur" angezeigt werden sollte. Was die im vorliegenden zweiten Teilband behandelten Ansätze aber zweifelsohne verbindet, ist die Tatsache, dass sie alle die Debatten des politischen Denkens bis heute nachhaltig prägen. Zeitgenossen sind in diesem Sinne nicht nur Habermas und Rawls, sondern auch die etwas älteren Klassiker der politischen Moderne: Jean-Jacques Rousseau, Immanuel Kant, Karl Marx und Max Weber. Es wird deutlich werden, dass sie in je sehr unterschiedlicher Weise diese Moderne prägen und auf den Begriff bringen. Dies liegt wohl auch daran, dass diese Moderne selbst nicht nur äußerst vielschichtig ist, sondern vielleicht auch ein Stück „unübersichtlicher" als andere Epochen, stärker von Unsicherheit und Mehrdeutigkeit geprägt, von größeren Zweifeln und Ambivalenzen. Spätestens seit Max Weber gehört dies jedenfalls zu den gängigen Selbstbeschreibungen der Moderne.

Letzteres macht die Beschränkung auf wenige zu behandelnde Ansätze noch schwieriger. Dass hier wichtige Denker und Positionen ausgespart werden mussten, die bei einer weitergehenden Beschäftigung mit der Materie nicht fehlen dürfen, darauf wurde bereits in der Einleitung zum ersten Band hingewiesen – und auch darauf, den ausgewählten Teil gerade hier nicht fürs Ganze nehmen zu dürfen. So wird das 20. Jahrhundert mit Weber, Habermas und Rawls vorgestellt. Alle drei bilden zweifelsohne zentrale Bezugspunkte der politikwissenschaftlichen und theoretischen Debatten bis heute. Es wurde jedoch ebenfalls bereits betont, dass damit in der Darstellung jene konkurrierenden Formen und Paradigmen des politischen Denkens in den Hintergrund treten, die im 20. Jahrhundert und bis heute durchaus von einigem Gewicht waren und sind: verschiedene Formen neoplatonischen und neo-aristotelischen Denkens, marxistische Ansätze, dezidiert antiliberale Ansätze wie der von Carl Schmitt, die sogenannte Postmoderne oder auch die Systemtheorie Niklas Luhmanns. Verbindungslinien zu diesen Ansätzen und ihren zentralen Fragestellungen wurden – soweit es sinnvoll erschien – an einigen Stellen gezogen. Nachgehen muss und sollte ihnen der Leser freilich selbst. Insofern sei hier noch einmal an das Konzept dieses Buches wie auch der gesamten Reihe erinnert: Es soll ein möglichst verständlicher und übersichtlicher Zugang zur Materie geboten werden, aber gewiss keine umfassende und vollständige Darstellung. Im Idealfall wäre beim Leser Neugier und Lust geweckt, auf diesem Fundament eigenständig aufzubauen.

Jean-Jacques Rousseau und die Idee der Volkssouveränität

Einleitung: Das „revolutionäre" Denken eines ruhelosen Menschen

Jean-Jacques Rousseau (1712-1778) ist ein widersprüchlicher, jedenfalls ein schwer einzuordnender Denker. Den einen gilt er als *der* Philosoph der Freiheit, den anderen als Vordenker des Totalitarismus. Für die einen ist er der modernste und (in diesem Sinn) radikalste Denker seiner Epoche, für die anderen ist er ein rückwärtsgewandter Melancholiker und ebenso radikaler Kritiker der gesamten modernen Zivilisation. Die Protagonisten der Französischen Revolution haben sich als Rousseaus Testamentsvollstrecker gesehen. Er selbst hat die Idee einer Revolution äußerst skeptisch beurteilt. Bei all diesen schwer zu beantwortenden Fragen einer angemessenen Einordnung kann man über Rousseaus politisches Denken und Wirken doch wenigstens dies behaupten: „Liberté, Égalité, Fraternité", die Prinzipien von 1789, waren auch die Grundprinzipien des Rousseauschen Denkens. Und zumindest in dieser Hinsicht ist es nicht falsch, die Französische Revolution und das philosophische Werk Rousseaus als zwei zentrale Großereignisse der politischen Moderne nebeneinander zu stellen.

Rousseau ist einer der wichtigsten Denker der Moderne. Ob er auch ein moderner Denker war, ist eine ganz andere Frage. In dieser Frage laufen eine ganze Reihe jener Ambivalenzen zusammen, die Rousseau selbst in aller Deutlichkeit empfunden und artikuliert hat. Sie bestimmen auch sein Leben, das wie bei kaum einem anderen Philosophen das Werk prägt und das er selbst als ein unaufhörliches Umherirren beschreibt.

Geboren und herangewachsen ist Rousseau in der aristokratisch geprägten und zugleich sittenstrengen calvinistischen Republik Genf – ein Herkommen, auf das er später immer wieder gerne verweist: „als Bürger einer Republik geboren und Sohn eines Vaters, dessen stärkste Leidenschaft die Vaterlandsliebe war", bildete sich in ihm schon in früher Kindheit „der freie, republikanische Geist, der unbezähmbare, stolze Charakter, [...] unfähig, Joch und Knechtschaft zu ertragen" (B: I, 13). In Genf freilich hält es ihn nicht, mit sechzehn Jahren verlässt er seine Vaterstadt und beginnt eine lebenslange Wanderschaft. Er verbringt viele Jahre auf dem französischen Land im geselligen Haus der Madame de Warens, widmet sich der Musik und der Literatur, komponiert und dichtet. Doch auch hier hält es ihn nicht, und er geht nach Paris, die große Metropole mit ihrem pulsierenden gesellschaftlichen Leben. Mit eben diesem gesellschaftlichen Umfeld kommt er auf Dauer nicht zurecht, empfindet es als heuchlerisch und dekadent. Diese zweifache Prägung durch das republikanische Genf und das dekadente Paris wird in seinem gesamten schriftstellerischen Schaffen dominant bleiben.

Rousseau lebt und schreibt im 18. Jahrhundert, der hohen Zeit des Rationalismus und der Aufklärung. Es ist zudem die letzte Phase des „Ancien régime" und seiner verfeinerten Adelskultur. Gegen dieses sein Jahrhundert lehnt sich Rousseau mit seinem Denken auf. Das Fundament dieser „Rebellion" ist eine äußerst zivilisationskritische Haltung, die sich in ihm in all den Jahren des Umherirrens gebildet hat – und die im Jahre 1749 aus Rousseau gleichsam hervorbricht.

1. Der zivilisationskritische Ausgangspunkt: Der „Discours sur les sciences et les arts"

Im Jahr 1749 schreibt die Akademie in Dijon eine Preisfrage aus: Ob der Fortschritt der Künste und Wissenschaften dazu beigetragen habe, die Sitten zu reinigen? (KuW: 5) Diese Frage, für die man im Zeitalter der Aufklärung auf eine bejahende Antwort spekulieren durfte, wird für Rousseau nicht nur zum Ausgangspunkt seines philosophischen Schaffens. Mit dieser Frage wendet sich sein Leben. In den *Confessions* bemerkt er rückblickend: „Im Augenblick, da ich dies las, sah ich eine andre Welt, und ich wurde ein andrer Mensch." (B: 346) Seine all die Jahre tief empfundenen Gefühle des Zweifels und der Abscheu gegen die Dekadenz der gehobenen Gesellschaft, aber auch seine persönlichsten Probleme laufen in dieser Frage gleichsam zusammen – Nein: Der Fortschritt der Künste und Wissenschaften hat *nicht* dazu beigetragen, die Sitten zu reinigen – im Gegenteil. In voller Klarheit, so Rousseau Jahre später, standen ihm da plötzlich alle Widersprüche der Gesellschaftsordnung und die Verderblichkeit ihrer Institutionen vor Augen, durch die alleine der von Natur aus gute Mensch bösartig werde („que c'est par ces institutions seules que les hommes deviennent méchans") (OC I: 1135f.). Rousseau schreibt seine Antwort nieder, reicht sie ein und gewinnt den Preis.

Schon die ersten Zeilen des Vorworts verdeutlichen, wie wichtig Rousseau das Thema ist, und in welche Richtung seine Kritik zielen wird: „Es handelt sich in diesem Diskurs nicht um jene metaphysischen Spitzfindigkeiten, die alle Bereiche der Literatur erobert haben [...]. Es handelt sich vielmehr um eine jener Wahrheiten, an denen das Glück der Menschheit hängt." (KuW: 3) Er weiß, dass er mit seiner Antwort „alles vor den Kopf stoßen werde, was heute die Bewunderung der Menschen bildet" (ebd.). In der Tat, Rousseaus erster *Discours* ist ein Frontalangriff gegen die Aufklärung, gegen die Vernunft und die Wissenschaft der Zeit – genauer gesagt gegen die Nebenfolgen dieser zivilisatorischen Entwicklung: den Verlust der Tugend.

„In dem Maß, in dem unsere Wissenschaften und Künste zur Vollkommenheit fortschreiten, sind unsere Seelen verderbt geworden." (KuW: 15) Der spezialisierte Geist der Wissenschaft hat den Bezug zum Ganzen und seine Verbindung zum Menschen verloren. Dagegen preist Rousseau die Tugend als „erhabene Wissenschaft der schlichten Seelen" (KuW: 57). Die Prinzipien der Tugend werden nicht vom alles zergliedernden Verstand erfasst, sondern sind in die Herzen der Menschen eingeschrieben, vernehmbar allein als „Stimme des Gewissens" (KuW: 57). Dieser erste *Discours* ist eine mit gefühlsgeladenem Pathos vorgetragene Polemik, die sich durch eine eher schwache „Argumentation" auszeichnet – wie er rückblickend selbst befand: Es fehle „diesem Werk voll Feuer und Kraft völlig an Logik und Ordnung" (B: 347). Ganz in schwarz und weiß setzt er die Welt der Wissenschaften und der Künste mit ihrer Dekadenz und ihren Spitzfindigkeiten von dem Leben nach der einfachen, einzig wahren republikanischen Tugend ab.

Rousseau versammelt verschiedene historische Beispiele für diesen seit jeher zu beobachtenden Sachverhalt: „So also war zu allen

Zeiten Luxus, Ausschweifung und Sklaverei die Strafe für die ehrgeizigen Anstrengungen, die uns aus der glücklichen Unwissenheit führen sollten, in die uns die ewige Weisheit verwiesen hatte.“ (KuW: 27) Rousseau lobt Sparta, Athen dagegen ist ihm Beispiel der Dekadenz. Er preist das frühe Rom, das tugendhafte Rom Catos des Älteren, und sieht den Niedergang mit dem Einzug von Luxus und „Pomp“ kommen:

> „Bis dahin begnügten sich die Römer damit, gemäß der Tugend zu leben. Alles war verloren, als sie anfingen, sie zu studieren. […] Welch verhängnisvoller Glanz ist auf die römische Einfachheit gefolgt!“ (KuW: 25)

Diese Dekadenztheorie ist ein alt bekanntes Thema des republikanischen Tugenddiskurses. Rousseaus Zivilisationskritik geht jedoch über den Bereich des Politischen hinaus. Sie nimmt die Folgen in den Blick, die der zivilisatorische Verlust der ursprünglichen Natürlichkeit für den Menschen hat.

> „Keine aufrichtigen Freundschaften mehr, kein wirkliches Ansehen, kein gegründetes Vertrauen. Verdächte, Argwohn, Furcht, Kälte, Reserve, Haß, Verrat verbergen sich ständig unter dem gleichaussehenden und scheinheiligen Schleier der Höflichkeit – hinter jener so gepriesenen Urbanität, die wir der Aufklärung unseres Jahrhunderts verdanken.“ (KuW: 13)

Umgeben von den verfeinerten höfischen Sitten des Ancien régime und mitten im Zeitalter der Aufklärung wird diese Einsicht für Rousseau zu einem seine ganze Person erfassenden Konversionserlebnis, das er mit dem des Augustinus vergleicht. Freilich führt diese Bekehrung nicht zu Gott. Es ist die Bekehrung des Kulturmenschen zu seiner eigenen, durchaus irdischen Natürlichkeit: „das weite Land, die natürlich blühenden, nicht zurechtgestutzten Bäume und Weiden, die Hecken, Wiesen und Scheunen der Ile de France, die Dörfer mit natürlichen unverstellten Menschen, das Singen der Ziegenhirten, der Duft eines Omeletts in einer Bauernstube. Es ist ein Finden der von der Kulturwelt verdeckten natürlichen Welt, die zugleich als wahre Heimat der Seele, als Zentrum des neugewonnenen Ichs erkannt wird.“ (Maier 1987: 85)

„Zurück zur Natur“ – diese ihm zugeschriebene Parole stammt nicht von Rousseau selbst. Er hat auch niemals daran geglaubt, dass damit ein realistischer Ausweg aus der zivilisatorischen Misere benannt wäre. Trotzdem findet hier, in der beschriebenen Dichotomie von guter, menschlicher Natürlichkeit und dekadenter, unmenschlicher Zivilisation ein Grundzug seines Denkens bzw. Empfindens seinen Ausdruck, der in Rousseaus gesamtem weiteren Schaffen präsent bleiben wird. Das gilt nicht nur für seinen Roman *La Nouvelle Héloïse* (1759), einem Stück romantischer Gefühlsliteratur mit idyllischen Naturbetrachtungen. Rousseaus Zivilisationskritik ist von Beginn an alles andere als unpolitisch. Das wird im ersten *Discours* schon am ausgiebigen Lob der alten republikanischen Tugend deutlich. Noch deutlicher entwickelt Rousseau seine politische Gesellschaftskritik aber in seinem zweiten *Discours*.

2. Kritik der politischen Ungleichheit: Der „Discours sur l'inégalité"

Auch für den zweiten *Discours* gibt eine Preisfrage der Akademie in Dijon den Anstoß: „Welches ist der Ursprung der Ungleichheit unter den Menschen, und ob sie durch das natürliche Gesetz autorisiert wird?" (DU: 65) Rousseaus Antwort, die er stolz mit „citoyen de Genève" zeichnet, bezieht sich vor allem auf den ersten Teil der Frage, weiß aber auch den zweiten zu beantworten. Die Ungleichheit, die man heute beobachten kann, ist gesellschaftlich bedingt. Und das gibt Rousseau die Möglichkeit, bestehende Formen gesellschaftlicher Ungleichheit zurückzuweisen.

Rousseau unterscheidet zwei Arten der Ungleichheit:

> „die eine, die ich natürlich oder physisch nenne, weil sie durch die Natur begründet wird, und die im Unterschied der Lebensalter, der Gesundheit, der Kräfte des Körpers und der Eigenschaften des Geistes und der Seele besteht; und die andere, die man moralische oder politische Ungleichheit nennen kann, weil sie von einer Art Konvention abhängt und durch die Zustimmung der Menschen begründet oder zumindest autorisiert wird. Die letztere besteht in unterschiedlichen Privilegien, die einige zum Nachteil der anderen genießen – wie reicher, geehrter, mächtiger als sie zu sein oder sich sogar Gehorsam bei ihnen zu verschaffen." (DU: 67)

Die natürliche Ungleichheit der Menschen ist unproblematisch, sie ist naturgegeben. Was ihn interessiert, ist die „politische Ungleichheit": Diese Ungleichheit ist nicht von Natur. Und mit Blick auf diese Ungleichheit fragt er: Wie kam sie im Verlaufe der Menschheitsgeschichte zustande? Was kann sie, in welcher Form, rechtens machen? Auch Rousseau fragt zu diesem Zweck nach dem Naturzustand. Die Philosophen, die dies vor ihm taten, so Rousseau, seien freilich beim wahren Naturzustand und beim natürlichen Menschen („l'homme naturel") niemals angelangt. Sie alle

> „haben unablässig von Bedürfnis, von Habsucht, von Unterdrückung, von Begehren und von Stolz gesprochen und damit auf den Naturzustand Vorstellungen übertragen, die sie der Gesellschaft entnommen hatten. Sie sprachen vom wilden Menschen und beschrieben den bürgerlichen Menschen." (DU: 69f.)

Auf diese Weise haben sie ihren Staatstheorien ein verzerrtes Fundament gegeben: Sie haben aus diesem Naturzustand argumentativ hergeleitet, was sie zuvor aus dem bürgerlichen Zustand in ihn hineinprojiziert hatten (vgl. DU: 70, Anm. 80). Rousseau dagegen will „bis an die Wurzel graben" und den „wahrhaften Naturzustand" zeigen (DU: 161). Als Gegenstand nimmt sich Rousseau also „den Menschen schlechthin" vor. Er will das menschliche Wesen so betrachten, „wie es aus den Händen der Natur hat hervorgehen müssen", vor Entwicklung „aller künstlichen Fähigkeiten" auf dem Wege zivilisatorischen Fortschrittes (DU: 79). Rousseau grenzt diesen „homme naturel" vom „homme civilisé" ab. Vor diesem großen Bruch, der durch Ackerbau, Sesshaftigkeit und die Einführung des Eigentums eintritt, lebt der Mensch „natürlich": zunächst als gänzlich isolierter Naturmensch, dann als Jäger und Sammler und als Hirte. Der Naturmensch erscheint nicht als defiziente Vorstufe des zivilisierten Menschen, und dieser nicht als Krönung einer in der Natur des Menschen angelegten Entwicklung. Im Gegenteil: Die Entfaltung von Vernunft und Kultur wird sich als Grund allen Unglücks des „homme civilisé" herausstellen.

Der Mensch im anfänglichen Naturzustand erscheint bei Rousseau als relativ gutmütiger Wilder. Der unverbildete Naturmensch folgt dem einfachen Antrieb der Natur: „Seine Begehren gehen nicht über seine physischen Bedürfnisse hinaus. Die einzigen Güter, die er in der Welt kennt, sind Nahrung, ein Weibchen und Ruhe; die einzigen Übel, die er fürchtet, sind Schmerz und Hunger." (DU: 107) Dieser Mensch zeichnet sich vor allem durch zweierlei aus: durch Unabhängigkeit („indépendance") und Selbstliebe („amour de soi-même"). Die „indépendance" bezeichnet die natürliche Freiheit. Der Mensch ist in diesem Zustand weithin gleichgültig den anderen Menschen gegenüber. Der Naturmensch ist weder das aristotelische „zoon physei politikon" noch der „Wolf" des Thomas Hobbes. In Rousseaus Naturzustand leben die Menschen eher nebeneinander her. Und das heißt insbesondere,

> „daß die Menschen in jenem Zustand – da sie untereinander weder irgendeine Art moralischer Beziehung noch erkannter Pflichten hatten – weder gut noch böse sein konnten und weder Laster noch Tugenden hatten" (DU: 135).

Rousseau nimmt den Naturmenschen gegen die Darstellung in Schutz, die Hobbes im *Leviathan* liefert. Dieser habe die Missstände des zivilisatorisch fortgeschrittenen Zustandes in den Naturzustand projiziert: Er hat „in die Sorge um die Erhaltung beim wilden Menschen unangebrachterweise das Bedürfnis hineingenommen [...], eine Vielzahl von Leidenschaften zu befriedigen, die das Werk der Gesellschaft sind" (DU: 139). So aber habe Hobbes gerade einen entscheidenden Charakterzug des Naturmenschen übersehen: das natürliche Mitleid mit seinesgleichen, den „angeborenen Widerwillen [...], seinen Mitmenschen leiden zu sehen" (DU: 141).

Das durchaus positive Bild des Naturmenschen wird vor allem an dessen Selbstliebe („amour de soi-même") deutlich, die Rousseau scharf von der Eigenliebe („amour-propre") abgrenzt:

> „Die Selbstliebe ist ein natürliches Gefühl, das jedes Tier dazu veranlasst, über seine eigene Erhaltung zu wachen, und das, im Menschen von der Vernunft geleitet und durch das Mitleid modifiziert, die Menschlichkeit und die Tugend hervorbringt. Die Eigenliebe ist nur ein relatives, künstliches und in der Gesellschaft entstandenes Gefühl, das jedes Individuum dazu veranlasst, sich selbst höher zu schätzen als jeden anderen, das den Menschen all die Übel eingibt, die sie sich wechselseitig antun, und das die wahrhafte Quelle der Ehre ist." (DU: 369, Anm. XV)

Der Naturmensch kennt keine Eigenliebe, denn es gibt in seinem Leben gar keinen Anlass für sie. Das ändert sich mit dem Zivilisationsprozess, der den Anstoß für Eigenliebe, Eitelkeit und Neid gibt, für das Verlangen der Menschen, sich zu vergleichen, nach Prestige und Ehre zu streben. Als eigentlicher Grund allen Übels erscheint bei Rousseau das Eigentum. Mit ihm entsteht eine neue und für das Zusammenleben der Menschen folgenreiche Form von Ungleichheit.

> „Der erste, der ein Stück Land eingezäunt hatte und es sich einfallen ließ zu sagen: *dies ist mein* und der Leute fand, die einfältig genug waren, ihm zu glauben, war der wahre Gründer der bürgerlichen Gesellschaft. Wie viele Verbrechen, Kriege, Morde, wie viel Not und Elend und wie viele Schrecken hätte derjenige dem Menschengeschlecht erspart, der die Pfähle herausgerissen oder den Graben zugeschüttet und seinen Mitmenschen zugerufen hätte: ‚Hütet euch, auf diesen Betrüger zu hören; ihr seid verloren, wenn ihr vergeßt, daß die Früchte allen gehören und die Erde niemandem.'" (DU: 173)

Mit dem Eigentum beginnt das letzte Stadium des Naturzustandes – und das Ende der ursprünglichen, besseren Seinsweise des Menschen. Der Naturzustand schlägt in einen Kriegszustand um.

> „Konkurrenz und Rivalität auf der einen Seite, Gegensatz der Interessen auf der anderen und stets das versteckte Verlangen, seinen Profit auf Kosten anderer zu machen; alle diese Übel sind die erste Wirkung des Eigentums und das untrennbare Gefolge der entstehenden Ungleichheit." (DU: 209)

Dieser Kriegszustand ist für Rousseau aber, anders als bei Hobbes, nicht mehr der Zustand der ursprünglichen Natürlichkeit, sondern das Ergebnis gesellschaftlicher Entwicklung. Zerstört wurde so auch die natürliche Güte des Naturmenschen:

> „Die Usurpationen der Reichen, die Räubereien der Armen, die zügellosen Leidenschaften aller erstickten das natürliche Mitleid und die noch schwache Stimme der Gerechtigkeit und machten so die Menschen geizig, ehrsüchtig und böse." (DU: 211)

Rousseau hält diesen „Fortschritt" der Menschheit für fatal. Dennoch glaubt er, dass diese Entwicklung zwangsläufig und unumkehrbar ist. Sie ist von vielen voran gegangenen Veränderungen abhängig, unter anderem von der Vermehrung der Menschen und ihren engeren Sozialkontakten. Rousseau ist kein Träumer: „Soll man die Gesellschaften zerstören, Dein und Mein vernichten und dazu zurückkehren, in den Wäldern mit den Bären zu leben?" (DU: 319, Anm. IX) Nein, so will Rousseau explizit nicht verstanden werden. Dieser Weg ist versperrt. Und das bedeutet vor allem zweierlei. Zum einen plädiert Rousseau keineswegs für eine Abschaffung des Privateigentums. Im *Contrat Social* wird es vielmehr um eine gerechtere Verteilung gehen, darum, das Privateigentum in einer Weise zu schützen, die mit dem Gemeinwohl verträglich ist (vgl. Rehm 2005). Zum anderen betont Rousseau schon im *Discours*, dass die „heiligen Bande der Gesellschaften" unbedingt zu achten sind (DU: 321, Anm. IX). Die Kritik an den bestehenden Verhältnissen begründet kein „Zurück zur Natur".

Im letzten Teil des *Discours* geht Rousseau auf die Vertragstheorie ein, allerdings noch nicht in der Weise wie später im *Contrat Social*. Dem vertragstheoretischen Argument kommt hier nur eine kritische Funktion zu. Rousseau karikiert, wie die Reichen auf die für sie nützliche Idee kommen, sich ihre Position durch einen solchen Vertrag abzusichern. Und er beschreibt, wie es am Ende zu Despotismus und skrupelloser Gewaltherrschaft kommt – eine Verfallsgeschichte, ein weiterer Beleg für den elenden Zustand, in dem sich die Menschheit befindet.

> „Hier läuft alles auf das alleinige Gesetz des Stärkeren hinaus und folglich auf einen neuen Naturzustand, der sich von jenem, mit dem wir begonnen haben, darin unterscheidet, dass der eine der Naturzustand in seiner Reinheit war, und dieser letzte die Frucht eines Exzesses an Korruption ist." (DU: 263)

Durch einen solchen Betrugsvertrag kommt es zu einem Staat, der das Unrecht zementiert. Rousseau weist das absolutistische Vertragsmodell in aller Schärfe zurück. Damit ist klar, welche Formen der Ungleichheit keineswegs „durch das natürliche Gesetz autorisiert" werden. Er habe gezeigt, so Rousseau,

> „dass die Ungleichheit, die im Naturzustand nahezu null ist, ihre Macht und ihr Wachstum aus der Entwicklung unserer Fähigkeiten und den Fortschritten des menschlichen Geistes bezieht und durch die Etablierung des Eigentums und der Gesetze schließlich dauerhaft und legitim wird. Weiter folgt daraus, dass die moralische Ungleichheit, die allein durch das positive Recht autorisiert wird, dem Naturrecht zuwider ist, wann immer sie mit der physischen Ungleichheit nicht im gleichen Verhältnis einhergeht: eine Unterscheidung, die hinreichend bestimmt, was man in dieser Hinsicht von der Art von Ungleichheit zu denken hat, die unter allen zivilisierten Völkern herrscht." (DU: 271)

Nichts hat man von solcher Ungleichheit zu halten, nichts rechtfertigt einen Zustand, in dem „eine Handvoll Leute überfüllt ist mit Überflüssigem, während die ausgehungerte Menge am Notwendigsten Mangel leidet" (DU: 271f.).

Mit dieser durchaus revolutionären Aussage endet der *Diskurs über die Ungleichheit*, dessen Kultur- und Gesellschaftskritik zwar pessimistisch, ja resignativ anmuten, aber zugleich die Richtung für Rousseaus folgende Schriften weisen. Nun nämlich stellt sich die Frage, wie mit dieser prinzipiell unumkehrbaren Entwicklung umzugehen ist: Wie lassen sich menschenwürdigere Verhältnisse innerhalb dieses geschichtlichen Prozesses verwirklichen? Diese Frage hat zwei wichtige Aspekte, denen sich Rousseau in seinen beiden 1762 veröffentlichten Hauptwerken widmet: Der eine betrifft den einzelnen Menschen und seine angemessene Erziehung – damit beschäftigt sich der *Émile*. Der andere betrifft die Einrichtung einer Gesellschaft, die dem Leitwert der Freiheit verpflichtet ist – das ist Thema des *Contrat Social*.

Bevor wir auf Rousseaus politisches Hauptwerk eingehen, hier nur einige kurze Anmerkungen zu seinem berühmten pädagogischen Lehrstück. Schon mit dem ersten Satz begegnet uns der bereits bekannte Zivilisationskritiker Rousseau: „Alles ist gut, wie es aus den Händen des Schöpfers kommt, alles entartet unter den Händen des Menschen." (E: I, 9) Auch im *Émile* geht es freilich nicht um ein „Zurück zur Natur", sondern darum, den natürlichen Menschen neu zu entdecken und die Erziehung des Kindes so zu gestalten, dass eine möglichst freie Entwicklung begünstigt wird. Rousseau plädiert dafür, das Kind als Kind zu nehmen, ihm seine kindliche Natur zu belassen und diese nicht zu früh durch die Normen der Erwachsenenwelt zu überformen. „Die Natur will, dass Kinder Kinder sind, ehe sie Männer werden. [...] Die Kindheit hat eine eigene Art zu sehen, zu denken und zu fühlen, und nichts ist unvernünftiger, als ihr unsere Art unterschieben zu wollen." (E: II, 69) Das eigentliche Ziel von Erziehung muss darin bestehen, die Entfaltung einer freien Persönlichkeit zu ermöglichen.

Obwohl auch der *Émile* bereits wichtige Aussagen zu Gesellschaft und Politik enthält, steht die systematische Untersuchung von Recht und Politik noch aus.

> „Ich hatte gesehen, daß alles im letzten Grunde auf die Politik ankäme und daß, wie man es auch anstellte, jedes Volk stets nur das würde, was die Natur seiner Regierung aus ihm machen würde. So schien mir die große Frage nach der bestmöglichen Regierung sich auf jene zurückzuführen: Welche Regierungsform ist dazu geeignet, das tugendhafteste, aufgeklärteste, verständigste, kurz das beste Volk im weitesten Sinne zu bilden?" (B: IX, 399)

Damit sind wir bei einer der zentralen Fragen des *Contrat social*, dem politischen Hauptwerk Rousseaus.

3. Freiheit als „totale Selbstentäußerung"

„Der Mensch wird frei geboren, aber überall liegt er in Ketten." (GV: I, 1) So beginnt das erste Kapitel des *Contrat Social*, der von vielen Zeitgenossen als Aufruf zur gesellschaftlichen Revolution empfunden wurde. Der *Contrat Social*, der von Rousseau einleitend lediglich als kleiner Teil eines ursprünglich geplanten großen Werkes vorgestellt wird, enthält tatsächlich eine Reihe scharfer Angriffe auf Staat und Kirche und ist an vielen Stellen von einem durchaus revolutionären Pathos getragen.

Der emphatische Beginn der Schrift verweist auf das thematische Zentrum des *Contrat Social*: auf die Freiheit. Rousseaus Abhandlung ist eine einzige Verteidigung der Freiheit. „Auf seine Freiheit verzichten heißt, auf sein Menschtum, auf die Menschenrechte, sogar auf seine Pflichten zu verzichten." (GV: I, 4) Der Mensch wird frei geboren, seine natürliche Freiheit gehört zu seinem Wesen. Diese Freiheit kann der Mensch nicht veräußern, auch nicht durch irgendeinen Vertrag. Andererseits bestreitet Rousseau keineswegs die Notwendigkeit von Regierung und Herrschaft – mehr noch:

> „Die Gesellschaftsordnung ist ein heiliges Recht, das die Grundlage aller anderen Rechte ist. Diese Ordnung entspricht aber nicht der Natur. Sie ist durch Vereinbarungen begründet." (GV: I, 1)

Nur durch vertragliche Übereinkunft ist Freiheitsentäußerung möglich. Das Recht der gesellschaftlichen Ordnung kann nicht der Natur oder purer Gewalt entstammen. Die besondere Herausforderung besteht darin, bei dieser Konstitution der Gesellschaft die Freiheit nicht zu opfern:

> „‚Es muß eine Gesellschaftsform gefunden werden, die mit der gesamten gemeinsamen Kraft aller Mitglieder die Person und die Habe eines jeden einzelnen Mitglieds verteidigt und beschützt; in der jeder einzelne, mit allen verbündet, nur sich selbst gehorcht und so frei bleibt wie zuvor.' Das ist das Grundproblem, das der *Gesellschaftsvertrag (contrat social)* löst." (GV: I, 6)

Welcher Art muss diese Übereinkunft sein? Welches Vertragsmodell ist dazu geeignet? Am Anfang aller Gesellschaft und im Zentrum der Rousseauschen Vertragstheorie steht die „erste Konvention", der „Urvertrag", „durch den ein Volk ein Volk wird" (GV: I, 5). Zu diesem den Staat konstituierenden Gesellschaftsvertrag führt auch bei Rousseau die Einsicht der Menschen, den Naturzustand besser zu verlassen. Der „Primitivzustand" kann nicht mehr fortdauern: „Das Menschengeschlecht würde zugrunde gehen, wenn es seine Lebensweise nicht änderte." (GV: I, 6) Entscheidend ist für Rousseau die Frage, welcher Art von Herrschaft man sich dabei *nicht* unterwerfen würde. Die absolutistische Variante der Vertragstheorie wird scharf zurückgewiesen. Der Mensch, der so frei bleiben soll wie zuvor, darf sich nicht einem fremden Willen unterwerfen. Der allgemeine Wille der Gesellschaft darf also kein anderer sein als der des natürlich-freien Menschen. Es muss eine Identität von Einzelwillen und Gesamtwillen bestehen.

Die Lösung, die Rousseau sich zur Erhaltung der Freiheit vorstellt, ist nicht nur auf den ersten Blick erstaunlich – und sie ist insbesondere beim Liberalismus auf scharfe Kritik gestoßen: Der Weg zur wahren Freiheit scheint den Menschen in einen totalen Staat zu führen! Mit dem Gesellschaftsvertrag behält kein Bürger irgendwelche

Rechte aus dem Naturzustand. Vollständig geht der Mensch in den Staat ein, auf dem Wege einer vollständigen und vorbehaltlosen „Überäußerung eines jeden Mitglieds mit all seinen Rechten an die Gemeinschaft“ (GV: I, 6). Durch diese totale Selbstentäußerung („aliénation totale“) bringt der einzelne seine absolute Freiheit in den Staat ein. Der so entstandene „Moral- und Kollektivkörper“, dem in seinem Handeln kaum noch Grenzen gesetzt sind, besteht aus allen, die sich dieserart zusammengeschlossen haben. Die Menschen werden zu einem „gemeinsamen Ich“ („moi commun“) vergesellschaftet, „sie werden bis in den Nerv ihrer Existenz Glieder der Gesellschaft“ (Brandt/Herb 2000a: 1). Sie sollen eine echte Einheit bilden.

Mit dieser Form der Vergesellschaftung verfolgt Rousseau nicht das Ziel, den einzelnen zu unterdrücken. Er will nicht lediglich die Gehorsamspflicht bloßer Befehlsempfänger plausibilisieren. Rousseaus Bürger sind nicht nur Untertanen („sujets“), sondern auch „citoyens“, politische Bürger: Sie sind „Teilhaber“ der Souveränität. Sie sind beides zugleich, „weil das Wesen des politischen Körpers auf der Übereinkunft von Gehorsam und Freiheit beruht und die Wörter *Untertan* und *Souverän* identische Wechselbegriffe sind, deren Idee im Wort Bürger zusammenfällt“ (GV: III, 13). „*Populus est rex*: Der Rousseausche Gesellschaftsvertrag ist das Symbol der politischen Selbstermächtigung des Volkes. Indem er jedem die doppelte Rolle eines gleichberechtigten Herrschaftsteilhabers und eines gleichverpflichteten Herrschaftsunterworfenen zuteilt, bildet er die rechtliche Form einer herrschaftsrechtlichen Selbstorganisation der Gesellschaft.“ (Kersting 2003: 18) Der Gesellschaftsvertrag – und das, was aus ihm folgt – ist damit nicht ein nur hypothetisches Konstrukt, nicht bloßes Symbol eines fernen Anfangs, sondern „muß selbst zur Verfassung und zur Verlaufsform gesellschaftlichen Lebens werden. Rousseaus Vertrag […] verlangt gesellschaftsweite Realität und andauernde Präsenz. Er ist selbst das Muster der politischen Organisation der Gesellschaft.“ (ebd.) Das wertet den einzelnen enorm auf, ordnet ihn aber zugleich völlig dem Ganzen unter: „Wer dem Gemeinwillen den Gehorsam verweigert, muß durch den ganzen Körper dazu gezwungen werden. Das heißt nichts anderes, als dass man ihn dazu zwingt, frei zu sein.“ (GV: I, 7)

Der Hauptprotagonist des Rousseauschen Staates ist der vergesellschaftete „citoyen“. Auf ihn und seine Tugenden kommt es an – nicht auf die Ausstattung und die Kalküle des Naturzustandsbewohners. Mit diesem ist der Bürger des *Contrat* auch deshalb nicht zu vergleichen, weil Rousseau eine „Veredelung“ des Menschen beim Eintritt in den bürgerlichen Stand unterstellt:

> „Dieser Übergang vom Natur- zum Zivilstatus bringt im Menschen eine sehr bemerkenswerte Verwandlung hervor: anstelle des Instinkts setzt er die Gerechtigkeit und verleiht seinen Handlungen jene moralische Verpflichtung, die ihnen vorher gefehlt hatte." (GV: I, 8)

Der Mensch, „der bislang nur sich selbst im Auge hatte", wandelt sich zum tugendhaften und am Gemeinwohl orientierten „citoyen". Als Bürger wird der Mensch erst zu einem sittlichen Wesen, nachdem er zuvor nur ein „beschränktes Tier" war.

Durch die Aufgabe seiner natürlichen Freiheit erreicht der Mensch mit der bürgerlichen Freiheit die wahre Freiheit: „die moralische Freiheit", „die allein den Menschen zum Herren seiner selbst macht": „Reine Begierde ist Sklaverei; Gehorsam dem Gesetz gegenüber, das man sich selber gegeben hat, ist Freiheit." (GV: I, 8) Politischer „Herr seiner selbst" zu sein impliziert indes ein enormes Maß an Engagement und Identifikation mit dem Gemeinwesen. Das Volk als Souverän kann und darf sich nicht ins Private zurückziehen.

> „In einem wirklich freien Staat machen die Bürger alles eigenhändig und nichts mit Geld: Statt sich von ihren Pflichten freizukaufen, würden sie bezahlen, um sie selbst zu machen." (GV: III, 15)

Der Dienst am Staat muß die „Hauptsorge der Bürger" sein. Leuchtendes Vorbild sind für Rousseau „die Alten": „Die Griechen taten alles selber, was sie als Volk zu tun hatten. Sie waren ständig auf dem Platz versammelt. [...] Ihr Hauptanliegen war die Freiheit." (ebd.) Diese Freiheit ist nicht nur eine „negative" Freiheit, die durch Abwehrrechte gegen den Staat gesichert wird. Es ist eine republikanische Freiheit, und sie verlangt vom Bürger Opferbereitschaft bis zur Hingabe des eigenen Lebens (GV: II, 5). Hier ist Rousseau nahe am klassischen Republikanismus, unter anderem auch an Machiavellis Lob der Bürgertugend. Wie neuartig und revolutionär Rousseaus Republikanismus aber tatsächlich ist, das wird erst an zwei Schlüsselbegriffen seiner Theorie deutlich, deren durchaus problematische Aspekte bereits angeklungen sind: der Volkssouveränität und vor allem dem Gemeinwillen, der „volonté générale".

4. Volkssouveränität und volonté générale

> „Die erste und wichtigste Folgerung aus den obigen Prinzipien ist, daß allein der Gemeinwille die Kräfte des Staates dem Zweck seiner Gründung entsprechend lenken kann. Der Zweck aber ist das Gemeinwohl. Denn wenn der Gegensatz der Einzelinteressen die Bildung von Ge-

> sellschaften notwendig gemacht hat, so hat sie das Zusammenspiel der gleichen Interessen möglich gemacht. Das soziale Band bildet das Gemeinsame in diesen verschiedenen Interessen.“ (GV: II, 1)

Um dieses „Gemeinsame“ geht es Rousseau vor allem anderen. Das Kollektiv steht über dem Einzelnen. Auf der Kollektivebene sind alle relevanten Größen des Politischen angesiedelt: Volk und Volkssouveränität, Gemeinwohl und Gemeinwille. Der Akt der Vergesellschaftung bedeutet „eine wechselseitige Verpflichtung zwischen dem Gemeinwesen und dem einzelnen“ (GV: I, 7). Dieser ist dem Gemeinwesen vollständig verpflichtet, weil er mit dem Gemeinwesen identisch ist. Frei ist der einzelne dabei gleichwohl: Denn wenn er als Teil des Volksganzen dessen Gesetzen folgt, dann folgt er ja, so Rousseau, seinen eigenen Gesetzen. Basis dieses kollektivistischen und doch freiheitlichen Denkens ist die Grundannahme, „daß die Souveränität nur der Vollzug des Gemeinwillens ist und niemals veräußert werden darf, und daß der Souverän ein Kollektivwesen ist, das nur durch sich selbst dargestellt werden kann“ (GV II.1).

Rousseau ist der Stammvater der modernen Idee der Volkssouveränität. „Das Volk, das den Gesetzen unterworfen ist, muß ihr Urheber sein.“ (GV: II, 6; vgl. III, 1) Souverän ist *das Volk* – kein Einzelner, keine Führungsclique, kein Leviathan. Und: Souverän ist das Volk *als Kollektiv* – nicht die einzelnen, nicht die Menschen als Individuen. Aus der Volkssouveränität folgt alles Weitere. Rousseau setzt sie absolut: Sie ist prinzipiell unveräußerlich und unteilbar. Sie kann durch keine Verfassung begrenzt werden, durch keine individuellen Grundrechte oder gar die Ansprüche bestimmter gesellschaftlicher Gruppen. Der Inhalt der Souveränität liegt einzig in der Gesetzgebung, und die ist dem Volk als Ganzem vorbehalten. Die Gesetzgebung bezieht sich nicht auf „individuelle Gegenstände“ oder Einzelfälle, sondern stets nur auf das Allgemeine:

> „Wenn das ganze Volk über das ganze Volk beschließt, sieht es nur sich selbst. […] Dann ist der Gegenstand, über den man beschließt, genauso allgemein wie der Wille, der beschließt. Diesen Akt nenne ich ein Gesetz.“ (GV: II, 6)

Wenn solche Gesetze auf diese Art und Weise zustande kommen, dann hat man es mit der einzig legitimen Staatsform zu tun, der Republik:

> „Ich nenne daher Republik jeden Staat, der von Gesetzen geleitet wird, unter welcher Verwaltungsform er auch erscheint. Denn nur dann allein regiert das Staatsinteresse, und die öffentliche Sache hat ihren Wert. Jede rechtmäßige Regierung ist republikanisch.“ (GV: II, 6)

Zweitrangig ist demgegenüber die Frage, wer die Gesetze vollstreckt. Das ist die Aufgabe der (nicht-souveränen) Regierung. Die Regierung, so Rousseau, wird von vielen, aber zu Unrecht „mit dem Souverän verwechselt", und ist doch nur „dessen Diener" (GV: III, 1). Als bloßes Vollzugsorgan, das mit „Einzelakten", also mit Partikularem und nicht mit Allgemeinem beschäftigt ist, darf die Regierung keinen anderen Willen haben als den der Legislative. Der „Regierungskörper" wird von der Legislative per Erlass eingesetzt. Die Einrichtung einer Regierung ist kein Vertrag: „Im Staat gibt es nur einen Vertrag: den Vertrag der Vergesellschaftung. Der aber schließt jeden anderen Vertrag aus." (GV: III, 16; vgl. III, 1) Die Regierung ist dem Souverän rechenschaftspflichtig und jederzeit abberufbar (GV: II, 16-18; III, 1 und 17). Um eine Teilung einander kontrollierender Gewalten handelt es sich hier nicht, eher um eine Form der Aufgabenteilung.

Welche Regierungsform gewählt wird, bleibt für Rousseau sekundär. Vom Einzelfall und den jeweiligen Umständen hängt es ab, ob eine Demokratie (Regierung durch alle), eine Aristokratie (wenige) oder eine Monarchie (einer) geeigneter erscheint oder aber eine der verschiedenen Varianten dieser drei Grundformen. Rousseau nennt eine Reihe pragmatischer Gründe, die es nahelegen, die Regierung nur wenigen oder einem zu überlassen (GV: III, 2, 5, 6). Mit der republikanischen Idee der Volkssouveränität sind all diese Regierungsformen vereinbar. Nach gängigem Sprachgebrauch irritiert dies zunächst, identifiziert man Volksgesetzgebung doch meist mit Volksherrschaft und nennt beides Demokratie. Rousseau hingegen ist Republikaner im oben definierten Sinn. Als ein solcher bemerkt er zur Demokratie, dass es eine völlige Demokratie nie gegeben habe und wohl auch nie wird geben können: Sollte das Volk etwa ständig zusammenbleiben, um über die Staatsangelegenheiten zu beraten? Darüber hinaus wäre sie nur in einem „sehr kleinen Staat" praktikabel, und sie wäre in besonderem Maße auf eine ausgeprägte Tugendgesinnung der Bürger angewiesen. „Wenn es ein Volk von Göttern gäbe, würde es sich demokratisch regieren. Solch eine vollkommene Regierung eignet sich nicht für die Menschen." (GV: III, 4)

Eine weitere Konsequenz der Rousseauschen Volkssouveränität ist, dass jede Form von Repräsentation wie auch jede Art von Organisation partikularer Interessen strikt abgelehnt werden. Von parlamentarischer Vertretung, von standesmäßigen Vereinigungen oder Parteien hält Rousseau gar nichts. Im Sinne der absoluten Unvertretbarkeit der Souveränität („irréprésentabilité") kann es hier keine Kompromisse geben:

> „Abgeordnete des Volkes sind und können nicht seine Stellvertreter sein. […] Jedes Gesetz, das das Volk nicht selbst bestätigt hat, ist null und nichtig: es ist kein Gesetz. Das englische Volk glaubt frei zu sein. Es täuscht sich sehr. Es ist nur während der Wahl der Parlamentsmitglieder frei. Sobald sie gewählt sind, ist es Sklave: es ist nichts." (GV: III, 15)

Das Volk also hat sich selbst seine Gesetze zu geben. Und dies soll in einer Weise geschehen, die die Einheit von Einzelwohl und Gesamtwohl wie auch die Identität von Einzelwillen und Gesamtwillen garantiert. Volkssouveränität heißt also nicht, dass die einzelnen Bürger in einem öffentlichen Diskurs ihre individuellen Interessen einbringen und durchzusetzen versuchen. Vielmehr soll der Gemeinwille herrschen, die „volonté générale" (vgl. GV: II, 3; IV, 1ff.).

Rousseau grenzt die „volonté générale" von der „volonté particulière" ab, von den Sonderinteressen des einzelnen. Zum Gemeinwillen gelangt man daher auch nicht einfach durch Addition der einzelnen „volontés particulières". So erhält man lediglich die „volonté des tous", den Willen aller. Die „volonté générale" wird erst sichtbar, wenn durch einen dialektischen Klärungsprozess das Allgemeine aus den „volontés particulières" herausgefiltert wird. Rousseau stellt sich vor, dass dies auf dem Wege der Abstimmung möglich ist. Hier heben sich die miteinander unvereinbaren Sonderinteressen gegenseitig auf. Nun wird auch verständlich, warum er die Bildung von Gruppen gleicher Interessen (z.B. Parteien, Verbände) so strikt ablehnen muss: Sie bleiben auf der Ebene der Sonderinteressen.

> „Wenn sich aber auf Kosten der Gemeinschaft Klüngel und Parteien bilden, dann wird aus dem Willen eines jeden dieser Verbände in bezug auf seine Mitglieder ein Gemeinwille und in bezug auf den Staat ein Sonderwille." (GV: II, 3)

Über den Inhalt des Gemeinwillens ist damit zunächst noch nichts Konkretes gesagt – Volkssouveränität als Verfahren, wie man sagen könnte. „Legitimität und Autorität der staatlichen Gesetze verdanken sich einzig den besonderen ‚demokratischen' Bedingungen ihres Zustandekommens." (Brandt/Herb 2000b: 10) Bei diesem Verfahren kommt es aber keineswegs nur darauf an, dass sich alle beteiligen. Nicht das Verfahren für sich, sondern erst die Tugend der Teilnehmer verbürgt die Qualität der Gesetzgebung. Gegen heutige Ansätze eines reinen Prozeduralismus, der das Verfahren und die gerechten Rahmenbedingungen des Diskurses in den Mittelpunkt rückt, findet sich bei Rousseau die Überzeugung, „dass Freiheit ihrerseits eine Voraussetzung machen muß, um die ihr angemessene Herrschaftsform verwirklichen zu können, um sich gegen ihre privatistisch-liberale Degeneration zu schützen. Und diese Voraussetzung ist die Tugend. Rousseau wendet sich entschieden gegen die These von der Priorität des Rechts." (Kersting 2003: 19) Rechtlich garantierte Rahmenbedingungen eines demokratischen Verfahrens reichen nicht aus.

Außer für den Gesellschaftsvertrag selbst pocht Rousseau im übrigen keineswegs auf Einstimmigkeit (GV: IV, 2). Zum einen weiß Rousseau sehr gut, dass die Menschen immer wieder dazu neigen, auf ihre eigenen Interessen zu schielen. Zum anderen zielt der gesetzgeberische Abstimmungsprozess ja gar nicht darauf ab, dass am Ende die partikularen Interessen aller deckungsgleich sind und *dadurch* und *darin* Konsens bestünde. Abstimmungen der Volksversammlung ermitteln nicht die individuelle Zustimmung zu einem Vorschlag, sondern fragen die Bürger, ob ihrer Meinung nach damit der Gemeinwille verwirklicht würde. Die Abstimmung liefert dazu gleichsam ein Meinungsbild, und das wird kaum jemals einheitlich sein. Für einen guten Bürger ist es dann auch kein Problem, überstimmt zu werden: „Wenn ich überstimmt werde, so beweist das nur, dass ich mich geirrt habe, und dass es nicht der Gemeinwille war, was ich dafür gehalten habe." (GV: IV, 2).

Wenn nun aber die Stimmenmehrheit den Gemeinwillen nicht mehr widerspiegelt? Dann, so Rousseau, „gibt es auch keine Freiheit mehr, welche Partei man auch ergreift" (GV: IV, 2). Das heißt aber auch: Gemeinwille und Gemeinwohl sind für Rousseau überempirische Entitäten. Selbst dann, wenn Partikularinteressen die Oberhand gewinnen, wenn die Bürger nicht mehr danach fragen, was für den Staat vorteilhaft ist, sondern nur noch danach, was für ihre Partei gut ist, verschwindet der Gemeinwille nicht etwa: „Er bleibt sich immer gleich, unveränderlich und rein." (GV: IV, 1) Uneinigkeit und Egoismus sind lediglich ein Hinweis darauf, dass es um die Sitten und die „politische Gesundheit" schlecht bestellt ist (GV: IV, 2).

Die Lehre von der „volonté générale" ist in hohem Maße problematisch. Rousseau geht davon aus, „dass der Gemeinwille immer recht hat und immer auf das Gemeinwohl zielt" (GV: II, 3). Kein vorstaatliches Recht, keine Grundrechte, kein Minderheitenschutz begrenzen die Herrschaft des Gemeinwillens. Auf ihn gestützt darf der Souverän vom Bürger alles verlangen, was dieser zu leisten vermag (GV: II, 4). Nur eine Grenze ist diesem totalen Zugriff gesetzt: Der Souverän „kann den Untertanen keinen Zwang auferlegen, der der Gemeinschaft nichts nützt" (ebd.) – für einen Liberalen wäre das ein alles in allem nur schwacher Trost.

Bei solch historisch belehrtem Misstrauen gegen Rousseaus Kollektivismus muss man indes betonen, dass der *Contrat Social* neben der Freiheit vor allem auch die Gleichheit der Bürger zum Ziel hat – einen Wert also, der vor Rousseau vernachlässigt wurde:

> „der Gesellschaftsvertrag richtet unter den Bürgern eine Gleichheit auf, daß alle die gleichen Verpflichtungen eingehen und sich der gleichen Rechte erfreuen. Jeder Hoheitsakt, d.h. jede authentische Handlung des Gemeinwillens verpflichtet oder begünstigt der Natur des Paktes gemäß alle Bürger in gleicher Weise. [...] Was ist nun ein Hoheitsakt wirklich? Kein Übereinkommen des Höheren mit dem Niedrigeren, sondern ein Übereinkommen des Körpers mit jedem seiner Glieder: ein legitimes Übereinkommen, weil es den Gesellschaftsvertrag zur Grundlage hat; ein billiges Übereinkommen, weil es allen gemeinsam ist; ein nützliches Übereinkommen, weil es kein anderes Ziel als das Gemeinwohl haben kann; [...] Solange die Untertanen nur solchen Übereinkommen unterworfen sind, gehorchen sie niemandem außer ihrem eigenen Willen." (ebd.)

Rousseau will keine totalitäre „Volksgemeinschaft". Er will „Liberté, Égalité, Fraternité".

Auf ein letztes für Rousseau wichtiges Problem soll hier noch eingegangen werden: dass nämlich eine solche Republik durchaus schwer einzurichten und zu erhalten ist. Die Republik ist ein voraussetzungsreiches Unterfangen. In diesem Zusammenhang kommt Rousseau auf die Gestalt des „Gesetzgebers" zu sprechen – eine Gestalt, die an Machiavellis „uomo virtuoso" erinnert, der ebenfalls eine wichtige Rolle bei der Einrichtung eines republikanischen Gemeinwesens spielt. Die Aufgabe des Rousseauschen Gesetzgebers ist gewaltig:

> „Um die für das Wohl der Völker bestgeeigneten Gesellschaftsordnungen zu finden, bedürfte es eines Übergeistes, der alle menschlichen Leidenschaften kennt und keiner unterworfen ist. [...] Man brauchte Götter, um den Menschen Gesetze zu geben." (GV: II, 7)

Immerhin muss eine solche Gründungsfigur die besagte Veredelung der Menschen bewirken, muss aus einer Menge, die noch gar nicht über die nötigen republikanischen Tugenden verfügt, ein Staatsvolk formen. Verlangt scheint dabei kaum weniger als die Quadratur des Kreises: „Der Gesellschaftsgeist, der das Werk der Verfassung sein soll, müsste schon vor der Verfassung vorhanden sein. Die Menschen müssten schon vor den Gesetzen das sein, was sie durch sie erst werden sollen." (GV: II, 7) Diese schwierige Aufgabe, die bei Rousseau dem Gesetzgeber zukommt, verweist auf eine von der empirischen Demokratieforschung gut belegte Einsicht: Politische Systeme sind auf eine ihnen entsprechende politische Kultur, auf systemkompatible Einstellungen angewiesen. Das gilt insbesondere für Demokratien – bzw. für Rousseaus Republik. Insofern hat Rousseau ganz recht, wenn er keineswegs alle Völker unabhängig von ihrer Entwicklung und den jeweiligen Umständen für geeignet hält, eine Republik zu gründen (GV: II, 8ff.).

Richtig liegt Rousseau ferner mit seiner Annahme, dass bei dieser Aufgabe die Religion von besonderer Bedeutung sein kann und dies historisch zweifelsohne war. Um die nötigen Tugenden und die Loyalität der Bürger zu stärken, sahen sich „die Väter aller Nationen zu allen Zeiten gezwungen, die Vermittlung des Himmels anzurufen und den Göttern ihre eigene Weisheit zuzuschreiben" (GV: II, 7) – also die Religion in den Dienst der Politik zu stellen. Rousseau entwickelt diese Einsicht in einem eigenen Kapitel seiner Schrift zum Konzept der „Zivilreligion" weiter.

5. Zivilreligion als Gesinnung des Miteinander

Freiheit und Gleichheit kennzeichnen die Rousseausche Republik. Von den genannten Parolen der Französischen Revolution fehlt nun noch die „Fraternité", die Brüderlichkeit. Es wurde bereits deutlich, dass die Bürger nicht nur aufgeklärt und engagiert, sondern auch sehr patriotisch sein müssen. Die Bürger sollen sich mit dem Kollektiv identifizieren, und das kann man durch rechtliche Bestimmungen allein niemals erreichen. Bereits in der Gesetzestypologie von Buch II bestimmt Rousseau als die „wichtigste" Art von Gesetzen jene, „die weder in Erz noch in Marmor, sondern in die Herzen der Bürger eingegraben wird" und die „die eigentliche Verfassung des Staates" ausmacht: die Sitten und die Gebräuche (GV: II, 12). Sie vermögen „an die Stelle der Autorität die Macht der Gewohnheit" zu setzen und damit der Verfassung erst ihre Stabilität zu verleihen. „Rousseau spürt, dass der Staat nicht allein aus den Voraussetzungen zu existieren vermag, die durch den Gesellschaftsvertrag und die republikanischen Institutionen geschaffen werden." (Brandt/Herb 2000b: 11)

Um diese Voraussetzungen sicherzustellen, bedarf das rationale Konstrukt des Vertrages einer Ergänzung auf affektiver Ebene. Schon in seiner *Politischen Ökonomie* (1755) hat Rousseau erkannt: „wenn ihr wollt, daß man den Gesetzen gehorcht, dann tut alles, daß man sie liebt." (PÖ: 23) Ziel muss es sein, in den Bürgern insbesondere das

Bewusstsein von der „Heiligkeit des Gesellschaftsvertrages" (GV: IV, 8) wach zu halten. Wie ist das zu bewerkstelligen? Rousseau stellt fest, „dass noch nie ein Staat gegründet worden ist, dem die Religion nicht als Grundlage gedient hätte" (GV: IV, 8). Religion ist in besonderer Weise geeignet, das „soziale Band" (GV: II, 1) zu stärken. Andererseits bietet die Geschichte viele Beispiele für die äußerst problematischen Suprematieansprüche der Kirche. In diesem Zusammenhang gibt es bei Rousseau ausnahmsweise ein Lob für Thomas Hobbes, der Politik und Religion im *Leviathan* vereint und der Politik dabei eine Vorrangstellung einräumt: „der es gewagt hatte, die beiden Köpfe des Adlers zu vereinen und alles auf eine politische Einheit zurückzuführen, ohne die weder der Staat noch die Regierung lebensfähig sind" (GV: IV, 8).

Welche Art von Religion ist geeignet? Rousseau grenzt das Gesuchte von drei Religionstypen ab: der Religion des Menschen, der Religion des Bürgers und der Priesterreligion. Letztere scheidet für Rousseau sogleich aus. Als Beispiel für die Priesterreligion nennt er das „römische Christentum". Hier sei der Gläubige mit zwei Vaterländern konfrontiert, er gerate also in unüberwindliche Loyalitätskonflikte. Als „soziales Band" kann der Katholizismus also schwerlich dienen. Es gilt: „Alles, was die soziale Einheit zerreißt, taugt nichts. Alle Einrichtungen, die den Menschen mit sich selber in Widerspruch bringen, taugen nichts." (GV: IV, 8) Besser scheint da schon die Religion des Bürgers geeignet, also jene heidnischen Religionen und insbesondere die alten Polis-Religionen, die eine Identifizierung mit der konkreten Gemeinschaft ermöglichten. Gut ist diese Art der Religion, insofern sie Loyalität und Zusammenhalt stärkt. Sie hat aber auch gravierende Nachteile: Sie macht die Menschen abergläubisch, schürt Intoleranz und ist „exklusiv und tyrannisch". Beim dritten Religionstypus ist es gerade umgekehrt: Die Religion des Menschen – zum Beispiel die Universalreligion des Evangeliums – hilft, dass alle Menschen sich als „Brüder" erkennen, als „Kinder des einen und selben Gottes". Die Verbundenheit, die durch diese „wahre Religion" gestiftet wird, begünstigt Toleranz, sie geht über jede konkrete Gemeinschaft hinaus. Das ist zugleich ihr großer Nachteil: Sie schwächt jede Form patriotischer, also partikularer Loyalität:

> „Diese Religion steht aber in keiner besonderen Beziehung zu dem politischen Körper […]. Statt die Herzen der Bürger an den Staat zu fesseln, löst sie sie, wie von allen anderen irdischen Dingen, von ihm ab. Mir ist nichts bekannt, was dem Gesellschaftsgeist mehr widerstrebt." (GV: IV, 8)

Machiavelli hatte bereits die gleichen Probleme mit dem Christentum. „Das Reich des Christen ist nicht von dieser Welt." (ebd.) Der Christ ist letztlich apolitisch. Fixiert aufs Jenseits und auf das Gebot der Nächstenliebe, würden sich die Christen eher versklaven lassen als ihr Vaterland verteidigen. „Die wahren Christen sind die geborenen Sklaven. Sie wissen es und regen sich darüber nicht auf. Dies kurze Leben ist in ihren Augen wenig wert." (GV: IV, 8) Nein, mit solch Sanftmütigen lässt sich kein Staat machen. Und schon gar keine Republik.

Rousseaus Lösung liegt in einer Synthese aus der Religion des Menschen und der Religion des Bürgers. Er will die Vorteile beider verbinden. Eine solche Zivilreligion muss mehrere Bedingungen erfüllen: Sie darf den Menschen nicht mit sich selbst in Widerspruch bringen, vor allem keine Loyalitätskonflikte auslösen; sie muss als Bindeglied der Gesellschaft wirken und die „Herzen der Bürger an den Staat heften"; und sie soll zudem noch Toleranz wahren helfen. Rousseau geht es mit seiner Zivilreligion um ein rein politisches Konzept. Theologische oder metaphysische Fragen spielen dabei keine Rolle. Nur auf eines kommt es an, und das eben ist der Nutzen der Religion: Dass seine Religion dem Bürger „vorschreibt, seine Pflichten zu lieben" (ebd.). Die Zivilreligion ist nützlich, aber sie ist kein Mittel reiner Manipulation. Das Volk soll nicht unmündig gehalten werden, und es ist der Souverän selbst, der die geeigneten Dogmen der Zivilreligion festzusetzen hat. „Das souveräne, sittliche Volk darf keinem fremden Willen unterworfen sein. Das gilt auch für den Bereich der Religion, weshalb es undenkbar ist, dass der Gesetzgeber dem Volk eine Religion vorschreibt." (Rehm 2000: 226)

> „Es gibt also ein rein bürgerliches Glaubensbekenntnis. Seine Artikel müssen vom Souverän erlassen werden. Sie dürfen keine Dogmen sein, sondern Gemeinschaftsgefühle, ohne die es unmöglich ist, weder guter Staatsbürger noch treuer Untertan zu sein." (GV: IV, 8)

Darum geht es Rousseau: um die Stärkung der „sentiments de sociabilité", einer Gesinnung des Miteinander. Man mag darüber streiten, inwieweit es sich hier wirklich um eine Religion handelt. Versteht man unter „religio" im Wortsinn „Bindung", dann trifft das auf die Rousseausche Zivilreligion sehr wohl zu – vor allem hinsichtlich der Funktion, die sie erfüllen soll (vgl. Rehm 2006: 191ff.). Die Zivilreligion soll beim Bürger bewirken, „die Gesetze und die Gerechtigkeit aufrichtig zu lieben und notfalls sein Leben für seine Pflicht zu opfern" (GV: IV, 8). Die Republik braucht Patrioten, keine egoistischen Nutzenmaximierer.

> „Die Glaubenssätze der bürgerlichen Religion müssen einfach sein, gering an der Zahl, klar im Ausdruck, ohne Erklärungen und Auslegungen. Diese positiven Sätze sind: Die Existenz einer vorsorglichen Gottheit; das künftige Leben; die Belohnung der Gerechten; die Bestrafung der Bösen; die Heiligkeit des Gesellschaftsvertrages und der Gesetze." (ebd.)

Wer von diesen Glaubenssätzen überzeugt ist, der bringt die Voraussetzungen mit, ein zuverlässiger „citoyen" zu sein. Wer sich dagegen so verhält, als glaube er daran nicht, „der soll mit dem Tod bestraft werden" (ebd.). Das klingt drastisch, ist aber zu erklären aus dem, was andernfalls drohen würde: der Tod des politischen Körpers.

Was Rousseau erreichen will, ist klar. Kann aber seine Rechnung wirklich aufgehen? Man wird sich Rehm anschließen müssen, die das Konzept insofern für gescheitert hält, als es die Religion des Bürgers und die Religion des Menschen am Ende nicht erfolgreich verschmelzen kann: Der hingebungsvolle Patriotismus verträgt sich schlecht mit der antipartikularistischen Haltung der Toleranz. „Rousseau befindet sich allem Anschein nach in dem Zwiespalt, einerseits mit dem Anspruch religiöser Toleranz ein Zugeständnis an den neuzeitlichen Subjektivismus machen zu wollen, andererseits aber das Ganze über den Teil, das Gemeinwesen über den einzelnen Bürger zu stellen. Letztlich ist ihm der Erhalt der politischen Einheit wichtiger als die Gewissensfreiheit des einzelnen […]." (Rehm 2000: 237) In Rousseaus Republik herrscht ein erhebliches Maß an Intoleranz gegenüber allem, was die Geschlossenheit gefährden könnte. Diese Intoleranz ist „nicht primär religiös motiviert, sondern politisch" (ebd.). Es ist eine republikanische Intoleranz im Namen einer republikanischen Freiheit.

Die Zivilreligion beleuchtet noch einmal die ganze Ambivalenz des Rousseauschen Denkens. Vorbehalte muss vor allem der kollektivistische Grundzug seiner gesamten Theorie hervorrufen. „Rousseau kennt letztlich nur die Freiheit *im* Gemeinwesen, nicht die Abgrenzung *von* ihm. *Volonté générale* und *religion civile* fordern ein hohes Maß an Homogenität. Dem Rechtsstaat fehlen bei Rousseau die eingriffsresistenten Rechte genauso wie eine klare Gewaltenteilung." (Ottmann 2006: 506) Auf der Linie dieser Kritik liegen die meisten Einwände, die gegen Rousseau bis heute erhoben wurden. Dass indes jedes Gemeinwesen auf ein soziales Band angewiesen ist, dass Bürger über ein Minimum an solidarischer Gesinnung und Gemeinwohlorientierung verfügen sollten, wird auch heute kaum bestritten. Rousseau hat diese Prinzipien in beispielloser Radikalität über andere, freilich ebenso wichtige Prinzipien gestellt. Und vielleicht liegt eben darin der größte Erkenntnisgewinn einer kritischen Auseinandersetzung mit dem Genfer Philosophen: Es ist leicht, Freiheit, Gleichheit und Brüderlichkeit zu bejahen. Viel schwieriger ist es, alle zugleich zu verwirklichen.

6. Ahnherr der modernen Demokratie oder Stammvater des Totalitarismus?

Rousseaus *Contrat Social* war zunächst kein Erfolg beschieden. Das änderte sich gravierend im Zuge der Französischen Revolution. Bei den Revolutionären, allen voran Maximilien Robespierre, stößt das Werk auf große Zustimmung. Ja, viele sehen in ihrer Revolution die Umsetzung der Rousseauschen Thesen, begreifen den *Contrat Social* als philosophische Begründung ihres Tuns. Rousseau, der das nicht mehr erleben konnte, hätte dies wohl zurückgewiesen. Mehr noch, er hat die Idee einer Revolution selbst explizit abgelehnt. Er bestreitet, ein „Beförderer von Umsturz und Unruhen" zu sein. Er sieht sich selbst als jemanden, der „die aufrichtigste Hochachtung vor den Gesetzen und nationalen Verfassungen und den größten Widerwillen gegen alle Revolutionen und gegen Verschwörer aller Art hat" (OC I: 935). Dass die Protagonisten der Revolution sich aber durchaus als Rousseaus politische Testamentsvollstrecker sehen konnten, das haben nicht zuletzt ihre Kritiker schon bald behauptet. Es ist dies zugleich der Beginn einer bis heute andauernden Kontroverse um das umstrittene Erbe Rousseaus. Vielen gilt er als Gründervater der modernen Demokratie, anderen aber gar als Vorläufer des Totalitarismus des 20. Jahrhunderts. Für die einen ist er der bis dahin modernste politische Denker, für die anderen ein rückwärtsgewandter Melancholiker.

Der Streit um Rousseau ist keine rein philosophische Auseinandersetzung. Oft fließen die Interpretation der Texte und die Bewertung der historischen Ereignisse der politischen Moderne stark ineinander. Das ist natürlich höchst problematisch. Man kann keinen Philosophen für das verantwortlich machen, was nach ihm, und sei es in seinem Namen, politisch geschehen ist. Der Jakobinische Terror vermag Rousseau nicht zu „widerlegen". Nebenbei bemerkt hieße dies auch, den Einfluss der Philosophie grandios zu überschätzen. Nicht ganz so abwegig ist es jedoch, mit Blick auf die historische Wirklichkeit nach jenen Potentialen zu fragen, die in einer womöglich „unschuldig“ formulierten Idee stecken. Ein solches Vorgehen kann den philosophischen Diskurs nicht nur „erden“ helfen, sondern ihn auch in systematischer Hinsicht weiterbringen, etwa dort, wo es um das Verhältnis von Freiheit und Gleichheit oder das von Individuum und Kollektiv geht.

Betrachten wir also kursorisch das „Erbe“ Rousseaus aus diesem systematischen Interesse heraus. Das beginnt mit der Französischen Revolution, dem Fanal der politischen Moderne in Europa. „Liberté, Égalité, Fraternité“ – das waren auch die Prinzipien des Rousseauschen Republikanismus. Rousseau ist zweifelsohne Stammvater der Volkssouveränität und der modernen Idee der Demokratie – auch wenn unter Demokratie heute etwas anderes verstanden wird. Wenn Bürger sich als Freie und Gleiche verstehen, wenn sie sich gemeinsam als Autoren ihres Schicksals und nicht als bloße Objekte von Herrschaft begreifen, wenn sie darauf pochen, dass alle legitime Macht nur vom Volke ausgehen kann, und sie einem Regime entgegenhalten: „Wir sind das Volk“ – dann kommt darin jene „neue Mentalität“ (Habermas 1992: 606) der politischen Moderne zum Ausdruck, die historisch mit dem Jahr 1789 verbunden ist und die philosophisch am prägnantesten von Rousseau auf den Begriff gebracht wurde.

Weitaus problematischer muss dagegen jener Kollektivismus erscheinen, der in Rousseaus Denken nicht nur angelegt, sondern dominant ist – und der die weitere Entwicklung der politischen Moderne mindestens so sehr geprägt hat wie die Erkämpfung bürgerlicher Freiheit. Diese Entwicklung antwortet auf Herausforderungen, wie sie von Rousseau ganz ähnlich gesehen wurden, und teilweise sind diese Antworten durchaus nahe an Rousseaus Vorschlägen – zumindest zeigen sie, wohin es führen kann, das Individuum dem Kollektiv auszuliefern. Diese Problematik zeigt sich vor allem an einer Idee, die gänzlich zum modernen demokratischen Zeitalter gehört: an der Idee der Nation. Die Nation entwickelt sich im 19. Jahrhundert zum erfolgreichsten gesellschaftlichen Integrationskonzept. Sie allein vermag jenes „soziale Band“ zu stiften, ohne das das Volk der sich modernisierenden, äußerst konfliktreichen Massengesellschaften kaum noch integrierbar zu sein scheint. Unter der Idee der Nation dürfen sich alle als gleichwertige Teile des Ganzen fühlen. Doch aus dem ursprünglich freiheitlichen Projekt der Nation erwächst nach und nach eine problematische Integrationsideologie: Zu Beginn des 20. Jahrhunderts hat sich der Nationalismus nicht nur als moderne „Zivilreligion“ etabliert, sondern zur Ersatzreligion verselbständigt.

Diese Entwicklung entfernt sich immer weiter von Rousseaus freiheitlichem Republikanismus. Das muss klar sein. Sie zeigt aber, dass ein allzu emphatischer Kollektivismus eine eigene Dynamik entfalten kann – und zwar gerade im Namen des „Volkes“. Das hat unter anderem die deutsche Entwicklung gezeigt, die im Übrigen eine bewusste Negation der „Ideen von 1789“ zeitigte: Nation und Volk, Einheit und Geschlossenheit, Überwindung von Zerrissenheit und Parteienstreit, Gemeinschaft, Homogenität, Volksgemeinschaft... Die Konsensdiktatur des Dritten Reiches mit ihrem totalen Kollektivismus stützt sich keineswegs nur auf Terror. Ihr Erfolg verdankt sich vielmehr der massenhaften Zustimmung zu ihren unablässig propagierten Sozialmaximen: „Zwietracht zerstört, Eintracht vermehrt“, „Gemeinnutz geht vor Eigennutz“, „Einer für alle, alle für einen“. Für die große Mehrheit der Volksgenossen waren diese Prinzipien gültiger Ausdruck ihres Ideals von „volonté générale“.

Wie weit sind die genannten Maximen der Volksgemeinschaft vom zivilreligiösen Bekenntnis entfernt? „Alles, was die soziale Einheit zerreißt, taugt nichts.“ (GV: IV, 8)? Das war auch das Credo der NSDAP. Aber was besagt das? „Du bist nichts, Dein Volk ist alles“ – lässt sich das, wie vermittelt auch immer, noch irgendwie mit Rousseaus politischer Theorie in Verbindung bringen? Manche Kritiker Rousseaus haben diese Frage bejaht. Besondere Prominenz erlangte Jacob L. Talmon, der in seinen *Origins of Totalitarian Democracy* (1951) Rousseau als Wegbereiter des „politischen Messianismus“ des 20. Jahrhunderts begreift. Ernst Fraenkel hat das ähnlich, aber ein wenig vorsichtiger so formuliert: „Politische Bildung kommt nicht darum herum, sich stets und von neuem mit dem Phänomen Rousseau auseinanderzusetzen. Sie muß eindeutig zu der vielleicht erregendsten Streitfrage der modernen politischen Theorie Stellung nehmen, ob es tatsächlich zulässig ist, Jean-Jacques Rousseau zu den Ahnherrn der westlichen Demokratie zu zählen, oder ob es nicht viel mehr berechtigt ist, ihn als den eigentlichen Stammvater des politischen Totalitarismus zu bezeichnen und in einigen seiner Schriften den Urquell dessen zu erblicken, was man bewusst provokatorisch und, ohne den Vorwurf der Paradoxie zu scheuen, als ‚totalitäre Demokratie‘ bezeichnet hat.“ (Fraenkel 1991: 267) Ob diese Frage indes überhaupt „eindeutig“ zu beantworten ist, steht auf einem anderen Blatt. Als sicher kann wohl nur gelten, dass Rousseau es sich nicht hätte träumen lassen, eines Tages Gegenstand solcher Debatten zu sein.

Lassen wir diese in sich schon problematischen Rückprojektionen politischer Ereignisse auf weit ältere politische Ideengeber auf sich beruhen. Von systematischem Interesse wie auch von normativem Belang ist zweifelsohne das, was vor allem der Liberalismus gegen den Kollektivismus jeglicher Provenienz zu Recht ins Felde führt: Individuelle Freiheit muss, auch und gerade im demokratischen Zeitalter, gegen die Ansprüche und Zugriffe des Kollektivs verteidigt werden. Dazu zählt ein wirksamer Minderheitenschutz, den Rousseau in seiner Republik – aus in sich durchaus konsistenten Gründen – nicht für notwendig hielt. Nach liberaler Auffassung aber bedürfen individuelle Freiheit und gesellschaftlicher Pluralismus in jedem Fall des Schutzes – nicht nur gegen autoritäre Obrigkeiten, sondern zuweilen auch gegen die „Tyrannei der Mehrheit" (John Stuart Mill) oder gegen „Volkes Stimme". In diesem Zusammenhang kann man denn auch sehr nüchtern die Konzepte von Gemeinwille und Gemeinwohl kritisieren und mit Fraenkel die Vorstellung zurückweisen, es gäbe so etwas wie ein „Gemeinwohl apriori" überhaupt, das jenseits aller Partikularinteressen läge: „In einer pluralistischen Demokratie ist das bonum commune zwar eine regulative Idee, aber kein realisierbares Aktionsprogramm." (Fraenkel 1991: 142) Deswegen sind aus heutiger Sicht Verbände, Parteien und andere intermediäre Formen der Interessenartikulation auch kein Übel, sondern unverzichtbar. In diesem Zusammenhang darf man Rousseau durchaus als „Apostel des Anti-Pluralismus" kritisieren (ebd.: 307).

Schluss: Ein rückwärtsgewandter Melancholiker?

Diese und andere Einwände, aber auch die Entwicklung der westlichen Demokratien nach dem Zweiten Weltkrieg haben dazu geführt, dass Rousseaus Beitrag zu den aktuellen Fragestellungen moderner Demokratietheorie als nur noch marginal eingestuft wird (vgl. Schmidt 2000: 91ff.). Zu radikal sind seine Vorstellungen, zu weit ist er von der liberalen Demokratie unserer Zeit entfernt, zu weit von den Realitäten parlamentarischer Regierungssysteme und den normativen Grundlagen pluralistischer Gesellschaften. Ja, kann man Rousseau überhaupt noch einen modernen Denker nennen?

Rousseau stand der Idee der Revolution skeptisch gegenüber. Anders als seine „Testamentsvollstrecker" ist Rousseau sich sehr bewusst, dass die guten alten Zeiten des Republikanismus vorbei sind. Mit Blick auf die Gesellschaft seiner Zeit, die er als krisenhaft beschreibt, auf die historischen Vorbilder, die er heranzieht, wie auch mit Blick auf seine philosophischen Positionen kann man dem *Con-*

trat Social durchaus einen „rückwärtsgewandten Charakter" (Brandt/Herb 2000b: 7) attestieren, der in seiner politischen Theorie insbesondere an der „republikanischen Überfrachtung der Vertragsidee" zu Tage tritt.

Rousseaus Ideale sind Sparta und Rom – und jene „aufrichtigen und einfachen" Schweizer Bauern, die in ihrer überschaubaren Gemeinde die gemeinsamen Dinge einfach, ehrlich und zum Wohle aller regeln.

> „Wenn man beobachtet, wie beim glücklichsten Volk der Erde die Landleute unter einer Eiche die Staatsgeschäfte erledigen und sich stets vernünftig benehmen, muß man dann nicht die Finten der anderen Nationen verachten, die sich mit soviel Kunst und Geheimnistuerei berühmt und unglücklich machen?" (GV: IV, 1)

Ja, so könnte man sagen, wenn man, wie oben beschrieben, „die Dörfer mit natürlichen unverstellten Menschen" und „das Singen der Ziegenhirten" ohnehin der ganzen dekadenten Zivilisation vorzieht, dann mag einem das schon auf einer sehr grundlegenden Ebene so erscheinen. Abgesehen davon, dass man solche Vorstellungen auch als romantische Idealisierungen zurückweisen kann, ist das politisch grundsätzlichere Problem zweifelsohne, dass sich unter solchen Eichen vielleicht noch die Nutzung der Allmende durch ein Dutzend einander bekannter Bergbauern regeln, aber sicherlich kein moderner Flächenstaat wie Frankreich regieren lässt. Das weiß Rousseau natürlich selbst. Die politischen und gesellschaftlichen Entwicklungen – die er für unumkehrbar hält – haben die Verwirklichungschancen seiner Ideale stark beeinträchtigt, insbesondere die der unmittelbaren republikanischen Volksgesetzgebung. In den von ihm so gepriesenen alten Republiken „hatte das Volk niemals Stellvertreter" – „Der Begriff der Vertreter ist modern." (GV: III, 15). Stimmt genau, könnte da ein Moderner antworten und Rousseaus Denken als unmodern zurückweisen.

Tatsächlich erscheint Rousseaus Republikanismus (auch) als melancholischer Protest gegen die Moderne. Er führt „zu einer Kritik der bürgerlichen Moderne, die weder für die Gegenwart noch für die Zukunft versöhnliche Aussichten eröffnet. Am Beispiel des antiken Bürgers wird der zeitgenössische Bürger als *bourgeois* entlarvt, der an den Ansprüchen republikanischen Bürgerseins scheitert […]." (Herb 2000: 179) Damit aber wird Rousseaus Kritik insgesamt problematisch – sofern man pragmatisch nach den relativ besten Lösungen sucht. Die Repräsentativsysteme unserer Zeit sind bei realistischer Betrachtung nicht nur alternativlos, sondern auch besser als ihr Ruf. Auch sie zehren durchaus von den großen Prinzipien und Ideen, die Rousseau so kompromisslos formuliert hat. Wo aber diese großen Ideale den Blick auf das pragmatisch Gebotene trüben helfen, befeuern sie eine Form von Kritik, die am Ende auch das Mögliche gefährden kann.

Literatur

Rousseaus Schriften:

DU *Diskurs über die Ungleichheit. Discours sur l'inégalité*, ed., übers. u. komment. v. Heinrich Meier, Paderborn 1990.

GV Vom Gesellschaftsvertrag, in: ders., *Politische Schriften. Band 1*, Übers. u. Einf. v. Ludwig Schmidts, Paderborn 1977 [zit. mit Buch- und Kapitelangabe].

PÖ Abhandlung über die Politische Ökonomie, in: ders., *Politische Schriften. Band 1*, Übers. u. Einf. v. Ludwig Schmidts, Paderborn 1977.

KuW Über Kunst und Wissenschaft, in: ders., *Schriften zur Kulturkritik: Über Kunst und Wissenschaft (1750). Über den Ursprung der Ungleichheit unter den Menschen (1755)*, eingel., übers. u. hrsg. v. Kurt Weigand, Hamburg 1995, S. 1-59.

B Die Bekenntnisse, in: ders., *Die Bekenntnisse. Die Träumereien des einsamen Spaziergängers*, München 1978, S. 7-646 [zit. mit Kapitel- und Seitenangabe].

E *Emil oder Über die Erziehung*, dt. Fassung bes. v. Ludwig Schmidts, Paderborn 1993 [zit. mit Kapitel- und Seitenangabe].

OCI *Œuvres complètes. Band I: Les Confessions. Autres Textes. Autobiographiques*, hrsg. v. Bernard Gagnebin u. Marcel Raymond, Paris 1959.

Darstellungen:

Brandt, Reinhard, *Rousseaus Philosophie der Gesellschaft*, Stuttgart 1973.

Brandt, Reinhard / Herb, Karlfriedrich, Vorwort, zu: dies. (Hg.), *Jean-Jacques Rousseau, Vom Gesellschaftsvertrag oder Prinzipien des Staatsrechts* (Reihe Klassiker Auslegen; Band 20), Berlin 2000a, S. 1-2.

–, Einführung in Rousseaus *Gesellschaftsvertrag*, in: dies. (Hg.), *Jean-Jacques Rousseau, Vom Gesellschaftsvertrag oder Prinzipien des Staatsrechts* (Reihe Klassiker Auslegen; Band 20), Berlin 2000b, S. 3-25.

Fetscher, Iring, *Rousseaus politische Philosophie*, Neuwied / Berlin 1968.

Fraenkel, Ernst, *Deutschland und die westlichen Demokratien*, Frankfurt a.M. 1991.

Habermas, Jürgen, Volkssouveränität als Verfahren, in: ders.: *Faktizität und Geltung*, Frankfurt a.M. 1992, S. 600-631.

Herb, Karlfriedrich, *Bürgerliche Freiheit. Politische Philosophie von Hobbes bis Constant*, München / Freiburg 1999.

–, Verweigerte Moderne. Das Problem der Repräsentation, in: Brandt, Reinhard / Herb, Karlfriedrich (Hg.), *Jean-Jacques Rousseau, Vom Gesellschaftsvertrag oder Prinzipien des Staatsrechts* (Reihe Klassiker Auslegen; Band 20), Berlin 2000, S. 167-188.

Maier, Hans, Rousseau, in: Maier, Hans / Rausch, Heinz / Denzer, Horst (Hg.), *Klassiker des politischen Denkens. Zweiter Band: Von Locke bis Max Weber*, München 1987, S. 80-100.

Kersting, Wolfgang, Vom Vertragsstaat zur Tugendrepublik. Die politische Philosophie Jean-Jacques Rousseaus, in: ders. (Hg.), *Die Republik der Tugend. Jean-Jacques Rousseaus Staatsverständnis*, Baden-Baden 2003, S. 11-24.

Ottmann, Henning, *Geschichte des politischen Denkens. Band 3: Die Neuzeit, Teilband 1: Von Machiavelli bis zu den großen Revolutionen*, Stuttgart / Weimar 2006.

Rehm, Michaela, „Ein rein bürgerliches Glaubensbekenntnis“: Zivilreligion als Vollendung des Politischen?, in: Brandt, Reinhard / Herb, Karlfriedrich (Hg.), *Jean-Jacques Rousseau, Vom Gesellschaftsvertrag oder Prinzipien des Staatsrechts* (Reihe Klassiker Auslegen; Band 20), Berlin 2000, S. 213-239.

–, „Ihr seid verloren, wenn ihr vergeßt, daß die Früchte allen gehören und die Erde niemandem“: Rousseaus bedingte Legitimation des Privateigentums, in: Eckl, Andreas / Ludwig, Bernd (Hg.), *Was ist Eigentum? Philosophische Eigentumstheorien von Platon bis Habermas*, München 2005, S. 103-117.

–, *Bürgerliches Glaubensbekenntnis. Moral und Religion in Rousseaus politischer Philosophie*, München 2006.

Schmidt, Manfred G., *Demokratietheorien. Eine Einführung*, Opladen 2000.

Vossler, Otto, *Rousseaus Freiheitslehre*, Göttingen 1963.

Immanuel Kant und die Freiheit des vernünftigen Menschen

Einleitung: Habe Mut dich deines eigenen Verstandes zu bedienen!

„Unser Zeitalter ist das eigentliche Zeitalter der Kritik, der sich alles unterwerfen muß." (KrV: 13, AXI, Anm.) So bringt Immanuel Kant (1724-1804) in der Vorrede zur ersten Auflage der *Kritik der reinen Vernunft* den Geist seines Zeitalters auf den Begriff. Das 18. Jahrhundert ist das große Jahrhundert der Aufklärung, die alles Überkommene, alles Unhinterfragte und Dogmatische vor den Gerichtshof der Vernunft zerrt. Kant ist einer der wichtigsten Philosophen der Aufklärung – vielleicht kann man sagen: Kant ist *der* Philosoph der Aufklärung. Wofür sie steht, das wird zunächst an ihren englischen und französischen Bezeichnungen deutlich: „Enlightenment", „Siècle des Lumières". Das Licht der Aufklärung vertreibt die Nebel der Unwissenheit und Unmündigkeit, das Dunkel des Aberglaubens und des Despotismus. Das „Siècle des Lumières" ist getragen vom Glauben an die Macht der Vernunft, an den Fortschritt der Menschheit und die Vervollkommnungsfähigkeit des Menschen, vom Vertrauen auf Wissenschaft und Erziehung (vgl. Im Hof 1995: 11ff.). Auch die Philosophie soll diesem praktischen Ziel dienen, ist keine l'art pour l'art. Das geschichtliche und gesellschaftliche Handlungsziel besteht darin, die Welt im Ganzen durch Vernunft zu beherrschen, eine vollkommenere, vernünftige Ordnung der Welt zu errichten. Dass dieses Ziel nicht leicht zu erreichen ist, wissen die Aufklärer bei allem Optimismus wohl. Doch diese Widerstände sind nicht prinzipieller Natur. Sie können gebrochen werden – durch Aufklärung:

> „*Aufklärung ist der Ausgang des Menschen aus seiner selbst verschuldeten Unmündigkeit. Unmündigkeit* ist das Unvermögen, sich seines Verstandes ohne Leitung eines anderen zu bedienen. *Selbstverschuldet* ist diese Unmündigkeit, wenn die Ursache derselben nicht am Mangel des Verstandes, sondern der Entschließung und des Mutes liegt, sich seiner ohne Leitung eines anderen zu bedienen. Sapere aude! Habe Mut dich deines *eigenen* Verstandes zu bedienen!, ist also der Wahlspruch der Aufklärung." (*Aufklärung*: 53, A481)

Faul und feige sind die meisten Menschen, allzu gerne fügen sie sich in ihre bequeme Unmündigkeit, die ihnen so „beinahe zur Natur" wird. Ihren Vormündern kommt das gerade recht: So können sie über die unmündigen Massen wie über ihr „Hausvieh" herrschen. Dennoch gibt es die Möglichkeit, dass ein „Publikum" sich selbst aufkläre, dass der Geist der Kritik sich auszuweiten beginne. Kant weiß, dass das nur langsam vonstatten gehen wird. Aber so voraussetzungsreich Mündigkeit auch ist, sie ist der einzige Weg aus dem Dunkel. Mit einer bloßen Revolution kann man Despoten stürzen – damit allein aber wird „niemals wahre Reform der Denkungsart zu Stande kommen" (ebd.: 55, A484).

„*Selbstdenken* heißt den obersten Probierstein der Wahrheit in sich selbst (d.i. in seiner eigenen Vernunft) suchen; und die Maxime, jederzeit selbst zu denken, ist die *Aufklärung*" (*Denken*: 283, A329, Anm.). Der aufgeklärte Mensch fragt bei allem nach vernünftigen Gründen. Er fragt, „ob man es wohl tunlich finde, den Grund, warum man etwas annimmt, oder auch die Regel, die aus dem, was man annimmt, folgt, zum allgemeinen Grundsatze seines Vernunftgebrauchs zu machen?" (ebd.) Dazu braucht man nicht das Wissen eines Philosophen. Diese Probe auf Verallgemeinerungsfähigkeit (die uns im kategorischen Imperativ wieder begegnen wird) „kann ein jeder mit sich selbst anstellen; und er wird Aberglauben und Schwärmerei bei dieser Prüfung alsbald verschwinden sehen, wenn er gleich bei weitem die Kenntnisse nicht hat, beide aus objektiven Gründen zu widerlegen." (ebd.)

Die Aufklärung will der vernünftigen Praxis des Menschen dienen. Diesem praktischen Ziel ist Kants gesamtes Denken verpflichtet. Seine Philosophie geht freilich sehr wohl auf jene „objektiven Gründe", die der aufgeklärte Durchschnittsmensch nicht zu kennen braucht. Kant will dabei nicht nur das Erkennen der Wissenschaft auf eine solide Grundlage stellen. Ebenso soll der Bereich des Praktischen, das Handeln, ein verlässliches philosophisches Fundament erhalten. Kant findet es in der Sittlichkeit bzw. er begründet die Sittlichkeit neu. Nicht mehr im Verlangen nach Glückseligkeit, nicht mehr in der Ordnung der Natur oder der Gemeinschaft, und auch nicht mehr im Willen Gottes hat die Sittlichkeit ihren Ursprung – sondern im Subjekt, in seiner Autonomie, in der Selbstgesetzgebung des Willens, und damit in der Freiheit des Menschen. Weil diese Freiheit in der bürgerlichen Gesellschaft mit der Freiheit der anderen zusammenstimmen soll, braucht der Mensch das Recht. Recht und Freiheit sind die Kernpunkte der politischen Philosophie Kants – einer politischen Philosophie, deren „weltbürgerliche" Bedeutung sich freilich erst mit Blick auf sein gesamtes Denken erschließt.

1. Philosophie in ihrer „weltbürgerlichen Bedeutung"

Vernunft und Praxis sind in Kants Denken eng miteinander verbunden. Philosophie ist mehr als nur Erkenntnis um ihrer selbst Willen. Sie hat „weltbürgerliche Bedeutung", sie soll sie haben. Dementsprechend unterscheidet Kant in der Einleitung seiner *Logik* zwei Begriffe von Philosophie:

> „Philosophie ist also das System der philosophischen Erkenntnisse oder der Vernunfterkenntnisse aus Begriffen. Das ist der *Schulbegriff* von dieser Wissenschaft. Nach dem *Weltbegriffe* ist sie die Wissenschaft von den letzten Zwecken der menschlichen Vernunft. Dieser hohe Begriff gibt der Philosophie *Würde*, d.i. einen absoluten Wert." (*Logik*: 446, A23)

In der ersten Bedeutung ist Philosophie eine „Lehre der Geschicklichkeit"; der Philosoph ist hier „Vernunftkünstler", der uns lehrt, sauber zu denken. In ihrer zweiten Bedeutung geht Philosophie auf Nützlichkeit, ist sie eine „Lehre der Weisheit"; hier wird der Philosoph zum „Gesetzgeber", der uns lehrt, ein autonomes und vernünftiges Leben zu führen. Mit Blick auf diese letzten Zwecke der menschlichen Vernunft lässt sich das Feld der Philosophie in dieser weltbürgerlichen Bedeutung auf folgende Fragen bringen:

> „1) *Was kann ich wissen?* – 2) *Was soll ich tun?* 3) *Was darf ich hoffen?* 4) *Was ist der Mensch?* Die erste Frage beantwortet die *Metaphysik*, die zweite die *Moral*, die dritte die *Religion*, und die vierte die *Anthropologie*. Im Grunde könnte man aber alles dieses zur Anthropologie rechnen, weil sich die drei ersten Fragen auf die letzte beziehen. Der Philosoph muß also bestimmen können 1) die Quellen des mensch-

> lichen Wissens, 2) den Umfang des möglichen und nützlichen Gebrauches alles Wissens, und endlich 3) die Grenzen der Vernunft.“ (*Logik:* 447f., A25)

Was ist der Mensch? Diese Frage ist nicht zu trennen von der Frage, was der Mensch sein *soll.* Kant antwortet darauf mit seinem gesamten Werk. In der *Anthropologie in pragmatischer Hinsicht* finden wir die wichtigsten Bestimmungen, die den Zusammenhang des Ganzen verdeutlichen. Für einen Philosophen der Aufklärung wenig überraschend, bestimmt Kant den Menschen als Vernunftwesen. Die Vernunft macht nicht nur das Wesen des Menschen aus, sie begründet auch die menschliche Würde. Die Vernunftnatur liegt zudem der Gleichheit aller vernünftigen Wesen zugrunde und sie verbindet die Menschen zu einer Welt. Kants Anthropologie zielt auf die „Erkenntnis des Menschen als Weltbürgers“ (*Anthropologie*: 400). Der Vernunftzweck des Menschseins ist nicht nur in einem selbst, sondern in der Menschheit zu sehen. Als vernünftige Wesen sind wir aufgefordert, eine vernünftige Wirklichkeit zu entwerfen und dabei den Menschen – uns selbst wie auch jeden anderen – immer selbst als Zweck zu sehen und niemals nur als Mittel.

Kant nennt seine Anthropologie „pragmatisch“, im Gegensatz zu einer bloß „physiologischen“: „Die physiologische Menschenkenntnis geht auf die Erforschung dessen, was die Natur aus dem Menschen macht, die pragmatische auf das, was er, als freihandelndes Wesen, aus sich selber macht, oder machen kann und soll.“ (ebd.: 399) Kant fragt nach den Entwicklungspotentialen des Menschen. Dies wird deutlich in der Bestimmung des „Charakters“ der Gattung Mensch:

> „Es bleibt uns also, um dem Menschen im System der lebenden Natur seine Klasse anzuweisen und so ihn zu charakterisieren, nichts übrig, als: daß er einen Charakter hat, den er sich selbst schafft; indem er vermögend ist, sich nach seinen von ihm selbst genommenen Zwecken zu perfektionieren; wodurch er, als mit *Vernunftfähigkeit* begabtes Tier (animal rationabile), aus sich selbst ein *vernünftiges* Tier (animal rationale) machen kann;“ (ebd.: 673)

Unter „Charakter eines lebenden Wesens“ versteht Kant das, „woraus sich seine Bestimmung zum voraus erkennen lässt“. Ganz ähnlich wie schon bei Aristoteles stoßen wir auch bei Kant auf das Konzept einer Naturteleologie:

> „Man kann es aber für den Zwecke der Natur als Grundsatz annehmen: sie wolle, dass jedes Geschöpf seine Bestimmung erreiche; dadurch, dass alle Anlagen seiner Natur sich zweckmäßig für dasselbe entwickeln […].“ (ebd.: 684)

Der Mensch hat seine Anlagen nicht bekommen, um sie brach liegen zu lassen. Diese Anlagen des Menschen, durch die er sich von allen übrigen Naturwesen unterscheidet, sind folgende: eine „technische“, eine „pragmatische“ und die „moralische Anlage“, die die edelste von ihnen ist. Der Mensch zeichnet sich aus

> „durch seine technische (mit Bewusstsein verbunden-mechanische) zu Handhabung der Sachen, durch seine pragmatische (andere Menschen zu seinen Absichten geschickt zu brauchen) und durch die moralische Anlage in seinem Wesen (nach dem Freiheitsprinzip unter Gesetzen gegen sich und andere) zu handeln“ (ebd.: 674).

Kants Anthropologie „in pragmatischer Hinsicht“ verfolgt eine normative Absicht, die sich auch in seiner *Pädagogik* wiederfindet:

> „Es liegen viele Keime in der Menschheit, und nun ist es unsere Sache, die Naturanlagen proportionierlich zu entwickeln, und die Menschheit aus ihren Keimen zu entfalten, und zu machen, dass der Mensch seine Bestimmung erreiche.“ (*Pädagogik*: 701)

Ohne Erziehung kann der Mensch gar nicht zum Menschen werden. „Der Mensch ist das einzige Geschöpf, das erzogen werden muß.“ (ebd.: 697) Anders als das Tier, dessen Verhalten durch seinen Instinkt geleitet wird, braucht der Mensch Vernunft, er „muß sich selbst den Plan seines Verhaltens machen“. Weil er dazu aber nicht von Geburt an in der Lage ist, muss diese Vernunft in ihm erst entwickelt werden. Ziele der Erziehung sind, in Analogie zu den erwähnten menschlichen „Anlagen“ im einzelnen: Disziplinierung als bloße „Bezähmung der Wildheit“; Kultivierung als „Verschaffung der Geschicklichkeit“ zu beliebigen Zwecken (Kulturtechniken wie Lesen und Schreiben); Zivilisierung (gesellschaftliche Umgangsformen); und schließlich und vor allem die Moralisierung:

> „Der Mensch soll nicht bloß zu allerlei Zwecken geschickt sein, sondern auch die Gesinnung bekommen, dass er nur lauter gute Zwecke erwähle. Gute Zwecke sind diejenigen, die notwendigerweise von jedermann gebilligt werden; und die auch zu gleicher Zeit jedermanns Zwecke sein können.“ (ebd.: 707)

Dieses Erziehungsziel gilt nicht nur für den einzelnen und seine individuelle Entwicklung. „Die Menschengattung soll die ganze Naturanlage der Menschheit, durch ihre eigne Bemühung, nach und nach von selbst herausbringen.“ (ebd.: 697) Eine Generation erzieht dabei die andere. Und es ist die Hoffnung, ja die Überzeugung aller Aufklärungsphilosophen, dass sich dabei die Menschheit im Ganzen in einer Aufwärtsentwicklung befindet. „Dies eröffnet uns den Prospekt zu einem künftigen glücklichern Menschengeschlechte.“ (ebd.: 700) Kant weiß, dass da noch sehr viel zu tun ist: „Wir leben im Zeitpunkte der Disziplinierung, Kultur und Zivilisierung, aber noch lange nicht in dem Zeitpunkte der Moralisierung.“ (ebd.: 708) Die breitenwirksame Umsetzung des Wichtigsten steht also noch aus. Wohin die „weltbürgerliche“ Reise aber überhaupt gehen soll, das kann der Philosoph als „Gesetzgeber“ schon jetzt sagen – glaubt er doch die oben genannten Fragen klar und eindeutig beantworten zu können.

2. Die praktische Philosophie und das Reich der Freiheit

Nähern wir uns nun der Grundfrage der Moral: „Was soll ich tun?“ Gliedert man die Philosophie in ihrem materialen Teil nach ihren Gegenständen, so lassen sich theoretische und praktische Philosophie unterscheiden (KU: 9ff.; 78ff., ABXIff.). Die erste hat zum Gegenstand die Natur, die zweite hat zum Gegenstand die Freiheit und die sie betreffenden Sitten. Nun kommt eine entscheidende Festlegung, mit der Kant sich insbesondere von allen Güter- und Glückseligkeitsethiken absetzt: Freiheit kann „schlechterdings kein Gegenstand der Erfahrung sein“, und deshalb kann die praktische Philosophie „niemals andere als reine Prinzipien a priori enthalten“. Sie bezieht sich auf Apriorisches, das heißt: auf das, was vor aller Erfahrung und konkreten Erkenntnis gegeben ist, dieser voraus liegend. Eine solche kritische Klärung von Apriorischem heißt „transzendental“, im Gegensatz zu empirischer Erkenntnis, die immer „a posteriori“ ist (im nachhinein, hinterher, eben aus der Erfahrung). Nur solche praktischen Sätze, „welche der Freiheit das Gesetz geben“, begründen eine von der Naturerkenntnis unterschiedene „besondere praktische Philosophie“ (ebd.). Man könnte die Grundfrage der Moral also auch so stellen: Was soll ich mit meiner Freiheit tun? Schon in der *Kritik der reinen Vernunft* gibt Kant seine Antwort auf die Frage nach dem Sollen vor:

> „Ich nehme an, daß es wirklich reine moralische Gesetze gebe, die völlig a priori (ohne Rücksicht auf empirische Bewegungsgründe, d.i. Glückseligkeit) das Tun und Lassen, d.i. den Gebrauch der Freiheit eines vernünftigen Wesens überhaupt, bestimmen, und daß diese Gesetze *schlechterdings* (nicht bloß hypothetisch unter Voraussetzung anderer empirischen Zwecke) gebieten, und also in aller Absicht notwendig sind.“ (KrV: 678, B835/A807)

Dieses reine moralische Gesetz ist der kategorische Imperativ, auf den wir gleich kommen werden. Die eigentliche Grundlage von Moralität und Autonomie, ja von Menschlichkeit bzw. Mensch-Sein schlechthin ist die menschliche *Freiheit*. Dass wir von ihr ausgehen können und müssen, und was sie bedeutet, veranschaulicht Kant mit der Unterscheidung eines Reiches der Notwendigkeit und eines Reiches der Freiheit, mit der Unterscheidung von Freiheit und Natur. Es gibt zwei Formen der Kausalität: die „nach der Natur" und die „aus Freiheit". Die Kausalität „nach der Natur" bzw. „nach dem Naturgesetze" ist „die Verknüpfung eines Zustandes mit einem vorigen in der Sinnenwelt, worauf jener nach einer Regel folgt" (KrV: 488, B560/A532). In der Natur ist alles den Naturgesetzen unterworfen. Im Reich der Notwendigkeit gibt es keine Freiheit – etwa für den Stein die Freiheit, zu fallen oder eben nicht. Dem Stein fehlt Freiheit, Freiheit als „das Vermögen, einen Zustand *von selbst* anzufangen, deren Kausalität also nicht nach dem Naturgesetze wiederum unter einer anderen Ursache steht" (KrV: 488, B561/A533). Wenn wir den Menschen nicht als vollständig determiniert denken wollen, dann müssen wir von dieser Freiheit ausgehen, als einer „reinen transzendentalen Idee", auf die sich auch der praktische Begriff der Freiheit gründet. Weder aus der Erfahrung noch mit bloßem Verstand erhalten wir diese Idee der Freiheit. Und „so schafft sich die Vernunft die Idee von einer Spontaneität, die von selbst anheben könne zu handeln, ohne dass eine andere Ursache vorangeschickt werden dürfe, sie wiederum nach dem Gesetze der Kausalverknüpfung zur Handlung zu bestimmen" (KrV: 489, B561/A533).

Die menschliche Freiheit bzw. „Spontaneität" des Handelns hat sich im Umgang mit unseren sinnlichen Antrieben zu bewähren, mit unserem Begehren. „Die Freiheit im praktischen Verstande ist die Unabhängigkeit der Willkür von der Nötigung durch Antriebe der Sinnlichkeit." (KrV: 489, B561f./A533f.) Anders als das Tier ist der Mensch seinen Trieben, Bedürfnissen und naturwüchsigen Impulsen nicht hilflos ausgeliefert, seine Willkür ist von diesen Antrieben lediglich „affiziert", aber eben nicht „necessitiert". Freiheit und Moralität gibt es überhaupt nur, weil dem nicht so ist. Anders wäre menschliche Praxis gar nicht denkbar. „Praktisch ist alles, was durch Freiheit möglich ist." (KrV: 673, B828/A800)

Die Idee der Freiheit verweist den Vernunftmenschen darauf, seinen Willen nicht von den Antrieben der Sinnlichkeit bestimmen zu lassen. Zum wahrhaft freien und autonomen Willen fehlt nun aber noch das „Wesentliche", das, wovon er sich positiv bestimmen lassen soll, das moralische Gesetz: „daß er als freier Wille, mithin nicht bloß ohne Mitwirkung sinnlicher Antriebe, sondern selbst mit Abweisung aller derselben und mit Abbruch aller Neigungen, sofern sie jenem Gesetze zuwider sein könnten, bloß durchs Gesetz bestimmt werde." (KpV: 192, A128)

3. Der kategorische Imperativ: Freiheit unter dem moralischen Gesetz

„Handle so, daß die Maxime deines Willens jederzeit zugleich als Prinzip einer allgemeinen Gesetzgebung gelten könne." (KpV: 140, A54) So lautet das „Grundgesetz der reinen praktischen Vernunft". Dieser kategorische Imperativ bietet ein objektives Kriterium zur Beurteilung der Moralität einer Handlung. Prüfstein ist, ganz *formal*, die Verallgemeinerungsfähigkeit des Gewollten, im Gegensatz zu jeder *materialen* Ethik, die sich auf bestimmte begehrte Objekte bezieht (wozu für Kant alle auf Glückseligkeit zielenden praktischen Prinzipien zählen). Dem Handelnden ist ein praktischer Grundsatz an die Hand gegeben, ein Satz also, der eine allgemeine Bestimmung des Willens enthält. Der kategorische Imperativ ist ein *objektiver* Grundsatz, also ein Gesetz, weil er als „für den Willen jedes vernünftigen Wesens gültig erkannt wird", im Gegensatz zu den bloß subjektiven Maximen, bei denen „die Bedingung nur als für den Willen des Subjekts gültig von ihm angesehen" wird (ebd.). Das moralische Gesetz gilt zudem *kategorisch*, also unbedingt, im Gegensatz zu hypothetischen Imperativen, die zwar allgemein, aber nur bedingt gelten (wenn-dann-Aussagen).

Indem er diesem unbedingten Sollen folgt, erhebt sich der Mensch über die Sinnenwelt, erweist sich seine Freiheit als vom Reich der Notwendigkeit getrennt. Das menschliche Handeln ist damit unter eine letzte, absolute Verbindlichkeit gestellt, die der Mensch nicht nur als äußere, sondern auch als innere Nötigung empfindet. Nach dem moralischen Gesetz zu handeln, bedeutet nach objektiven Vernunftgründen zu handeln. Moralisches Urteilen und Handeln sind „nicht die Sache eines persönlichen Gefühls oder einer willkürlichen Entscheidung und auch nicht eine Frage der gesellschaftlich-kulturellen Herkunft, des Taktes oder der eingespielten Konvention" (Höffe 1992: 171). Als moralische Person kann der vernünftige Mensch nicht mit dem Sittengesetz in Widerspruch geraten wollen. Eine Verpflichtung gegen sich selbst hat der Mensch nicht nur deshalb, weil die Stimme der Moral aus ihm selbst spricht, sondern weil er erst „als Subjekt einer moralisch-praktischen Vernunft" Würde besitzt, „einen absoluten innern Wert" (TL: 569, A93). Als ein solches moralisches Subjekt (als „Person") ist der Mensch „als Zweck an sich selbst zu schätzen" – „und diese Selbstschätzung ist die Pflicht des Menschen gegen sich selbst." (TL: 569, A94)

Das moralische Sollen hat dabei über dem Streben nach Glückseligkeit zu stehen. Das heißt nicht, dass Glückseligkeit nicht etwa zum höchsten Gut menschlichen Lebens gehörte. Aber nicht immer trägt die Befolgung des moralischen Gesetzes zu einer Mehrung der Glückseligkeit bei. Moral macht nicht automatisch und nicht immer glücklich, sie lehrt aber, „wie wir der Glückseligkeit *würdig* werden sollen" (KpV: 261, A234). Die Glückseligkeit ist nicht mehr, wie bei Aristoteles noch, die Ausgangsfrage der Ethik. Dass sie für Kant aber trotzdem wichtig bleibt, betont er gegen seine Kritiker:

> „Nach meiner Theorie ist weder die Moralität des Menschen für sich noch die Glückseligkeit für sich allein, sondern das höchste in der Welt mögliche Gut, welches in der Vereinigung und Zusammenstimmung beider besteht, der einzige Zweck des Schöpfers." (*Gemeinspruch*: 132, A210)

In Befolgung des Sittengesetztes folgt der Mensch seinem eigenen Gesetz. Dieses strenge Gesetz ist zugleich höchster Ausdruck unserer Freiheit – vernünftiger Freiheit im Sinne vernünftiger Autonomie. Dass Autonomie und Freiheit nun freilich nichts mit einer gleichsam egozentrischen Perspektive zu tun haben, dürfte bereits deutlich geworden sein. Der Vernunftzweck des Menschseins ist nicht nur in einem selbst, sondern in der Menschheit zu sehen. Deutlich wird dies in einer anderen Formulierung des moralischen Gesetzes: „Handle so, daß du die Menschheit, sowohl in deiner Person, als in der Person eines jeden andern, jederzeit zugleich als Zweck, niemals bloß als Mittel brauchtest." (GMS: 61, BA66f.; vgl. KpV: 210, A155f.)

Dieses Gesetz der praktischen Vernunft soll in jedermanns Bewusstsein unbedingte Gültigkeit bei sich führen. Der sittliche Wert unserer Handlungen liegt darin, „daß das moralische Gesetz unmittelbar den Willen bestimme" (KpV: 191, A 127), dass wir ihm um seiner selbst willen folgen und nicht aufgrund eines anderen Gefühls oder Antriebs. Eine bloß norm-*konforme* Handlung enthält „Legalität", aber nicht schon „Moralität". „Es ist überall nichts in der Welt, ja überhaupt auch außer derselben zu denken möglich, was ohne Einschränkung für gut könnte gehalten werden, als allein ein *guter Wille*." (GMS: 18, AB1) Nicht auf den Nutzen kommt es an (wie im

Utilitarismus), nicht darauf, ob der Wille seine tatsächliche „Tauglichkeit zu Erreichung irgend eines vorgesetzten Zweckes" erweist. Der gute Wille hat „seinen vollen Wert in sich selbst" – „Die Nützlichkeit oder Fruchtlosigkeit kann diesem Werte weder etwas zusetzen noch abnehmen." (GMS: 19, AB3)

Kant verdeutlicht, was wir als vernünftige, mit einem freien Willen ausgestattete Menschen sollen: wie wir handeln, was wir wollen sollen. Warum aber sollten wir all dies überhaupt sollen wollen? Warum muss der freie Wille dem Sittengesetz folgen? Ist der Wille noch frei, wenn er sollen muss? Man könnte auch fragen: Warum sollen wir überhaupt moralisch handeln? Why be moral? Und: Welches ist die die Moral motivierende Kraft, die Kant hier unterstellt? Diese „ketzerisch" anmutenden Fragen sind nicht so abwegig, wie sie einem moralischen Menschen zunächst erscheinen mögen (vgl. Baier 1974: 277ff.). Die Grundsätze der reinen praktischen Vernunft können in Konflikt geraten mit anderen Motiven, Orientierungen oder „Werten" eines Handelnden. Das gilt nicht nur für das rein strategische Handeln eines rationalen Egoisten. Kant selbst sieht diese Konflikte, vor allem mit Blick auf unser Streben nach Glückseligkeit, ordnet diese aber der Moral unter. Warum? Wie kann bei einer Kollision verschiedener Ansprüche den moralischen Ansprüchen gegenüber evaluativen Ansprüchen (persönlichen Präferenzen) ein *begründbarer* Vorrang zugesprochen werden?

Dass dieses Gesetz in uns selbst liegt, in unserer Vernunft, bedeutet für Kant die einzig wahrhafte Form von Autonomie. Wir erkennen dieses Gesetz. Es steht uns vor Augen. Als vernünftige Wesen können wir uns gar nicht in Widerspruch zu diesem Gesetz bringen. Wir schulden dies der Würde unserer Person. Unsere Selbstachtung hängt unmittelbar an der Achtung vor dem „moralischen Gesetz in mir". Wir sehen uns selbst genötigt, alles vor den „Gerichtshof der Vernunft" zu zerren, wir haben die Ansprüche der Universalität als (aufgeklärte, vernünftige) Menschen internalisiert. Das höchste Ziel des Menschen „liegt in nichts anderem als darin, der Menschheit in der eigenen Person zu genügen. Das Individuum muss sich als der in seinem Denken und Wollen immer schon wirksamen Universalität fähig erweisen. Das geschieht, indem es die sein eigenes Wollen stets schon anleitende Vernunft zum praktischen Kern seines eigenen Selbstverständnisses zu machen sucht." (Gerhardt 2002: 223f.) Der Mensch entkommt seiner Vernunft gar nicht: „Daher kann nur sie das Fundament einer Ethik sein, die nicht darauf verzichtet, ihre Forderungen allgemein zu begründen. Und indem allein sie es ist, die dem menschlichen Handeln Ziele setzt, wird sie zum Zweck an sich selbst.“ (ebd.: 215)

Als vernünftige Wesen können wir uns gar nicht in Widerspruch zur Vernunft und ihrem moralischen Gesetz bringen – ohne ein schlechtes *Gewissen* angesichts der Verletzung unserer *Pflicht* zu bekommen. Das Gewissen, dies „wundersame Vermögen in uns“, fungiert selbst beim Angeklagten, der seine Schuld zu verbergen oder zu relativieren sucht, als verlässlicher „Ankläger in ihm“ (KpV: 223f., A175f.). Aus ihm spricht die Stimme der Moral, als innere Nötigung des vernünftigen Menschen, als Gefühl der Pflicht. Why be moral? – weil es unsere Pflicht ist, und weil wir das wissen und so auch empfinden. „Pflicht ist die Notwendigkeit einer Handlung aus Achtung fürs Gesetz.“ (GMS: 26, AB14; vgl. KpV: 203, A145) Dies, und keine anderen Bestrebungen oder Erwägungen, soll den Willen bestimmen:

> „Nun soll eine Handlung aus Pflicht den Einfluß der Neigung und mit ihr jeden Gegenstand des Willens ganz absondern, also bleibt nichts für den Willen übrig, was ihn bestimmen könnte, als objektiv das *Gesetz* und subjektiv *reine Achtung* für dieses praktische Gesetz, mithin die Maxime, einem solchen Gesetze, selbst mit Abbruch aller meiner Neigungen, Folge zu leisten.“ (GMS: 27, AB15)

Das heißt auch: Wir sollen einem anderen helfen, weil es diese Pflicht verlangt – nicht etwa, weil wir Sympathie für ihn, zum Beispiel für einen Freund empfinden. Dann nämlich würde das Motiv der Handlung anzeigen, dass der Wille das Gesetz seines Handelns außerhalb seiner selbst sucht, nämlich in der „Beschaffenheit irgend eines seiner Objekte“ (GMS: 75, AB88) – und damit wäre der Wille nicht mehr autonom, sondern heteronom. „Eine Handlung muß mir wert sein, nicht, weil sie mit meiner Neigung stimmt, sondern, weil ich dadurch meine Pflicht erfülle.“ (*Pädagogik*: 761)

Man könnte nun weiter fragen: Woher kommt eigentlich dieses Pflichtgefühl? Muss man womöglich protestantisch erzogen sein, um es in dieser Dominanz zu empfinden? Vor allem: Ist es nicht selbst eine Form der „Neigung“? Auch Kant sieht die Grenzen der Vernunft, jenseits derer Erklärung aufhört und nichts bleibt als „Verteidigung“:

> „Um das zu wollen, wozu die Vernunft allein dem sinnlich affizierten vernünftigen Wesen das Sollen vorschreibt, dazu gehört freilich ein Vermögen der Vernunft, ein *Gefühl der Lust* oder des Wohlgefallens an der Erfüllung der Pflicht *einzuflößen*, mithin eine Kausalität derselben, die Sinnlichkeit ihren Prinzipien gemäß zu bestimmen. Es ist aber

> gänzlich unmöglich einzusehen, d.i. *a priori* begreiflich zu machen, wie ein bloßer Gedanke, der selbst nichts Sinnliches in sich enthält, eine Empfindung der Lust oder Unlust hervorbringe." (GMS: 98, AB122f.)

Es ist damit „die Erklärung, wie und warum uns die *Allgemeinheit der Maxime als Gesetzes*, mithin die Sittlichkeit interessiere, uns Menschen gänzlich unmöglich" (GMS: 98, AB123). Man kann nicht erklären, „wie reine Vernunft praktisch sein könne" oder, was für Kant dasselbe bedeutet, „wie Freiheit möglich sei". Es begänne hier ein sinnloser Regreß ins Unerreichbare, in den die menschliche Vernunft durch ihr ewiges Suchen nach dem „Unbedingt-Notwendigen" gerät. Begreiflich machen kann sich die Vernunft dies Unbedingt-Notwendige nicht bzw. nur insofern als sie den Begriff ausfindig machen kann, der sich mit dieser Voraussetzung verträgt:

> „Es ist also kein Tadel für unsere Deduktion des obersten Prinzips der Moralität, sondern ein Vorwurf, den man der menschlichen Vernunft überhaupt machen müßte, daß sie ein unbedingtes praktisches Gesetz (dergleichen der kategorische Imperativ sein muß) seiner absoluten Notwendigkeit nach nicht begreiflich machen kann." (GMS: 101, AB128)

Freiheit, Autonomie, Moralität – das sind die Grundpfeiler einer vernünftigen Praxis, die den Anlagen und der Zweckbestimmung des Menschen entsprechen. Die Moral lehrt den einzelnen, wie er sich in seinem Handeln zu orientieren habe, in seinem täglichen Umgang mit seinesgleichen, in seiner individuellen Lebensführung. Der Mensch existiert aber nicht nur als Privatperson, sondern auch als Bürger eines Staates. Mit der „Notwendigkeit, ein Glied irgend einer bürgerlichen Gesellschaft zu sein" (*Anthropologie*: 685), sind Fragen aufgeworfen, die sich nicht einfach mit dem kategorischen Imperativ beantworten lassen. Menschliche Praxis hat nicht nur eine personale Dimension, sondern auch eine institutionelle, politische Dimension. Entsprechend erscheint Sittlichkeit nicht nur als Sittlichkeit der Person, also als Moralität, sondern auch als Sittlichkeit im Zusammenleben der Personen: als Recht.

4. Die Heiligkeit des Rechts – Kants „Republikanism"

Die Rechts- und Staatsphilosophie Kants hat längst nicht die Beachtung erfahren wie die großen Kritiken, und ihr philosophisches Niveau falle auch, so die Kritiker, gegenüber diesen deutlich ab. Diese

Kritik mag im Einzelnen mehr oder weniger zutreffen, nicht aber mit Blick auf jene Grundprinzipien, die im Folgenden dargestellt werden sollen. Insbesondere der Rechtsbegriff zeigt, dass Kants politische Philosophie eine konsequente Entfaltung seines Freiheitsbegriffes auf gesellschaftlicher Ebene enthält. Die Grundfrage seiner Anthropologie, was der Mensch „als freihandelndes Wesen“ aus sich machen „kann und soll“, wie auch das aufklärerische Ziel der Verwirklichung der Vernunft in der Welt, finden hier erst ihre Vollendung. Denn das vernünftige Zusammenleben von Menschen erfordert das Recht. Das Recht ist notwendig. Das „Recht der Menschen unter öffentlichen Zwangsgesetzen, durch welche jedem das Seine bestimmt und gegen jedes anderen Eingriff gesichert werden kann“, ist der Zweck der Einrichtung einer bürgerlichen Verfassung durch den Gesellschaftsvertrag (*Gemeinspruch*: 143f., A232f.; vgl. RL: 429ff., A161ff./ B191ff.). Und es steht für Kant über allen anderen denkbaren Zielen oder Prinzipien des Politischen: „Das Recht der Menschen muß heilig gehalten werden, der herrschenden Gewalt mag es auch noch so große Aufopferung kosten.“ (*Friede*: 244, B97/A91)

Das Recht ist notwendig. Kant verdeutlicht dies am allgemeinen Begriff des Rechts. Jenseits des positiven Rechts und jeder „bloß empirischen Rechtslehre“ betrachtet er das Recht als Vernunftbegriff, nicht als Erfahrungsbegriff (RL: 336, AB31f.), um auf diese Weise einen höchsten normativ-kritischen Maßstab für alle positive Gesetzgebung zu liefern. Wozu gibt es Recht? Recht soll das Zusammenleben von Personen ermöglichen, die als Urheber ihrer Handlungen frei sind: Es soll die Vereinbarkeit der vielen Freiheiten garantieren – Freiheit hier nicht als die oben beschriebene innere, moralische Freiheit, sondern als äußere Freiheit, Beliebiges unabhängig von der Willkür anderer zu tun. Nur auf diese äußeren Handlungen, „auf das äußere und zwar praktische Verhältnis einer Person gegen eine andere“ (RL: 337, AB32) bezieht sich das Recht.

> „Recht ist die Einschränkung der Freiheit eines jeden auf die Bedingung ihrer Zusammenstimmung mit der Freiheit von jedermann, insofern diese nach einem allgemeinen Gesetze möglich ist. […] Da nun jede Einschränkung der Freiheit durch die Willkür eines anderen Zwang heißt: so folgt, daß die bürgerliche Verfassung ein Verhältnis freier Menschen ist, die […] doch unter Zwangsgesetzen stehen: weil die Vernunft selbst es so will, und zwar die reine a priori gesetzgebende Vernunft, die auf keinen empirischen Zweck […] Rücksicht nimmt.“ (*Gemeinspruch*: 144f., A234; vgl. RL: 336f., AB31ff.)

Das Recht ist notwendig, es ist der Zweck des Zusammenschlusses und der Garant der Freiheit. Dafür gibt es den Staat. Staat und Gesetzgebung sind hingegen nicht dazu da, die Glückseligkeit der Bürger zu befördern. Der Staat verbürgt das Recht, „welches das oberste Prinzip ist, von welchem alle Maximen, die ein gemeines Wesen betreffen, ausgehen müssen, und das durch kein anderes eingeschränkt wird. In Ansehung der ersteren (der Glückseligkeit) kann gar kein allgemein gültiger Grundsatz für Gesetze gegeben werden." (*Gemeinspruch*: 154, A252) Denn darüber, was Glückseligkeit bedeutet, gibt es „sehr einander widerstreitende" Auffassungen. Wenn man also zu recht sagt, das öffentliche Wohl müsse das oberste Gesetz des Staates sein („salus publica suprema civitatis lex"), dann darf man dies nicht falsch interpretieren:

> „das öffentliche Heil, welches *zuerst* in Betrachtung zu ziehen ist, ist gerade diejenige gesetzliche Verfassung, die jedem seine Freiheit durch Gesetze sichert: wobei es ihm unbenommen bleibt, seine Glückseligkeit auf jedem Wege, welcher ihm der beste dünkt, zu suchen, wenn er nur nicht jener allgemeinen gesetzmäßigen Freiheit, mithin dem Rechte anderer Mituntertanen, Abbruch tut." (ebd)

Analog zur Unterscheidung von Moralität und Glückseligkeit in der *Kritik der praktischen Vernunft* bestimmt Kant den die Freiheit ermöglichenden Rechtsstaat als höchstes Gut und einzigen „Zweck der Errichtung einer bürgerlichen Verfassung". Diese Entsprechung geht weiter: Der Maßstab der „Zusammenstimmung" der vielen Freiheiten nach einem allgemeinen Gesetz „ist im Bereich der Rechtslehre das eigentliche Gegenstück zum kategorischen Imperativ im Bereich der Ethik (Tugendlehre). Er verpflichtet die Gemeinschaft äußerer Freiheit genauso auf die allgemeine Gesetzlichkeit wie der kategorische Imperativ den persönlichen Willen mit den selbstgesetzten Maximen." (Höffe 1992: 216) Das Rechtsprinzip ist „nichts anderes als der Kategorische Imperativ in seiner Anwendung auf den äußeren Umgang freier und gleicher Menschen in Gesellschaft" (Schnädelbach 2005: 96).

Das Recht ist für Kant „heilig": Alle Politik muss „ihre Knie" vor dem Recht „beugen" (*Friede*: 244, B97/A91). Das Recht ist die „einschränkende Bedingung" der Politik (*Friede*: 232, B76/A71). Und die Politik soll Recht ermöglichen, die Bedingungen für seine Herrschaft garantieren. Politik ist für Kant „ausübende Rechtslehre" (*Friede*: 229, B71/A66). Politik ist über das Recht mit der Moral vermittelt. Die Autorität der Moral mit ihrem unbedingten Sollen strahlt auch auf die Praxis der Politik aus: Diese kann sich nicht darauf berufen, dass sie leider nicht tun kann, was sie eigentlich sollte. Bei Kant ist der Politik keine Eigengesetzlichkeit zugestanden, die sie von den Ansprüchen der Moral gänzlich befreien könnte:

> „mithin kann es keinen Streit der Politik, als ausübender Rechtslehre, mit der Moral, als einer solchen, aber theoretischen (mithin keinen Streit der Praxis mit der Theorie) geben: man müsste denn unter der letzteren eine allgemeine *Klugheitslehre*, d.i. eine Theorie der Maximen verstehen, zu seinen auf Vorteil berechneten Absichten die tauglichsten Mittel zu wählen, d.i. leugnen, dass es überhaupt eine Moral gebe." (*Friede*: 229, B71f./A66f.)

Zugleich trennt Kant das Recht (mit seinem Fokus auf die äußere Freiheit) von der Moral. Die Differenzierung von personaler und politischer Sittlichkeit, von Moral und Recht, ermöglicht es, Recht und Politik von jeder moralisierenden Überfrachtung frei zu halten. Das Recht fordert vom einzelnen (nur) Legalität. Das bedeutet auch, dass man für ein republikanisches Gemeinwesen keineswegs ein Volk von „Engeln" braucht: Auf die „gute Organisation des Staats" kommt es an, nicht auf die „moralische Besserung der Menschen". Der gute Bürger zeichnet sich durch ein rechtskonformes „öffentliches Verhalten" aus, muss aber nicht zwingend ein „moralisch-guter Mensch" sein: „Das Problem der Staatserrichtung ist, so hart wie es auch klingt, selbst für ein Volk von Teufeln (wenn sie nur Verstand haben) auflösbar […]." (*Friede*: 224, B61/A60) Auch die schlauen Teufel kann man dazu bringen, sich unter Zwangsgesetze zu begeben. Zwangsgesetze freilich braucht man:

> „Freiheit und Gesetz […] sind die zwei Angeln, um welche sich die bürgerliche Gesetzgebung dreht. – Aber, damit das letztere auch von Wirkung und nicht leere Anpreisung sei: so muß ein Mittleres hinzu kommen, nämlich Gewalt, welche, mit jenen verbunden, diesen Prinzipien Erfolg verschafft." (*Anthropologie*: 686)

Die verschiedenen Kombinationen von Freiheit, Gesetz und Gewalt strukturieren bereits Kants Regierungslehre vor: „A. Gesetz und Freiheit, ohne Gewalt (Anarchie). B. Gesetz und Gewalt, ohne Freiheit (Despotism). C. Gewalt, ohne Freiheit und Gesetz (Barbarei). D. Gewalt, mit Freiheit und Gesetz (Republik)." (ebd.: 686) Für Kant kommt als „wahre bürgerliche Verfassung" nur die Republik in Frage:

> „Die erstlich nach Prinzipien der *Freiheit* der Glieder einer Gesellschaft (als Menschen); zweitens nach Grundsätzen der *Abhängigkeit* aller von einer einzigen gemeinsamen Gesetzgebung (als Untertanen), und drittens

> die nach dem Gesetz der *Gleichheit* derselben (als Staatsbürger) gestiftete Verfassung, – die einzige, welche aus der Idee des ursprünglichen Vertrags hervorgeht, auf der alle rechtliche Gesetzgebung eines Volks gegründet sein muß, ist die *republikanische*." (*Friede*: 204, BA20)

Mit der favorisierten Republik meint Kant nicht die Staatsform, sondern die Regierungsart. Die republikanische Regierungsart wird näher in der Abgrenzung von der despotischen definiert:

> „*Republikanism* ist das Staatsprinzip der Absonderung der ausführenden Gewalt (der Regierung) von der gesetzgebenden; der Despotism ist das der eigenmächtigen Vollziehung des Staats von Gesetzen, die er selbst gegeben hat, mithin der öffentliche Wille, sofern er von dem Regenten als sein Privatwille gehandhabt wird." (*Friede*: 206f., BA25f.)

Kants „antidespotische" Gewaltenteilungslehre (vgl. RL: 431f., A165/B195) bestimmt zudem, dass die gesetzgebende Gewalt „nur dem vereinigten Willen des Volkes zukommen" kann (ebd.). Unmittelbare demokratische Volksgesetzgebung meint Kant damit aber ganz und gar nicht. Im Gegenteil: Von den drei Staatsformen, die Kant anführt (Monarchie, Aristokratie, Demokratie), ist gerade die Demokratie als einzige mit der republikanischen Regierungsart unvereinbar. Diese ist allein in einem repräsentativen System möglich.

> „Unter den drei Staatsformen ist die der *Demokratie* im eigentlichen Verstande des Worts notwendig ein *Despotism*, weil sie eine exekutive Gewalt gründet, da alle über und allenfalls auch wider Einen (der also nicht miteinstimmt), mithin alle, die doch nicht alle sind, beschließen; welches ein Widerspruch des allgemeinen Willens mit sich selbst und mit der Freiheit ist. Alle Regierungsform nämlich, die nicht *repräsentativ* ist, ist eigentlich eine *Unform*, weil der Gesetzgeber in einer und derselben Person zugleich Vollstrecker seines Willens […] sein kann […]." (*Friede*: 207, BA26)

Die Demokratie erregt Kants Misstrauen auch deshalb, „weil alles da Herr sein will" (ebd.) – hier spielt das altbekannte Vorurteil gegen den unaufgeklärten Pöbel deutlich hinein. Sehr wohl kann hingegen eine Monarchie eine „dem Geiste eines repräsentativen Systems gemäße Regierungsart" sein: wenn ein aufgeklärter Monarch wie Friedrich der Große regiert und sich dabei als „oberster Diener des Staats" versteht (ebd.). Ein Monarch regiert republikanisch, wenn er das Volk nach Prinzipien behandelt, „die dem Geist der Freiheitsgesetze (wie ein Volk mit reifer Vernunft sie sich selbst vorschreiben würde) gemäß sind, wenn gleich dem Buchstaben nach es um seine Einwilligung nicht befragt würde" (*Streit*: 364f., A156).

Und wenn der Monarch nicht republikanisch regiert? Darf das Volk dann, wie bei Locke, „den Himmel anrufen“ und sich widersetzen? Kant lehnt diese Idee völlig ab. Er spricht den Untertanen jedes Recht auf Widerstand ab, selbst gegen ein tyrannisches Staatsoberhaupt. Alle Rebellion ist „das höchste und strafbarste Verbrechen im gemeinen Wesen […]; weil es dessen Grundfeste zerstört.“ (*Gemeinspruch*: 156, A255) Wer sollte denn im Streitfall zwischen Volk und Staatsoberhaupt entscheiden, auf wessen Seite das Recht ist? „Keiner von beiden kann es, als Richter in seiner eigenen Sache, tun. Also müsste es noch ein Oberhaupt über dem Oberhaupte geben, welches zwischen diesem und dem Volk entschiede; welches sich widerspricht.“ (ebd.) Der schlimmste anzunehmende Fall ist für Kant der Rückfall in den vorbürgerlichen und gänzlich gesetzlosen Naturzustand.

In diesem Zusammenhang wird auch deutlich, wie Kant den Vertragsgedanken aufnimmt und verstanden wissen will (vgl. dazu RL: 430ff, A162ff./B192ff.). Denn bei den Befürwortern eines Widerstandsrechtes ist neben einer fälschlichen Berufung auf das Prinzip der Glückseligkeit in Fragen des Rechts vor allem zu kritisieren, dass „sie die Idee von einem ursprünglichen Vertrag, die immer in der Vernunft zum Grunde liegt, als etwas, welches *wirklich* geschehen sein müsse, annahmen“ (*Gemeinspruch*: 158f., A260). Der Gesellschaftsvertrag ist für Kant dagegen eine von aller Erfahrung unabhängige Idee der reinen praktischen Vernunft – und ebenso ist der Naturzustand eine bloße Vernunftidee. Kant bedient sich des kontraktualistischen Argumentationsinstrumentariums um unabhängig von empirischen Annahmen über die Natur des Menschen zu zeigen, dass der Naturzustand zugunsten des rechtlichen, des bürgerlichen Zustandes („status civilis“) zu verlassen ist.

> „Wenn man zu allererst gefragt hätte, was Rechtens ist (wo die Prinzipien a priori feststehen, und kein Empiriker darin pfuschen kann): so würde die Idee des Sozialkontrakts in ihrem unbestreitbaren Ansehen bleiben: aber nicht als Faktum […], sondern nur als Vernunftprinzip der Beurteilung aller öffentlichen rechtlichen Verfassung überhaupt.“ (ebd.: 159, A261f.)

Die Ideen des Naturzustandes und des Gesellschaftsvertrages zeigen für Kant aber nur umso deutlicher, dass Rebellion als Zerstörung des bürgerlichen Zustandes unbedingt abzulehnen ist. Hier zumindest scheint Kant eine ähnliche Position wie Hobbes einzunehmen. Explizit gegen Hobbes wendet sich Kant aber, indem er jedem Menschen gleichwohl „seine unverlierbaren Rechte“ zugesteht, weshalb sich das Oberhaupt sehr wohl ins Unrecht setzen kann. Zwar sollte der

Untertan annehmen, sein Oberherr „*wolle* ihm nicht Unrecht tun". Aber das Oberhaupt ist auch nur ein Mensch und deshalb kann es auch einmal „irren". Ein gerechtfertigter Anlass für Widerstand ist dann aber dennoch nicht gegeben. Das einzige, aber für den Aufklärer Kant wichtige und aussichtsreiche Mittel, auf das der Staatsbürger dann zurückgreifen kann und das ihm zu garantieren ist, ist die Befugnis, seine Meinung über das vermeintliche Unrecht des Oberhauptes „öffentlich bekannt zu machen": „Also ist *die Freiheit der Feder* [...] das einzige Palladium der Volksrechte." (ebd.: 161, A265) Man könnte meinen, dass dies nur ein schwacher Trost ist. Zudem: Was soll das Volk tun, wenn die Obrigkeit die „Freiheit der Feder" verweigert? Sollte nicht eigentlich das Recht „heilig" sein und nicht der Staat, der nur zu dessen Schutz und Durchsetzung da ist?

Trotz dieser berechtigten Einwände gegen Kants Widerstandsverbot ist doch die genannte „Freiheit der Feder" von einiger Bedeutung. Zum einen darf man sie im Kampf gegen Despotie und politisches Unrecht nicht unterschätzen – was die Despoten aller Zeiten nur allzu gut wussten. Zum anderen verweist sie in schöner Konsequenz zurück auf das „Zeitalter der Kritik, der sich alles unterwerfen muß". Die Freiheit der Feder verweist auf das Prinzip der „Publizität", und dieses wiederum verweist unmittelbar auf das Recht:

> „Wenn ich von aller *Materie* des öffentlichen Rechts [...] abstrahiere, so bleibt mir noch die *Form der Publizität* übrig, deren Möglichkeit ein jeder Rechtsanspruch in sich enthält, weil ohne jene es keine Gerechtigkeit (die nur als *öffentlich kundbar* gedacht werden kann), mithin auch kein Recht, das nur von ihr erteilt wird, geben würde." (*Friede*: 244, B98/A92)

Damit hat man ein gut handhabbares Kriterium, um „gleichsam durch ein Experiment der reinen Vernunft" leicht zu erkennen, was unrecht ist. Wer etwas zu verheimlichen hat, der wird wohl etwas Unrechtes im Schilde führen, etwas, was die anderen als ungerecht zurückweisen würden. Als „transzendentale Formel des öffentlichen Rechts" ergibt sich somit: „Alle auf das Recht anderer Menschen bezogene Handlungen, deren Maxime sich nicht mit der Publizität verträgt, sind unrecht." (*Friede*: 245, B99/A93) Publizität ist das Prinzip, das die Nebel und Schatten des Despotismus vertreiben kann und die Aufklärung voranbringt. Was eine bürgerliche Gesellschaft braucht, um Unrecht und Despotismus zu überwinden, das ist der auf diese Weise sich ausbreitende „Geist der Freiheit" (*Gemeinspruch*: 163, A267).

Der systematische Zusammenhang seiner gesamten Philosophie der Freiheit wird endlich auch daran deutlich, dass die bürgerliche

Verfassung für Kant nicht nur ein politisches Institutionengefüge ist, sondern zugleich „der höchste Grad der künstlichen Steigerung der guten Anlage in der Menschengattung zum Endzweck ihrer Bestimmung“ (*Anthropologie*: 681). Auf diesen Endzweck hin betrachtet Kant den Menschen, seine Anlagen, seine Entwicklung und seine Pflichten. Den Schlussstein dieser „Erkenntnis des Menschen als Weltbürgers“ (ebd.: 400) und zugleich die Vollendung des menschlichen Endzweckes bildet aber erst das, was noch über die bürgerliche Verfassung hinausreicht: der Friede zwischen den Völkern.

5. Der „ewige Friede“ als kosmopolitische Vollendung des menschlichen Endzweckes

Nicht nur die Rechtsverhältnisse innerhalb eines Staates, sondern auch das Völkerrecht („ius gentium“) ist „unter dem allgemeinen Begriffe des öffentlichen Rechts“ zu denken (RL: 429, A162/B192). Auch die Beziehungen der Staaten untereinander sollen aus dem unrechtlichen Gegeneinander in einen leidlich zivilisierten Zustand überführt werden. Die Geißel des Krieges muss überwunden werden und einem annähernd verlässlichen Frieden Platz machen. Der Weg zu diesem kosmopolitischen Ziel kann nur der der Verrechtlichung sein.

Kant weiß um die Skepsis, die ihm bei einem solchen Vorhaben auf dem Gebiet der internationalen Beziehungen entgegenschlägt. Gerade hier wird man den „Gemeinspruch“ erwarten dürfen: „Das mag in der Theorie richtig sein, taugt aber nicht für die Praxis.“ Ewiger Friede: ein „bloßes Hirngespinst“, eine Idee, die „jederzeit ist verlacht worden“ (Gemeinspruch: 172, A283) – so oder ähnlich denkt man. So denken insbesondere jene selbst ernannten Realisten, die ihre rechtswidrigen Prinzipien mit ihren „sophistischen Maximen“ und den „Schlangenwendungen einer unmoralischen Klugheitslehre“ beschönigen wollen – womit am Ende „eine solche verderbliche Theorie das Übel wohl gar selbst bewirkt, was sie vorhersagt“ (*Friede*: 241, B92/A86). Dagegen besteht Kant zum einen darauf, dass die Schwierigkeiten in der Praxis noch keineswegs die Richtigkeit einer Theorie widerlegen. Zum anderen bescheinigt er solchen Realisten einen eingeschränkten Horizont: „wenn sie darauf groß tun, Menschen zu kennen […], ohne doch den Menschen, und was aus ihm gemacht werden kann, zu kennen (wozu ein höherer Standpunkt der anthropologischen Beobachtung erfordert wird)“ (*Friede*: 235, B81/

A75f.). Frieden ist denkbar, Frieden ist machbar, und vor allem ist es eine Pflicht, nach Frieden zu streben: „Nun spricht die moralisch-praktische Vernunft in uns ihr unwiderstehliches Veto aus: *Es soll kein Krieg sein.*“ (RL: 478, A233/B264) Kant plädiert keineswegs für einen gesinnungsethischen Pazifismus. Wahre Staatsweisheit dürfe sich dem Friedensziel nicht ungestüm und übereilt, ohne Klugheit und Erfahrungswissen, sondern mit Bedacht annähern. Dazu freilich muss man das Ziel allererst erkennen und bedenken. Und eben dies tut Kant, indem er die vernunftrechtlichen Bedingungen erläutert, die einen zwischenstaatlichen Frieden überhaupt ermöglichen.

Das „Recht der Staaten im Verhältnis zueinander“ bezieht sich auf eine Situation, die nicht dem Verhältnis von Bürgern zueinander gleicht. Daher unterscheiden sich die „Elemente des Völkerrechts“ (vgl. RL: 467, A216f./B246f.) auch erkennbar von denen des Staatsrechts. Im ersten Abschnitt der Friedensschrift nennt Kant sechs „Präliminarartikel“, d.h. Gesetze bzw. Gebote, die die Vorbedingungen eines Friedenszustandes beschreiben. So schreibt der erste Artikel vor: „Es soll kein Friedensschluß für einen solchen gelten, der mit dem geheimen Vorbehalt des Stoffs zu einem künftigen Kriege gemacht worden.“ (*Friede*: 196, B5/A6) Solches wäre kein Friede, sondern ein bloßer, und wahrscheinlich nur kurzer, Waffenstillstand. Die Präliminarartikel gehen nicht wesentlich über schon bekannte Vorschläge zur Kriegsvermeidung hinaus. Die übrigen fünf seien hier nur genannt:

> „2. ‚Es soll kein für sich bestehender Staat (klein oder groß, das gilt hier gleichviel) von einem andern Staate durch Erbung, Tausch, Kauf oder Schenkung erworben werden.‘ […]
> 3. ‚Stehende Heere […] sollen mit der Zeit ganz aufhören.‘ […]
> 4. ‚Es sollen keine Staatsschulden in Beziehung auf äußere Staatshändel gemacht werden.‘ […]
> 5. ‚Kein Staat soll sich in die Verfassung und Regierung eines anderen Staats gewalttätig einmischen.‘ […]
> 6. Es soll sich kein Staat im Kriege mit einem andern solche Feindseligkeiten erlauben, welche das wechselseitige Zutrauen im künftigen Frieden unmöglich machen müssen […].“ (*Friede*: 199, B11ff./A12ff.)

Anders als die Präliminarartikel, die nicht aus einem gemeinsamen Prinzip abgeleitet sind und auch nicht Vollständigkeit beanspruchen können, entfalten die drei „Definitivartikel“ die notwendigen rechtlichen Voraussetzungen des ewigen Friedens (vgl. *Friede*: 204ff., BA20ff.). Der erste betrifft das Staatsrecht und lautet: „Die bürgerliche Verfassung in jedem Staate soll republikanisch sein." Wenn nicht Despoten, sondern die Staatsbürger selbst über Krieg und Frieden entscheiden, dann „ist nichts natürlicher, als dass, da sie alle Drangsale des Krieges über sich selbst beschließen müssten [...], sie sich sehr bedenken werden, ein so schlimmes Spiel anzufangen". Dieser Zusammenhang wird heute als Theorem des „demokratischen Friedens" diskutiert: Demokratien führen, zumindest untereinander, (fast) nie Krieg. Der zweite Definitivartikel betrifft das Völkerrecht und bestimmt: „Das Völkerrecht soll auf einen *Föderalism* freier Staaten gegründet sein." Ziel ist also ein Völkerbund, nicht aber ein „Völkerstaat" bzw. eine „Weltrepublik". Kant betont das „Recht der Völker", die nicht „in einem Staat zusammenschmelzen sollen". Zudem verweist er auf die Gefahr des „schrecklichsten Despotismus" (*Gemeinspruch*: 169, A279), die mit einem solchen einzigen Superstaat bestünde. Schließlich bestimmt der dritte Artikel über das „Weltbürgerrecht", dieses solle „auf Bedingungen der allgemeinen *Hospitalität* eingeschränkt sein". Diese „Wirtbarkeit" hat nichts mit „Philanthropie" zu tun, sondern meint „das Recht eines Fremdlings, seiner Ankunft auf dem Boden eines andern wegen, von diesem nicht feindselig behandelt zu werden". Es ist dies kein Gastrecht, sondern ein Besuchsrecht. Man könnte sagen: Es ist das Minimum eines zivilisierten Miteinanders, das der Mensch als moralisches Wesen seinesgleichen schuldig ist, also allen Menschen und nicht nur den Mitgliedern einer partikularen Gemeinschaft.

Auch dieser dritte Definitivartikel zeigt, wie die beiden zuvor, dass Kants Kosmopolitismus durchaus maßvoll und keineswegs utopisch ist. Dennoch könnte der Skeptiker darauf beharren, dass diese an sich ehrenwerten Ziele, zumal mit Blick auf die Geschichte, als unerreichbar gelten müssen. Unklar ist zudem noch, warum eine Pflicht besteht, auf dieses Ziel hinzuarbeiten.

Hier nun kommt Kants Fortschrittsoptimismus, insbesondere aber seine Naturteleologie zum Tragen – und dies nicht nur mit Blick auf den Frieden. Die auf ein Ziel hin (teleologisch) organisierte Natur kommt dem Menschen bei seinem pflichtgemäßen Streben entgegen und zwingt ihn gleichsam auf die Bahn des Gesollten. Woher bezieht Kant diese Einsicht, oder besser: diese Hoffnung? Es ist „die große Künstlerin Natur [...], aus deren mechanischem Laufe sichtbarlich Zweckmäßigkeit hervorleuchtet, durch die Zwietracht der Menschen Eintracht selbst wider ihren Willen emporkommen zu lassen" (*Friede*: 217, BA47). Sie verweist als „Schicksal" und „Vorsehung" auf den „objektiven Endzweck des menschlichen Geschlechts" – was wir zwar nicht im strengen Sinne erkennen oder gar sozialwissenschaftlich belegen können, was wir aber dieserart „hinzudenken können und müssen". Wie aber sollte das möglich sein, wenn doch, wie oben gezeigt, das Reich der Notwendigkeit und das Reich der Freiheit streng voneinander geschieden sind? Welches Erkenntnisvermögen kann dies leisten? Es kann hier nur angedeutet werden, dass es die (reflektierende) *Urteilskraft* ist, die diese Analogie zu denken erlaubt: Sie vermag die gänzlich getrennten Gebiete des Naturbegriffs und des Freiheitsbegriffs „in dem Begriffe einer Zweckmäßigkeit der Natur" zu vermitteln und so den Übergang von der Gesetzmäßigkeit der Natur zum Endzweck der Freiheit zu ermöglichen (vgl. KU: 108, BLVIf./ALIVf.). Auf diese Weise können wir aus der Natur, in der alles als so wunderbar zweckmäßig eingerichtet erscheint, etwas „hervorleuchten" sehen, was uns in Analogie zu ihr einen Endzweck der Menschengattung annehmen lässt.

Nichts anderes meint Kant, wenn er der Natur ein „Wollen" unterstellt oder von „Vorsehung" spricht. Die Natur weist dem Menschen in vielerlei Hinsicht den Weg, und sie verweist uns zurück zum oben besprochenen Programm einer „Anthropologie in pragmatischer Hinsicht", zur Frage, was der Mensch aus sich machen kann – und soll: „Man kann es aber für den Zwecke der Natur als Grundsatz annehmen: sie wolle, dass jedes Geschöpf seine Bestimmung erreiche; dadurch, dass alle Anlagen seiner Natur sich zweckmäßig für dasselbe entwickeln […]." (*Anthropologie*: 684; vgl. *Idee*: 35, A388) Den Menschen verpflichtet dies, wie gesehen, auf die Entfaltung seiner Vernunft.

Eine vollständige Entwicklung seiner Naturanlagen ist dem Menschen aber nicht als einzelnem möglich, sondern nur der Gattung als ganzer (*Idee*: 35, A388). Nur so entwickelt und entfaltet sich, von Generation zu Generation, Kultur. Im Zuge dieser Entwicklung hat die Menschengattung das von der Natur aufgegebene Problem zu lösen, eine bürgerliche Gesellschaft zu errichten. Den Schlussstein dieser Entwicklung bildet endlich die Lösung des letzten Problems: die Überwindung des Krieges durch Einrichtung eines „gesetzmäßigen äußeren Staatenverhältnisses" (*Idee*: 41, A398). Das *soll* die Menschheit aus sich machen – die Natur will es so.

Mit dieser „Idee zu einer Geschichte in weltbürgerlicher Absicht" will Kant aber nicht lediglich an ein ohnmächtiges Sollen erinnern, das mit der tatsächlichen Entwicklung der Menschheit nichts zu tun habe. Diese Idee liefert „einen Leitfaden a priori", der mit einer „empirisch abgefassten Historie" sehr wohl vereinbar ist. Kant übersieht keineswegs die unzähligen Kriege und Abgründe der Geschichte, die im Einzelnen „aus Torheit, kindischer Eitelkeit, oft auch aus kindischer Bosheit und Zerstörungswut" besteht (*Idee*: 34, A387). Dennoch glaubt er einen „regelmäßigen Gang der Verbesserung" über die Jahrhunderte hinweg zu erkennen: und zwar als eine „*Naturabsicht* in diesem widersinnigen Gange menschlicher Dinge" (ebd.), an deren Beförderung die Menschen „unbemerkt", ohne es zu wissen oder zu wollen, doch mitarbeiten. Die Natur ist in Verfolgung dieser ihrer Absicht überhaupt recht geschickt: Unaufhörlich streiten und konkurrieren die Menschen miteinander – doch es ist eben dies das „Mittel, dessen sich die Natur bedient, die Entwicklung aller ihrer Anlagen zu Stande zu bringen": der „Antagonism", die „ungesellige Geselligkeit der Menschen" (*Idee:* 37, A392). Der Mensch hat nicht nur die Neigung, sich zu vergesellschaften, sondern auch die Neigung, sich zu „vereinzelnen" und „alles bloß nach seinem Sinne richten zu wollen", er ist getrieben durch Ehrsucht, Herrschsucht und Habsucht. Genau diese Antriebe ermöglichen indes erst die kulturelle Entwicklung:

> „Ohne jene, an sich zwar nicht eben liebenswürdige, Eigenschaften der Ungeselligkeit [...] würden in einem arkadischen Schäferleben, bei vollkommener Eintracht, Genügsamkeit und Wechselliebe, alle Talente auf ewig in ihren Keimen verborgen bleiben [...]. Der Mensch will Eintracht; aber die Natur weiß besser, was für seine Gattung gut ist: sie will Zwietracht." (*Idee*: 38f., A393f.)

Die Natur hilft schließlich noch in anderer Weise, das Gute so listig zu befördern – und damit kommen wir wieder zum Weltfrieden: „so vereinigt sie [...] Völker, die der Begriff des Weltbürgerrechts gegen Gewalttätigkeit und Krieg nicht würde gesichert haben, durch den wechselseitigen Eigennutz. Es ist der *Handelsgeist*, der mit dem Krieg nicht zusammen bestehen kann, und der früher oder später sich jedes Volks bemächtigt." (*Friede*: 226, B65/A64) Das ist keine hinreichende Gewähr für dauerhaften Frieden, aber wohl tatsächlich ein friedensförderlicher „Mechanism in den menschlichen Neigungen", dessen Wirksamkeit auch der skeptische Empiriker nicht gänzlich bestreiten kann. Ob er sich aber dem umfassenden Optimismus des Aufklärers Kant anschließen kann, dass bei solcher Betrachtung der Geschichte „eine tröstende Aussicht in die Zukunft eröffnet" werde (*Idee*: 49, A409), ist eine andere Frage.

Der Optimismus der Aufklärung wurde spätestens in der ersten Hälfte des 20. Jahrhunderts nachhaltig erschüttert. Mit Blick auf zwei Weltkriege und den Siegeszug des Totalitarismus haben Theodor

Adorno und Max Horkheimer diese Hoffnungen in einer „Dialektik der Aufklärung“ (1944) untergehen gesehen: „Seit je hat Aufklärung im umfassendsten Sinn fortschreitenden Denkens das Ziel verfolgt, von den Menschen die Furcht zu nehmen und sie als Herren einzusetzen. Aber die vollends aufgeklärte Erde strahlt im Zeichen triumphalen Unheils.“ (Horkheimer/Adorno 1992: 9) Die Kulturentwicklung habe nicht Freiheit und Autonomie befördert. Das Einzige, was sie beständig perfektioniert habe, seien die Mittel zur gegenseitigen Unterdrückung und Vernichtung. Solchem, gerade in Deutschland verbreiteten Geschichtspessimismus könnte man freilich im Geiste Kants entgegenhalten, dass diese, in der Tat katastrophalen Rückschläge gerade dazu beigetragen haben, die Menschheit auf die Bahn des Gesollten zu zwingen. Nach dem Scheitern des Völkerbundes, dem Kants „Ewiger Friede“ bereits Pate gestanden hatte, können die Vereinten Nationen – bei allen Unzulänglichkeiten (vgl. Höffe 1995) – doch durchaus als ein Indiz für den „regelmäßigen Gang der Verbesserung“ betrachtet werden. Noch mehr gilt das für die historisch beispiellose Entwicklung Europas nach 1945. Und es gilt auch – wiederum: bei allen Einschränkungen und Rückschlägen – für die Ausbreitung dessen, was wir heute Demokratie nennen.

Schluss: Nach Kant – das normative Projekt der Moderne und seine Kritiker

„Es bleibt uns nichts anderes übrig, als die Philosophiegeschichte in die Zeit ‚vor Kant‘ und ‚nach Kant‘ einzuteilen, und wir denken alle [...] ‚nach Kant‘, d.h. unter Bedingungen, die er ermittelt und zu respektieren gelehrt hat. So ist Kant der philosophische Klassiker unserer Epoche – der klassische Philosoph der Moderne.“ (Schnädelbach 2005: 9) Nicht-Kantianer haben das seit jeher anders gesehen – bzw. sie haben eben diese Moderne äußerst kritisch betrachtet. Unbestreitbar ist jedenfalls, dass die Kantische Philosophie zu jenen wenigen großen Paradigmen zählt, an denen sich die politisch-philosophischen Diskurse bis heute anlehnen.

Man kann Schnädelbach durchaus darin folgen, dass die Kultur und das Selbstverständnis der Moderne bei Kant zum ersten Mal begriffliche Gestalt annehmen (vgl. ders. 2000). Moderne Kulturen sind pluralistisch, „dezentriert“ und „vollständig reflexiv“: Sie sind gekennzeichnet durch einen Pluralismus von Lebensformen und Weltbildern, durch den Verlust der Mitte, der harmonischen Einheit des Lebens und des Denkens, der seit der Romantik als Entzweiung und Entfremdung beklagt wird. Zu ihrer selbstkritischen Reflexivität gehört das Bewusstsein, „die Kultur müsse ganz in sich selbst gründen und der Mensch in ihr völlig auf eigenen Füßen stehen". Moderne Kulturen sind „Kulturen in der vollendeten Profanität", sie sind insofern und nur dann modern, „wenn die Menschen in ihnen unsere Endlichkeit als unübersteigbare wahrnehmen und dieser Einsicht gemäß leben" (Schnädelbach 2000: 35). Kant als „Philosoph der vollständigen Reflexivität" ist für Schnädelbach vor allem deshalb unverändert Maßstab moderner Selbstvergewisserung, weil man mit ihm die freiheitlichen Motive der Moderne gegen Dogmatismus wie auch Skeptizismus verteidigen kann. Kants „Gedanke einer formalen Rechtsordnung, die die Menschen nicht bevormundet, sondern nur den Frieden unter ihnen garantiert", ist keineswegs bloßer „Formalismus". Vielmehr erweist sich Kant als „der Philosoph des Friedens unter Bedingungen der Moderne, d.h. einer Friedensordnung, die Pluralität eröffnet und lebbar macht" (Schnädelbach 2005: 16).

In der zeitgenössischen politischen Philosophie fußt vor allem der Liberalismus auf diesem Kantischem Fundament. Man kann den zeitgenössischen Liberalismus durchaus als „das variantenreiche Werk einer Kantischen Erbengemeinschaft" (Kersting 1993: 19) bezeichnen. Das gilt nicht zuletzt für den politischen Liberalismus bei John Rawls – obgleich bei Rawls auch deutlich wird, wie weit sich die Nachkommen zuweilen vom Ererbten entfernen. Ähnliches lässt sich für Jürgen Habermas und seine Diskursethik sagen. Bei aller Entfernung von Kant im Einzelnen wird hier nicht nur an der Aufklärung, am „normativen Projekt der Moderne" festgehalten, sondern in fundamentalen Fragen auf Kants praktische Philosophie rekurriert, insbesondere auf den „moral point of view", von dem aus Kant den Gebrauch menschlicher Freiheit an die Vereinbarkeit mit der Freiheit eines jeden anderen gebunden sah. Kantische Motive und Argumente spielen eine gewichtige Rolle bei allen Versuchen, einen Rechts- und Moraluniversalismus zu untermauern, der den modernen Pluralismus der Werte und Interessen hegt und ermöglicht, statt von diesem relativiert zu werden.

Dieser letzt genannte „Relativismus" gehört freilich ebenso zur „Kultur der Moderne". Und zu ihr gehört auch der soziologische Realismus eines Max Weber, der Politik nicht mehr als „ausübende Rechtslehre" versteht, sondern als eigene und von der Moral unabhängige Wertsphäre, die von Kampf und Macht geprägt ist. In Webers Kampf der Werte erscheint das Kantische Sollen tatsächlich als ohnmächtig. Dass dieser Kampf der Werte und Ideologien dramatisch eskalieren kann, zeigt das 20. Jahrhundert – für Kantianer ist das nur ein weiterer Beleg dafür, dass auf einen normativen Begriff von Recht und auf Kants Idee der Freiheit nicht verzichtet werden kann.

Als Ideal und Zentrum der politischen Theorie erscheint bei Kant wie auch im zeitgenössischen Liberalismus der freiheitliche Rechtsstaat. Muss also jeder, der diesen bejaht, auch Kantianer sein? Beantwortet Kants Philosophie zumindest prinzipiell alle wichtigen Fragen moderner politischer Ordnung? Vor allem an dieser Frage scheiden sich die Geister bis heute. Auch unabhängig von der philosophischen Fundamentalkritik, die der deutsche Idealismus, vor allem Hegel, an Kants kritischer Philosophie geübt hat, gibt es einige ernst zu nehmende Argumente, die in der politischen Theorie immer wieder gegen Kant ins Feld geführt werden. Am wichtigsten dürfte die Frage sein, ob Recht und Legalität allein eine hinreichend stabile Basis politischer Ordnung bilden. Viele Kritiker vermissen in Kants Konzept die Frage nach der „Brüderlichkeit“ bzw. der Solidarität, nach den moralischen Bindekräften, die über Kants Sollen hinausgehen bzw. diesem vorausgehen müssten. Bürger dürfen sich, so die Kritiker, nicht nur als Rechtssubjekte verstehen, sie müssen sich jenseits der Gesetzestreue mit dem Gemeinwesen identifizieren. Sie müssen über Tugenden verfügen, die der kategorische Imperativ nicht erfassen kann. Dass Kants gesamte Moralphilosophie an einem allzu dürren Rationalismus leide und das Ganze der Sittlichkeit nicht erfasse, ist eine Kritik, die im Gefolge von Hegel immer wieder geübt wurde – was Kant indes nicht ganz gerecht wird: Er verweist solche Tugenden lediglich in den Bereich des rechtlich nicht Erzwingbaren. Und damit hat er zweifelsohne recht. Unbestreitbar ist andererseits, dass Kants „Republikanism“ von Rousseaus Tugendrepublik und der zivilreligiösen „Gesinnung des Miteinander“ ebenso weit entfernt ist wie vom gemeinschaftlichen Ethos der aristotelischen Polis. Ein Kantianer würde freilich sagen, dass wir nun einmal nicht mehr in einem griechischen Stadtstaat leben sondern in modernen pluralistischen Gesellschaften. Ob, wie viel und welche Tugend solche Gesellschaften brauchen, darüber werden Kommunitaristen und Liberale, Aristoteliker, Hegelianer und Kantianer in unserer „vollständig reflexiven“ Moderne solange streiten, wie es in ihr eine „Freiheit der Feder“ gibt.

Literatur

Schriften von Immanuel Kant:

(zitiert wird nach: Kant, Immanuel, *Werkausgabe in 12 Bänden* [WA], hrsg. v. Wilhelm Weischedel, Frankfurt a.M. 1974ff., unter Angabe von Seitenzahl und Textstelle)

KrV	Kritik der reinen Vernunft, WA Band III/IV.
Denken	Was heißt: sich im Denken orientieren?, WA Band V, S. 265-283.
Logik	Logik, WA Band VI, S. 417-582.
GMS	Grundlegung zur Metaphysik der Sitten, WA Band VII, S. 7-102.
KpV	Kritik der praktischen Vernunft, WA Band VII, S. 103-302.
RL	Die Metaphysik der Sitten. Erster Teil: Metaphysische Anfangsgründe der Rechtslehre, WA Band VIII, S. 303-499.
TL	Die Metaphysik der Sitten. Zweiter Teil: Metaphysische Anfangsgründe der Tugendlehre, WA Band VIII, S. 501-634.
KU	Kritik der Urteilskraft, WA Band X.
Idee	Idee zu einer Geschichte in weltbürgerlicher Absicht, WA Band XI, S. 31-50.
Aufklärung	Beantwortung der Frage: Was ist Aufklärung?, WA Band XI, S. 51-61.
Gemeinspruch	Über den Gemeinspruch: Das mag in der Theorie richtig sein, taugt aber nicht für die Praxis, WA Band XI, S. 125-172.
Friede	Zum ewigen Frieden. Ein philosophischer Entwurf, WA Band XI, S. 191-251.
Anthropologie	Anthropologie in pragmatischer Hinsicht, WA Band XII, S. 395-690.
Pädagogik	Über Pädagogik, WA Band XII, S. 691-761.

Darstellungen:

Baier, Kurt, *Der Standpunkt der Moral. Eine rationale Grundlegung der Ethik*, Düsseldorf 1974.

Bialas, Volker / Häßler, Hans-Jürgen (Hg.), *200 Jahre Kants Entwurf „Zum ewigen Frieden“. Idee einer globalen Friedensordnung*, Würzburg 1996.

Fischer, Kuno, *Immanuel Kant und seine Lehre*, Heidelberg 1928.

Gerhardt, Volker, *Immanuel Kant: Zum ewigen Frieden. Eine Theorie der Politik*, Darmstadt 1995.

–, *Immanuel Kant. Vernunft und Leben*, Stuttgart 2002.

Horkheimer, Max / Adorno, Theodor W., *Dialektik der Aufklärung. Philosophische Fragmente*, Frankfurt a.M. 1992.

Höffe, Otfried (Hg.), *Grundlegung zur Metaphysik der Sitten. Ein kooperativer Kommentar*, Frankfurt a.M. 1989.

–, *Immanuel Kant*, München 1992.

–, Ausblick: Die Vereinten Nationen im Lichte Kants, in: ders. (Hg.), *Immanuel Kant: Zum ewigen Frieden*, Berlin 1995, S. 245-272.

Im Hof, Ulrich, *Das Europa der Aufklärung*, München 1995.

Jaspers, Karl, *Kant. Leben, Werk und Wirkung*, München 1975.

Kersting, Wolfgang, *Wohlgeordnete Freiheit. Immanuel Kants Rechts- und Staatsphilosophie*, Frankfurt a.M. 1993.

Schattenmann, Marc, *Wohlgeordnete Welt. Immanuel Kants politische Philosophie in ihren systematischen Grundzügen*, München 2006.

Schnädelbach, Herbert, Kant – der Philosoph der Moderne, in: ders., *Philosophie in der modernen Kultur. Vorträge und Abhandlungen 3*, Frankfurt a.M. 2000, S. 28-42.

–, *Kant*, Leipzig 2005.

Vorländer, Karl, *Immanuel Kants Leben*, hrsg. v. R. Malter, Hamburg 1974.

Karl Marx und die politisch-ökonomische Analyse der Klassenkämpfe

Einleitung: Karl Marx – ein politischer Denker?

Karl Marx (1818 – 1883) hat wie wohl kein anderer Denker die politische Geschichte der Moderne beeinflusst. Im 20. Jahrhundert stehen sich für lange Jahrzehnte zwei Lager feindlich gegenüber: das eine, das sich auf den theoretischen Begründer des Kommunismus beruft, und das andere, das sich „freie Welt" nennt und Marx geradezu diabolisiert. In diesem realgeschichtlichen Konflikt geht es freilich nicht mehr um das monumentale und vielschichtige Marxsche Werk selbst – jedenfalls nicht im antikommunistischen Lager. Im anderen Lager hingegen streitet der Marxismus nach Marx um die richtige Interpretation der ererbten Lehre, auch um ihre adäquate politische Umsetzung, um die Anpassung an jeweilige gesellschaftliche Bedingungen und an Entwicklungen, die sich nur noch schwer mit Marxens Prognosen in Einklang bringen ließen.

Die politische Wirkung der Marxschen Lehre steht außer Zweifel. War Marx aber überhaupt ein *politischer* Denker? Finden wir bei diesem bedeutendsten Analytiker des modernen Kapitalismus überhaupt eine *politische* Theorie? Wird das Politische nicht vielmehr aufgesogen vom Ökonomischen, einem Bereich, der in der politischen Theorie bis dahin eine mehr oder weniger untergeordnete Rolle spielte? „Die Geschichte aller bisherigen Gesellschaft ist die Geschichte von Klassenkämpfen." (MEW 4: 462) Die Grundlage dieser Kämpfe und den Schlüssel zur Erklärung gesellschaftlicher

Strukturen sieht Marx im Ökonomischen: in der materiellen Produktion und Reproduktion des Menschen. Politik und Recht erscheinen hier als Funktionen dieser ökonomisch zu erklärenden Kämpfe. Auch geht es in dieser „materialistisch" gedeuteten Geschichte der Menschheit nicht um Ideen oder irgendwelche anderen Bewusstseinsgehalte. Wer die Gesellschaft verstehen will, der hat nicht solche „Überbauphänomene" ins Zentrum zu rücken, sondern muss „politische Ökonomie" betreiben. Und wer die *moderne* Gesellschaft verstehen will, der muss das analysieren, was sie im Kern kennzeichnet: den Kapitalismus, die „schicksalsvollste Macht unseres modernen Lebens".

Dieses letzte Zitat stammt nicht von Marx, sondern von Max Weber (Weber 1988: 4), der hier als Gewährsmann einer undogmatischen Auseinandersetzung mit Marx dienen soll. Für Weber kamen die neu begründeten Sozialwissenschaften um eine intensive Beschäftigung mit Marx gar nicht herum, wollten sie das Neue der modernen Gesellschaft adäquat erfassen – ganz unabhängig davon, wie man zum Kommunismus als einem politischen Programm stehe. Für die Soziologie ist Marx unbestritten einer der wichtigsten Vorläufer, wenn nicht Gründerväter. In diesem Zusammenhang ist zugleich ein lange verbreiteter Vorwurf zurückzuweisen: Bei Marxens Ansatz handelt es sich keinesfalls um einen einseitigen „Ökonomismus", um eine rein ökonomische Theorie. Adäquater und fruchtbarer ist es, diesen Ansatz als eine Gesellschaftstheorie im umfassenden Sinn zu begreifen (vgl. Euchner 1982: 98ff.). Und als eine solche ist sie auch für die moderne politische Theorie von großem Belang – und sei es nur, weil sie uns auffordert, das Verhältnis von Ökonomie, Gesellschaft und Politik gründlich zu bedenken. Man wird dann mehr oder weniger deutlich von Marx abweichen und ihn in vielem kritisieren können. Links liegen lassen kann man ihn aber nicht einfach.

Dass ein solcher Zugang zu Marx im „bürgerlichen" Lager lange erschwert war, liegt natürlich auch daran, dass Marx' Denken nicht nur politisch höchst folgenreich, sondern er selbst ein zutiefst politischer Mensch war – und dies mit der Absicht, dem kommunistischen Programm politisch zur Verwirklichung zu verhelfen. Davon zeugt nicht nur das von ihm verfasste *Manifest der Kommunistischen Partei*. Marx war zeitlebens journalistisch-publizistisch stark engagiert und äußerte sich leidenschaftlich zu den politischen, ökonomischen und sozialen Problemen seiner Zeit. Er versuchte politisch-agitatorisch auf die internationale, vor allem auf die deutsche Arbeiterbewegung Einfluss zu nehmen – nicht zuletzt, um ihr eine adäquate wissenschaftliche Basis zu verleihen, und um sie über jene Entwicklungsgesetze und Ziele der Geschichte aufzuklären, die sie in ihrem Kampf zugleich verwirklichen sollte: die Überwindung der kapitalistischen Gesellschaft. Dass Marx ein radikaler, den Dingen unbeirrt an die Wurzel gehender Denker war, das haben auch seine Gegner ganz richtig erkannt. In einem Brief an Arnold Ruge erklärt der erst 25-jährige Marx, was für sein gesamtes weiteres Schaffen Gültigkeit haben wird:

> „Ist die Konstruktion der Zukunft und das Fertigwerden für alle Zeiten nicht unsere Sache, so ist desto gewisser, was wir gegenwärtig zu vollbringen haben, ich meine *die rücksichtslose Kritik alles Bestehenden,* rücksichtslos sowohl in dem Sinne, daß die Kritik sich nicht vor ihren Resultaten fürchtet und ebensowenig vor dem Konflikte mit den vorhandenen Mächten." (MEW 1: 344)

1. Religionskritik als „Voraussetzung aller Kritik"

Die „rücksichtlose Kritik alles Bestehenden" durchzieht das gesamte Marxsche Werk in seinen unterschiedlichen Phasen. Es soll hier nicht weiter erörtert werden, wie sehr sich diese Phasen unterscheiden. Geläufig ist, für die erste Phase den „Humanismus" des jungen Marx anzusetzen, also seine noch stark sozialphilosophische Auseinandersetzung mit dem Problem der „Entfremdung"; dem folge mit der „Revolutionstheorie" ab Mitte der 40er Jahre die zweite Phase, gipfelnd im *Manifest der Kommunistischen Partei* (1848); worauf sich ab den 50er Jahren im Londoner Exil die zentrale Schaffensperiode anschließe, in der Marx sich ganz der systematischen Darstellung und Kritik der kapitalistischen Produktionsweise widmete, der Kritik der politischen Ökonomie. Noch schlichter könnte man einen frühen, philosophischen Marx vom späten, ökonomischen Marx unterscheiden. Die Unterschiede in der Schwerpunktsetzung dieser „Phasen" sind unbestreitbar. Darüber sollte gleichwohl die weitgehende Einheit des Marschen Denkens nicht übersehen werden.

Die Kritik des Bestehenden setzt mit der Religionskritik ein, die für Marx „Voraussetzung aller Kritik" (MEW 1, 378) ist. In der Religion spiegelt sich nicht nur eine unvollkommene Gesellschaft, eine schlechte Wirklichkeit wider. Die Religion ist zudem das historisch wohl wirkmächtigste unter jenen Phänomen, die bislang einen unverfälschten Blick auf die Gesellschaft und den Menschen verhindert hatten. Worum es Marx dabei vor allem geht, ist die *gesellschaftliche* Konstruktion der Religion aufzuzeigen. Insofern auch erweitert er die Religionskritik von Ludwig Feuerbach, an die er anknüpft.

Feuerbach hatte in *Das Wesen des Christentums* (1841) behauptet, dass den vermeintlich übernatürlichen Mysterien der Religion ganz einfache natürliche Wahrheiten zugrunde liegen. Der Inhalt der Religion sei ein durchaus menschlicher: Der Mensch macht sich seine Religion. Feuerbach führt die Eigenschaften des christlichen Gottes genetisch-kritisch bzw. psychologisch auf ihre anthropologischen Inhalte zurück: Die Eigenschaften Gottes kommen aus dem Empfinden und dem Gemüt des Menschen. Der Mensch vergegenständlicht sich selbst sein Wesen, er bildet sich ein Gedankenobjekt ein, dem er *seine eigenen* Wesensbestimmungen in objektivierter Form anhängt. Religiöse Vorstellungen sind also bloße Anthropomorphismen. Der Mensch hat sich Gott nach seinem Bilde geschaffen: „Das Bewußtsein Gottes ist das Selbstbewußtsein des Menschen, die Erkenntnis Gottes die Selbsterkenntnis des Menschen. Aus seinem Gotte erkennst du den Menschen, und hinwiederum aus dem Menschen seinen Gott.“ (Feuerbach 1976: 30f.) Dass sich der religiöse Mensch dessen nicht bewußt ist, macht für Feuerbach das eigentümliche „Wesen der Religion“ aus.

Marx folgt dieser Einschätzung, geht aber über Feuerbach hinaus. Dieser bleibe nämlich auf einer anthropologisch-*einzelmenschlichen* Ebene stehen. Man müsse Religion aber als *gesellschaftliches* Phänomen betrachten, als sozial-pathologisches Phänomen zudem.

> „Das Fundament der irreligiösen Kritik ist: Der *Mensch macht die Religion*, die Religion macht nicht den Menschen. Und zwar ist die Religion das Selbstbewußtsein und das Selbstgefühl des Menschen, der sich selbst entweder noch nicht erworben oder schon wieder verloren hat. Aber *der Mensch*, das ist kein abstraktes, außer der Welt hockendes Wesen. Der Mensch, das ist *die Welt des Menschen*, Staat, Sozietät. Dieser Staat, diese Sozietät produzieren die Religion, ein *verkehrtes Weltbewußtsein*, weil sie eine *verkehrte Welt* sind.“ (MEW 1, 378)

Und dass Marx' radikale Kritik von Beginn an auch auf eine Praxis zielt, die sich in emphatischen Formulierungen für eine Veränderung des als falsch Erkannten ausspricht, wird in den folgenden berühmten Zeilen deutlich:

> „Der Kampf gegen die Religion ist also mittelbar der Kampf gegen jene Welt, deren geistiges Aroma die Religion ist. / Das *religiöse* Elend ist in einem der *Ausdruck* des wirklichen Elendes und in einem die *Protestation* gegen das wirkliche Elend. Die Religion ist der Seufzer der bedrängten Kreatur, das Gemüt einer herzlosen Welt, wie sie der Geist geistloser Zustände ist. Sie ist das *Opium* des Volkes. / Die Aufhebung der Religion als des *illusorischen* Glücks des Volkes ist die Forderung

> seines *wirklichen* Glücks. Die Forderung, die Illusionen über einen Zustand aufzugeben, ist die *Forderung, einen Zustand aufzugeben, der der Illusionen bedarf.* Die Kritik der Religion ist also im *Keim* die *Kritik des Jammertales*, dessen *Heiligenschein* die Religion ist. [...] Die Kritik des Himmels verwandelt sich damit in die Kritik der Erde, die *Kritik der Religion* in die *Kritik des Rechts*, die *Kritik der Theologie* in die *Kritik der Politik*." (MEW 1, 378f.)

Marx verfolgt ein Anliegen, dass man durchaus „humanistisch" nennen kann. Dieser Humanismus, der sich als Anklage gegen Entfremdung und Ausbeutung des Proletariats bis ins *Kapital* fortsetzt, bildet eine Konstante des Marxschen Denkens. So endet für ihn auch die Kritik der Religion „mit der Lehre, daß der *Mensch das höchste Wesen für den Menschen* sei, also mit dem *kategorischen Imperativ, alle Verhältnisse umzuwerfen*, in denen der Mensch ein erniedrigtes, ein geknechtetes, ein verlassenes, ein verächtliches Wesen ist" (MEW 1, 385). Für Marx ergibt sich daraus nicht nur die Forderung nach praktischer Umsetzung der Kritik; der Begriff der Praxis selbst wird zum zentralen philosophischen Bezugspunkt. In seinen *Thesen über Feuerbach* bringt Marx dies in prägnanter Form auf den Begriff (vgl. MEW 3: 5ff.): Wenn erkannt wird, dass das „menschliche Wesen" nichts anderes ist als das „Ensemble der gesellschaftlichen Verhältnisse", so lässt sich weiter behaupten: „Alles gesellschaftliche Leben ist wesentlich *praktisch*. Alle Mysterien, welche die Theorie zum Mystizism veranlassen, finden ihre rationelle Lösung in der menschlichen Praxis und im Begreifen dieser Praxis." Und die berühmte elfte These schließt: „Die Philosophen haben die Welt nur verschieden *interpretiert*; es kömmt drauf an, sie zu *verändern*." (ebd.)

Die Philosophie hat das Vernünftige in der Wirklichkeit nicht bloß begrifflich zu erfassen, sondern das Vernünftige muss durch die Philosophie verwirklicht werden, als eine an der Zeit orientierte Praxis. Die Religionskritik ist dafür, wie für alle Kritik, „Voraussetzung". Aber Marx wird sich mit ihr nicht länger aufhalten. Ihn interessieren die so frei gelegten realen gesellschaftlichen Mechanismen und Probleme, und das werden für ihn vor allem solche der politischen Ökonomie sein. Was für diese die theoretische Grundlage ist und was auch schon der Religionskritik zugrunde liegt, das ist jener „Historische Materialismus", der im Zentrum des marxistischen Weltbildes steht.

2. Bewegungsgesetze der Geschichte: Historischer Materialismus und Dialektik

Marxens Theorie des Kapitalismus ist nicht einfach eine unter anderen volkswirtschaftlichen Theorien des Kapitalismus. Seine politische Ökonomie steht in einem wesentlich weiter ausgreifenden theoretischen Kontext. Der historische und dialektische Materialismus ist die Grundlage dafür, die Entwicklung der Menschheit nicht nur (materialistisch) auf ihre zentralen Triebkräfte in bestimmten menschlichen Tätigkeiten zurückzuführen, sondern den gesamten historischen Prozess (dialektisch) als eine Abfolge aufeinander bezogener Entwicklungsstufen zu begreifen.

Den „Historischen Materialismus" arbeiten Marx und Engels erstmals systematisch in der *Deutschen Ideologie* (1845/46) aus. Nach materialistischer Betrachtungsweise wird Geschichte von Menschen gemacht, und zwar dadurch, dass sie ihr Leben und seine Grundlagen selbst produzieren. Diese anthropologische Grundtatsache, die Produktion der materiellen Bedingungen des Lebens, ist das Primäre, aus dem alles Weitere folgt, was Menschen tun und was sich über den Menschen sagen lässt.

> „Man kann die Menschen durch das Bewußtsein, durch die Religion, durch was man sonst will, von den Tieren unterscheiden. Sie selbst fangen an, sich von den Tieren zu unterscheiden, sobald sie anfangen, ihre Lebensmittel zu *produzieren* […]. Diese Weise der Produktion ist nicht bloß nach der Seite hin zu betrachten, daß sie die Reproduktion der physischen Existenz der Individuen ist. Sie ist vielmehr schon eine bestimmte Art der Tätigkeit dieser Individuen, eine bestimmte Art, ihr Leben zu äußern, eine bestimmte *Lebensweise* derselben. Wie die Individuen ihr Leben äußern, so sind sie. Was sie sind, fällt also zusammen mit ihrer Produktion, sowohl damit, *was* sie produzieren, als auch damit, *wie* sie produzieren. Was die Individuen also sind, das hängt ab von den materiellen Bedingungen ihrer Produktion." (MEW 3: 21)

Ideen und Bewusstseinsgehalte werden damit gleichsam entthront. Auch sie werden „produziert" und sind „unmittelbar verflochten in die materielle Tätigkeit und den materiellen Verkehr der Menschen". Das materielle Sein bestimmt das Bewusstsein, nicht umgekehrt:

> „Die Menschen sind die Produzenten ihrer Vorstellungen, Ideen pp. […] Die Moral, Religion, Metaphysik und sonstige Ideologie und die ihnen entsprechenden Bewußtseinsformen behalten hiermit nicht länger den Schein der Selbständigkeit. Sie haben keine Geschichte, sie haben keine Entwicklung, sondern die ihre materielle Produktion und

> ihren materiellen Verkehr entwickelnden Menschen ändern mit dieser ihrer Wirklichkeit auch ihr Denken und die Produkte ihres Denkens. Nicht das Bewußtsein bestimmt das Leben, sondern das Leben bestimmt das Bewußtsein.“ (MEW 3: 26f.)

Um diese „materielle Tätigkeit“ und ihre historische Entwicklung und Veränderung zu verstehen und zu ordnen, bedient sich Marx der Dialektik. Die „dialektische Methode“ ist für die besondere Gestalt seiner politischen Ökonomie von größter Bedeutung, bis hin zum *Kapital* (vgl. MEW 23: 27). Marx findet sie bei Hegel und wendet sie in eigener Weise: Er stellt Hegels Dialektik „vom Kopf auf die Füße“. Weil es unmöglich ist, Hegels äußerst komplexe *Phänomenologie des Geistes* (1807) hier zu rekonstruieren, nähern wir uns der Dialektik sogleich aus Marxscher Perspektive (vgl. Rohbeck 2006: 96ff.). Hegel hatte in seiner *Phänomenologie* eine Geschichte des Bewusstseins und seiner Bildung bzw. Entfaltung geschrieben. An acht „Gestalten“ des Bewusstseins zeigt er, wie diese je in sich beschränkt sind und aus sich heraus weitertreiben, bis das „absolute Wissen“ erreicht wird. Die Dialektik erscheint dabei als die Bewegungsform des Bewusstseins. Es ist ein Weg, auf dem sich der Geist – vom subjektiven über den objektiven zum absoluten Geist – selbst erkennt. Dieser Entwicklungsprozess ist durch Konflikte bzw. Widersprüche gekennzeichnet, und dies nun ist jener dialektische Prozess, den Marx „übernehmen“ wird: Jeder positiven Setzung bzw. These steht eine Negation bzw. Antithese derselben gegenüber. Dieser Widerspruch strebt nach seiner Auflösung in der Synthese, der Negation der Negation.

Diese dialektische Bewegung wird von Marx nun nicht auf das Bewusstsein bezogen, sondern auf den sozioökonomischen Prozess – weil die Wirklichkeit materialistisch nicht als etwas Geistiges aufgefasst wird. Die Arbeit und ihre Entwicklung treiben den geschichtlichen Veränderungsprozess voran, die antithetischen Kräfte sind nun die Klassen. Und der Befreiungsprozess ist nicht mehr ein geistiger, sondern ein politisch-ökonomischer. Die ökonomischen Bewegungsgesetze der Geschichte lassen diese als eine Geschichte von Klassenkämpfen erkennbar werden. Engels hat diese Marxsche Interpretation der Hegelschen Dialektik später so zusammengefasst:

> „Bei Hegel ist die Dialektik die Selbstentwicklung des Begriffs. […] Diese ideologische Verkehrung galt es zu beseitigen. Wir faßten die Begriffe unsres Kopfs wieder materialistisch als die Abbilder der wirklichen Dinge, statt die wirklichen Dinge als Abbilder dieser oder jener Stufe des absoluten Begriffs. Damit reduzierte sich die Dialektik auf

die Wissenschaft von den allgemeinen Gesetzen der Bewegung, sowohl der äußern Welt wie des menschlichen Denkens [...]. Damit aber wurde die Begriffsdialektik selbst nur der bewußte Reflex der dialektischen Bewegung der wirklichen Welt, und damit wurde die Hegelsche Dialektik auf den Kopf, oder vielmehr vom Kopf, auf dem sie stand, wieder auf die Füße gestellt." (MEW 21: 292f.)

Damit hätten sie, so Engels weiter, „die revolutionäre Seite der Hegelschen Philosophie wieder aufgenommen und gleichzeitig von den idealistischen Verbrämungen befreit, die bei Hegel ihre konsequente Durchführung verhindert hatten" (ebd.). Der „große Grundgedanke" dieser Dialektik sei, „daß die Welt nicht als ein Komplex von fertigen Dingen zu fassen ist, sondern als ein Komplex von *Prozessen*"(ebd.). Die Geschichte erscheint so als prozesshafte Einheit, in der Vergangenheit und Zukunft miteinander verbunden sind und in der jedes frühere Entwicklungsstadium bereits das Künftige in sich enthält. Im Nachwort zur zweiten Auflage des *Kapitals* (Erster Band) zitiert Marx einen Kritiker, der seine dialektische Methode „so treffend" erfasst habe:

„[...] wenn er mit der Notwendigkeit der gegenwärtigen Ordnung zugleich die Notwendigkeit einer andren Ordnung nachweist, worin die erste unvermeidlich übergehn muß, ganz gleichgültig, ob die Menschen das glauben oder nicht glauben, ob sie sich dessen bewußt oder nicht bewußt sind. Marx betrachtet die gesellschaftliche Bewegung als einen naturgeschichtlichen Prozeß, den Gesetze lenken, die nicht nur von dem Willen, dem Bewußtsein und der Absicht der Menschen unabhängig sind, sondern vielmehr umgekehrt deren Wollen, Bewußtsein und Absichten bestimmen." (MEW 23: 26)

3. Entfremdung und Emanzipation: Das Schicksal des Proletariats

Im *Kapital*, dessen erster Band 1867 erscheint, entfaltet Marx seine „Kritik der politischen Ökonomie". Deren Grundlagen reichen, wie bereits angedeutet, bis in die frühen Phasen des Marxschen Schaffens zurück. Thematisch gehören dazu neben den schon besprochenen Aspekten vor allem jene Konstanten des Marxschen Denkens, die man auch als „humanistisch" bezeichnet hat und die dem „philosophischen", jedenfalls dem nicht rein „ökonomischen" Marx zugerechnet werden. Dieser „Humanismus" tritt besonders deutlich in den in Paris entstandenen Arbeiten der Jahre 1843/1844 hervor. Hier macht Marx die „Entfremdung" als das auch normativ ausschlaggebende Grundphänomen und Übel der kapitalistischen Gesellschaft kenntlich – und ebenso jene Klasse, die unter diesen Übeln leidet und die Trägerin der erhofften Emanzipation sein wird: das Proletariat.

Man tut dem Wissenschaftler Marx kein Unrecht an, wenn man die Empörung über das Elend der Arbeiterklasse als normative Triebfeder seines ganzen Schaffens und Engagements bezeichnet. Um dieses Elend zu sehen und als himmelschreiendes Unrecht zu empfinden, dazu musste man im 19. Jahrhundert kein „Radikaler" sein. Die Not des Proletariats – ausgebeutet, verarmt und heimatlos, geknechtet und niedergehalten von einem repressiven Staat, vertröstet und sich selbst überlassen von einer das System stabilisierenden Kirche –, diese Not ist für Marx „*das* Signum des Kapitalismus" (Flechtheim / Lohmann 2003: 23). Eindrücklich hat Engels in *Die Lage der arbeitenden Klasse in England* die katastrophalen Verhältnisse geschildert, unter denen englische Arbeiterfamilien leben müssen (MEW 2: 225ff.). Das Proletariat und seine Lage stehen für die ganzen Widersprüche der Gesellschaft – und sie verweisen auf eine Emanzipation, die weit über bloß sozialpolitische Maßnahmen hinauszugehen hat. In der Bildung dieser Klasse sieht Marx die Möglichkeit einer solch umfassenden Emanzipation:

> „[…] einer Klasse mit *radikalen Ketten*, einer Klasse der bürgerlichen Gesellschaft, welche keine Klasse der bürgerlichen Gesellschaft ist, eines Standes, welcher die Auflösung aller Stände ist, einer Sphäre, welche einen universellen Charakter durch ihre universellen Leiden besitzt und kein *besondres Recht* in Anspruch nimmt, weil kein *besondres Unrecht*, sondern das *Unrecht schlechthin* an ihr verübt wird, welche nicht mehr auf einen *historischen*, sondern nur noch auf den *menschlichen* Titel provozieren kann, […] welche mit einem Wort der *völlige Verlust* des Menschen ist, also nur durch die *völlige Wiedergewinnung des Menschen* sich selbst gewinnen kann. Diese Auflösung der Gesellschaft als ein besonderer Stand ist das *Proletariat*." (MEW 1: 390)

Die Not des Proletariats ist nicht einfach „nur" bedrückend – und damit prinzipiell keine andere als die, die seit allen Zeiten auf dem Menschen lastet. Das Besondere an dieser Not erschließt sich erst aus den gesellschaftlichen Bedingungen, die diese Not hervorbringen und ihr eine besondere Gestalt geben. Marx beschreibt sie als „Entfremdung", und als solche hängt sie unmittelbar mit dem zusammen, was die kapitalistische Gesellschaft prägt und trägt: mit dem Privateigentum und der Teilung der Gesellschaft in Eigentümer und besitzlose Arbeiter. In den sog. „Pariser Manuskripten" (MEW 40: 465ff.) interpretiert Marx die Tätigkeit des Arbeiters als radikalste Form der Entfremdung. Marx geht es hier nicht um jede Form von Arbeit, wie sie die Menschheit immer gekannt hat, sondern um die spezielle Form der Aneignung von Arbeit im sozialen Kontext des kapitalistischen Systems. Er unterscheidet dabei vier Stufen der menschlichen Selbstentfremdung. Zunächst beschreibt er die Entfremdung des Arbeiters vom Produkt seiner Arbeit: „Der Gegenstand, den die Arbeit produziert, ihr Produkt, tritt ihr als ein *fremdes Wesen*, als eine von dem Produzenten *unabhängige Macht* gegenüber." (MEW 40: 511) Durch diese „Vergegenständlichung der Arbeit" wird dem Menschen seine Arbeit „zu einem Gegenstand, zu einer *äußern* Existenz". Sie existiert „*außer ihm*, unabhängig, fremd von ihm". Hinzu kommt, zweitens, die Entfremdung des Arbeiters von seiner Arbeit, seinem wesentlichen Tun. Seine Arbeit geschieht nicht freiwillig, sondern unter Zwang: Sie ist „Zwangsarbeit", sie „gehört einem anderen, sie ist der Verlust seiner selbst". Sein eigenes Wesen wird ihm äußerlich, ist nicht mehr Ziel und Inhalt seines Lebens, sondern nur noch Mittel. Damit sind die beiden anderen Formen der Entfremdung auch bereits angedeutet: die Selbstentfremdung des Menschen von seinem Wesen und die Entfremdung des Menschen von seinem Mitmenschen.

Diese umfassende Entfremdung, die den unmenschlichen Charakter der bürgerlichen Gesellschaft zeigt, sieht Marx in engem Zusammenhang mit dem Privateigentum. Das Privateigentum ist Resultat der entäußerten Arbeit und es hilft, dass sich die menschliche Arbeit beständig weiter entfremdet. Damit sind auch jetzt schon – lange vor der weit differenzierteren Analyse des *Kapitals* – das anzustrebende Ziel wie auch der Weg dorthin benannt:

> „Der *Kommunismus* als *positive* Aufhebung des *Privateigentums* als *menschlicher Selbstentfremdung* und darum als wirkliche *Aneignung* des *menschlichen* Wesens durch und für den Menschen; darum als vollständige, bewußt und innerhalb des ganzen Reichtums der bisherigen Entwicklung gewordne Rückkehr des Menschen für sich als eines *gesellschaftlichen*, d. h. menschlichen Menschen. Dieser Kommunismus ist als vollendeter Naturalismus Humanismus, als vollendeter Humanismus Naturalismus, er ist die *wahrhafte* Auflösung des Widerstreites zwischen dem Menschen mit der Natur und mit dem Menschen, die wahre Auflösung des Streits zwischen Existenz und Wesen, zwischen Vergegenständlichung und Selbstbestätigung, zwischen Freiheit und Notwendigkeit, zwischen Individuum und Gattung. Er ist das aufgelöste Rätsel der Geschichte und weiß sich als diese Lösung." (MEW 40: 536)

Das Konzept der Entfremdung wird in Marx' weiterem Schaffen analytisch keine zentrale Rolle mehr spielen. Die ökonomische Analyse des kapitalistischen Systems wird nicht aus der Entfremdungs-Perspektive des Arbeiters vorgenommen. Dennoch bleibt der „Humanismus" der Entfremdungskritik auch in den zentralen ökonomischen Schriften von großer Bedeutung. Zwar lehnt Marx jede Art einer „moralisierenden Kritik" (MEW 4: 331) ab und kritisiert Moral und Religion als bürgerliche Vorurteile, „hinter denen sich ebenso viele bürgerliche Interessen verstecken" (MEW 4: 472). Dennoch kann man bei Marx, nicht zuletzt in der Kritik der Entfremdung, eine „verborgene Moral" entdecken (vgl. Rohbeck 2006: 67ff.). Auch verweist die Kritik der Unmenschlichkeit doch allzu deutlich auf eine implizit mitgedachte Anthropologie des nicht entfremdeten, des im aristotelischen Sinne gleichsam wesenhaften Menschen. Wie dem auch sei – unstrittig ist für Marx, dass man mit Moralphilosophie oder Moralisieren die Welt ohnehin nicht verändern kann. Das kann nur die revolutionäre Praxis bewirken. Und mit Blick darauf findet Marx im Proletariat nicht primär das bemitleidenswerte Opfer, sondern in ihm findet seine auf Verwirklichung drängende Philosophie vor allem ihren Kampfgefährten. „Der *Kopf* dieser Emanzipation ist die *Philosophie*, ihr *Herz* das *Proletariat*. Die Philosophie kann sich nicht verwirklichen ohne die Aufhebung des Proletariats, das Proletariat kann sich nicht aufheben ohne die Verwirklichung der Philosophie." (MEW 1: 391)

4. Das Manifest der Kommunistischen Partei

Das *Manifest der Kommunistischen Partei* gehört zu den herausragenden Dokumenten der politischen Geschichte. 1848 in London erschienen, ist es Ergebnis einer Auftragsarbeit, die Marx und Engels kurz zuvor übernommen hatten. In der zweiten Hälfte der 40er Jahre waren beide bereits sehr stark in der internationalen Arbeiterbewegung engagiert. Bei ihrem praktisch-organisatorischen Engagement verfolgten sie ein wesentliches inhaltliches Ziel: den „wissenschaftlichen Sozialismus" gegen andere Formen des Sozialismus durchzusetzen. Die wissenschaftliche Einsicht in die ökonomischen Strukturen und Bewegungsgesetze der Gesellschaft sollte dem so analysierten geschichtlichen Umwälzungsprozess die erfolgversprechende Richtung weisen. Nun also erteilte ihnen der Londoner „Bund der Kommunisten" den Auftrag, ihm ein Programm auszuarbeiten.

Das *Manifest der Kommunistischen Partei*, das Marx dann alleine schreibt, ist ein Glanzstück politischer Rhetorik. Streng in der Analyse, ohne moralischen Appell, aber mit wortgewaltigem Pathos ist das Manifest beides zugleich: eine unzweideutige revolutionäre Kampfansage an die Bourgeoisie und eine popularisierte Kurzfassung der Marxschen Philosophie.

> „Die Geschichte aller bisherigen Gesellschaft ist die Geschichte von Klassenkämpfen. / Freier und Sklave, Patrizier und Plebejer, Baron und Leibeigener, Zunftbürger und Gesell, kurz, Unterdrücker und Unterdrückte standen in stetem Gegensatz zueinander, führten einen ununterbrochenen, bald versteckten, bald offenen Kampf, einen Kampf, der jedesmal mit einer revolutionären Umgestaltung der ganzen Gesellschaft endete oder mit dem gemeinsamen Untergang der kämpfenden Klassen. [...] Die aus dem Untergang der feudalen Gesellschaft hervorgegangene moderne bürgerliche Gesellschaft hat die Klassengegensätze nicht aufgehoben. Sie hat nur neue Klassen, neue Bedingungen der Unterdrückung, neue Gestaltungen des Kampfes an die Stelle der alten gesetzt. / Unsere Epoche, die Epoche der Bourgeoisie, zeichnet sich jedoch dadurch aus, daß sie die Klassengegensätze vereinfacht hat. Die ganze Gesellschaft spaltet sich mehr und mehr in zwei große feindliche Lager, in zwei große, einander direkt gegenüberstehende Klassen: Bourgeoisie und Proletariat.“ (MEW 4: 462f.)

Die gesamte Geschichte ist eine von Klassenkämpfen. Das bedeutet auch, dass das Revolutionäre und Umwälzende keineswegs nur Sache des heutigen Proletariats ist, sondern Signum des dialektischen Geschichtsprozesses selbst. Und gerade die Bourgeoisie „hat in der Geschichte eine höchst revolutionäre Rolle gespielt“. Das wird an der folgenden Passage deutlich, in der Marx zugleich eine viel zitierte Beschreibung der (kapitalistischen) Moderne bietet, einer Moderne, in der alle alten Sicherheiten aufgelöst sind:

> „Die Bourgeoisie, wo sie zur Herrschaft gekommen, hat alle feudalen, patriarchalischen, idyllischen Verhältnisse zerstört. Sie hat die buntscheckigen Feudalbande, die den Menschen an seinen natürlichen Vorgesetzten knüpften, unbarmherzig zerrissen und kein anderes Band zwischen Mensch und Mensch übriggelassen als das nackte Interesse, als die gefühllose „bare Zahlung“. Sie hat die heiligen Schauer der frommen Schwärmerei, der ritterlichen Begeisterung, der spießbürgerlichen Wehmut in dem eiskalten Wasser egoistischer Berechnung ertränkt. [...] Alles Ständische und Stehende verdampft, alles Heilige wird entweiht, und die Menschen sind endlich gezwungen, ihre Lebensstellung, ihre gegenseitigen Beziehungen mit nüchternen Augen anzusehen.“ (MEW 4: 464f.)

Zu dieser nüchternen Betrachtung gehört auch die Einsicht, dass die Bourgeoisie als Klasse, als Teil und treibende Kraft des historischen Prozesses bereits an ihrer eigenen Überwindung mitarbeitet. „Die Bourgeoisie kann nicht existieren, ohne die Produktionsinstrumente, also die Produktionsverhältnisse, also sämtliche gesellschaftlichen Verhältnisse fortwährend zu revolutionieren." Der Kapitalismus treibt – aus sich selbst heraus, seiner Eigenlogik folgend – zu seiner eigenen Aufhebung: Er revolutioniert die Produktivkräfte in einer Weise, die die kapitalistischen Produktionsverhältnisse sprengen wird (vgl. das folgende Kapitel). Vor allem wurde mit der kapitalistischen Produktionsweise auch die Kraft hervorgebracht, die diese Verhältnisse umstürzen wird: das Proletariat. Die Bourgeoisie „hat nicht nur die Waffen geschmiedet, die ihr den Tod bringen; sie hat auch die Männer gezeugt, die diese Waffen führen werden – die modernen Arbeiter, die *Proletarier*." Das Proletariat wird mit seiner Revolution die Eigentumsverhältnisse, es wird den „ganzen Überbau der Schichten, die die offizielle Gesellschaft bilden", nicht weniger als „in die Luft sprengen".

Diese Revolution wird *notwendiger Weise* kommen. Marx versteht diese Revolution nicht „voluntaristisch", allein aus politischem oder ideologischem Willen kommend. Dass man diese Entwicklung aber zu begreifen und ihre Bedingungen zu analysieren hat, um sie so gezielt herbeiführen zu können, widerspricht dem nicht – obgleich der hier prinzipiell angelegte Widerspruch zwischen der Theorie des Klassenkampfes und der Theorie des automatischen Zusammenbruchs des Kapitalismus durchaus deutlich wird (vgl. Rohbeck 2006: 78ff.).

Diese Einsicht in die aufweisbare Notwendigkeit ist denn auch das, was die Kommunisten zur allgemeinen Arbeiterbewegung beisteuern. Im zweiten und vierten Abschnitt des *Manifests* werden entsprechend das Verhältnis von „Proletarier und Kommunisten" sowie die „Stellung der Kommunisten zu den verschiedenen oppositionellen Parteien" näher bestimmt. Die Kommunisten sind keine besondere Partei gegenüber den andern Arbeiterparteien. Vielmehr vertreten sie „stets das Interesse der Gesamtbewegung". Vor allem haben sie „theoretisch vor der übrigen Masse des Proletariats die Einsicht in die Bedingungen, den Gang und die allgemeinen Resultate der proletarischen Bewegung voraus".

> „Mit einem Wort, die Kommunisten unterstützen überall jede revolutionäre Bewegung gegen die bestehenden gesellschaftlichen und politischen Zustände. / In allen diesen Bewegungen heben sie die Eigen-

tumsfrage, welche mehr oder minder entwickelte Form sie auch angenommen haben möge, als die Grundfrage der Bewegung hervor. [...] Sie erklären es offen, daß ihre Zwecke nur erreicht werden können durch den gewaltsamen Umsturz aller bisherigen Gesellschaftsordnung. Mögen die herrschenden Klassen vor einer kommunistischen Revolution zittern. Die Proletarier haben nichts in ihr zu verlieren als ihre Ketten. Sie haben eine Welt zu gewinnen. / *Proletarier aller Länder, vereinigt euch!*“ (MEW 4: 493)

6. Das Herzstück der Theorie: Kritik der politischen Ökonomie

Die „Kritik der politischen Ökonomie“ ist ein komplexer Corpus unterschiedlichster Schriften. Deren bedeutendste sind *Zur Kritik der politischen Ökonomie (Erstes Heft)* von 1859 und natürlich *Das Kapital*, dessen ersten Band Marx 1867 veröffentlicht, mit dem Untertitel „Kritik der politischen Ökonomie“. Der zweite und dritte Band des *Kapitals* werden von Engels erst nach Marx' Tod herausgegeben. Dass die politische Ökonomie das Zentrum des Marxschen Denkens bildet, verdeutlicht Marx im Vorwort der *Kritik der Politischen Ökonomie*. Der Rückblick auf seine Auseinandersetzung mit der Hegelschen Rechtsphilosophie zeigt, dass das bis dahin Geleistete nur Vorarbeit war, um sich nun dem Entscheidenden zu widmen:

> „Meine Untersuchung mündete in dem Ergebnis, daß Rechtsverhältnisse wie Staatsformen weder aus sich selbst zu begreifen sind noch aus der sogenannten allgemeinen Entwicklung des menschlichen Geistes, sondern vielmehr in den materiellen Lebensverhältnissen wurzeln, deren Gesamtheit Hegel [...] unter dem Namen „bürgerliche Gesellschaft“ zusammenfaßt, daß aber die Anatomie der bürgerlichen Gesellschaft in der politischen Ökonomie zu suchen sei.“ (MEW 13: 8)

Die Anatomie der bürgerlichen Gesellschaft ist in der politischen Ökonomie zu suchen. Eben dies ist Marxens Lebensthema, dem er sich die letzten vier Jahrzehnte bis zu seinem Tod verschreibt. Sein Ziel ist, „das ökonomische Bewegungsgesetz der modernen Gesellschaft zu enthüllen“ (MEW 23: 15f.). Dazu hat man ganz anders anzusetzen als die klassische bürgerliche Nationalökonomie, etwa bei Adam Smith oder David Ricardo, die die menschliche Produktion letztlich als statisch betrachteten: Sie missverstanden die Prinzipien der bürgerlich-kapitalistischen Produktionsweise als die natürlichen Grundsätze menschlicher Produktion überhaupt, und damit erkannten sie nicht, dass die jeweiligen Produktionsverhältnisse einem geschichtlichen Wandel unterliegen. Den „Leitfaden" seiner eigenen Analyse beschreibt Marx ebenfalls im Vorwort der *Kritik der politischen Ökonomie*, das zugleich eine grobe Zusammenfassung seiner Geschichts- und Gesellschaftstheorie gibt:

> „In der gesellschaftlichen Produktion ihres Lebens gehen die Menschen bestimmte, notwendige, von ihrem Willen unabhängige Verhältnisse ein, Produktionsverhältnisse, die einer bestimmten Entwicklungsstufe ihrer materiellen Produktivkräfte entsprechen. Die Gesamtheit dieser Produktionsverhältnisse bildet die ökonomische Struktur der Gesellschaft, die reale Basis, worauf sich ein juristischer und politischer Überbau erhebt und welcher bestimmte gesellschaftliche Bewußtseinsformen entsprechen. Die Produktionsweise des materiellen Lebens bedingt den sozialen, politischen und geistigen Lebensprozeß überhaupt. Es ist nicht das Bewußtsein der Menschen, das ihr Sein, sondern umgekehrt ihr gesellschaftliches Sein, das ihr Bewußtsein bestimmt." (MEW 13: 8f.)

Die *Produktionsverhältnisse*, die der Mensch als gesellschaftlich produzierendes Wesen eingeht, sind vor allem charakterisiert durch die Stellung der Klassen zueinander, durch die Eigentumsverhältnisse an den Produktionsmitteln und durch die Austausch-, Distributions- und Konsumtionsbeziehungen. Die *Produktivkräfte* sind die Gesamtheit von menschlicher Arbeitskraft, Produktionsmitteln, Formen der Arbeitsteilung und Entwicklungsstand von Technologie und Wissenschaft. Dynamik und schließlich grundlegende Veränderung kommt in dieses (eben nicht statische) System durch den wachsenden Widerspruch zwischen den dynamischen materiellen Produktivkräften und den Produktionsverhältnissen:

> „Auf einer gewissen Stufe ihrer Entwicklung geraten die materiellen Produktivkräfte der Gesellschaft in Widerspruch mit den vorhandenen Produktionsverhältnissen oder, was nur ein juristischer Ausdruck dafür ist, mit den Eigentumsverhältnissen, innerhalb deren sie sich bisher bewegt hatten. Aus Entwicklungsformen der Produktivkräfte schlagen diese Verhältnisse in Fesseln derselben um. Es tritt dann eine Epoche sozialer Revolution ein." (MEW 13: 9)

Es ist die ökonomische Basis, die Veränderung der ökonomischen Grundlage, die den geschichtlichen Bewegungsprozess anstößt und vorantreibt. Mit ihr und durch sie wälzt sich dann auch „der ganze ungeheure Überbau langsamer oder rascher um" – aber eben nicht umgekehrt. Die Überbauphänomene können diese Veränderung aus sich selbst heraus nicht bewirken. Sie spiegeln nur wider, was zuvor auf ökonomischer Ebene sich verändert hat und was dazu erst gereift sein muss: „Eine Gesellschaftsformation geht nie unter, bevor alle Produktivkräfte entwickelt sind, für die sie weit genug ist, und neue höhere Produktionsverhältnisse treten nie an die Stelle, bevor die materiellen Existenzbedingungen derselben im Schoß der alten Gesellschaft selbst ausgebrütet worden sind." (ebd.) Dieses historisch-materialistische Bewegungsgesetz lässt sich am revolutionierenden Charakter des Kapitalismus selbst aufzeigen – der zugleich eine besondere Stufe der dialektischen gesellschaftlichen Entwicklung darstellt, nämlich die letzte bzw. vorletzte Stufe:

> „Die bürgerlichen Produktionsverhältnisse sind die letzte antagonistische Form des gesellschaftlichen Produktionsprozesses, antagonistisch nicht im Sinn von individuellem Antagonismus, sondern eines aus den gesellschaftlichen Lebensbedingungen der Individuen hervorwachsenden Antagonismus, aber die im Schoß der bürgerlichen Gesellschaft sich entwickelnden Produktivkräfte schaffen zugleich die materiellen Bedingungen zur Lösung dieses Antagonismus. Mit dieser Gesellschaftsformation schließt daher die Vorgeschichte der menschlichen Gesellschaft ab." (MEW 13: 8f.)

Im Zentrum des Marxschen Ansatzes steht nun aber keinesfalls der Ausblick auf das Ende der Geschichte oder die Beschreibung der wahrhaft „menschlichen Gesellschaft", sondern die „Anatomie der bürgerlichen Gesellschaft": die spezifischen Produktionsverhältnisse des kapitalistischen Systems, das Verhältnis von Kapital und Arbeit, die auf der Ausbeutung der Arbeiterklasse fußende Produktion und Verwertung des Kapitals.

Zu betrachten sind zunächst die ganz basalen Vorgänge menschlichen Wirtschaftens mit Waren und Geld. Man kann eine Ware gegen Geld tauschen, um damit wieder eine andere Ware zu kaufen. Die so in Gang gesetzte Art der Zirkulation von Geld gab es schon in vorkapitalistischen Zeiten. Entscheidend bleibt hier der Gebrauchswert des angestrebten Gutes. Wenn hingegen Geld nicht mehr nur zum Erwerb einer anderen Ware verwendet wird, wenn Geld gegen jede Form von Gebrauchswert gleichgültig wird, wenn Geld in einer Weise zirkuliert, die nur noch auf den Tauschwert abstellt, dann wird der Tauschwert zum Selbstzweck, wird Geld zu Kapital:

> „Die unmittelbare Form der Warenzirkulation ist W = G = W, Verwandlung von Ware in Geld und Rückverwandlung von Geld in Ware, verkaufen um zu kaufen. Neben dieser Form finden wir aber eine zweite, spezifisch unterschiedne vor, die Form G = W = G, Verwandlung von Geld in Ware und Rückverwandlung von Ware in Geld, kaufen um zu verkaufen. Geld, das in seiner Bewegung diese letztre Zirkulation be-

> schreibt, verwandelt sich in Kapital, wird Kapital und ist schon seiner Bestimmung nach Kapital.“ (MEW 23: 162)

Beim Kauf und Verkauf von Waren passiert noch etwas anderes als bloßer Austausch: Es entsteht Gewinn, sofern bei der Rückverwandlung von Ware in Geld der erzielte Betrag über dem zuerst eingesetzten liegt:

> „Die vollständige Form dieses Prozesses ist daher G – W – G‘, wo G‘ = G + ΔG, d.h. gleich der ursprünglich vorgeschossenen Geldsumme plus einem Inkrement. Dieses Inkrement oder den Überschuß über den ursprünglichen Wert nenne ich – Mehrwert (surplus value). Der ursprünglich vorgeschoßne Wert erhält sich daher nicht nur in der Zirkulation, sondern in ihr verändert er seine Wertgröße, setzt einen Mehrwert zu oder verwertet sich. Und diese Bewegung verwandelt ihn in Kapital.“ (MEW 23: 165)

Woher kommt dieser Mehrwert? Es gibt eine Ware, die die erstaunliche Eigenschaft hat, „Quelle von Mehrwert zu sein“: die Arbeitskraft. Und damit kommen wir zum zentralen Verhältnis von Arbeit und Kapital. Der Wert einer produzierten Ware bemisst sich nach der in sie investierten Arbeit, genauer: nach der Arbeitszeit. Der Wert der Ware Arbeitskraft wiederum bemisst sich nach dem, was zur Reproduktion der Arbeitskraft aufgewendet werden muss (Nahrung etc.). Nun leistet der Arbeiter in der Fabrik aber mehr Arbeit als die, die zu dieser Reproduktion seiner Arbeitskraft nötig wäre: Er leistet „Mehrarbeit“. Eben diese Mehrarbeit macht den Profit des Unternehmers aus. Der Weg, diesen Profit zu steigern, liegt für Marx vor allem in einer Steigerung der Produktivität (vgl. MEW 23: 331ff.) – was zugleich eine Verschärfung der Ausbeutung des Arbeiters bedeutet, ihrerseits angetrieben durch das „Zwangsgesetz der Konkurrenz“.

So schafft der Arbeiter dem Kapitalisten beständig einen „Mehrwert“. Arbeit ist die Quelle des Mehrwerts. Dieser Mehrwert fließt nicht dem Arbeiter zu, sondern sammelt sich beim Kapitalisten an, akkumuliert sich bei ihm. Der Kapitalist verwendet sein Kapital einzig nach dem Motiv, Profit zu erwirtschaften und zu steigern. Der kapitalistische Produktionsprozess wie auch das kapitalistische Privateigentum beruhen auf Ausbeutung – aber nicht auf irgendeiner Art der Ausbeutung, sondern „auf Exploitation fremder, aber formell freier Arbeit“ (MEW 23: 790). Das heißt: Voraussetzung für die Mehrwert generierende Nutzung der Ware Arbeitskraft ist, dass diese Arbeitskraft als Ware auf dem Markt gekauft werden kann, dass sie von einem „frei“ über seine Arbeitskraft verfügenden Eigentümer angeboten wird und werden kann, dass sie „formell frei“ zur Verfügung steht und gestellt wird – was die Masse der ansonsten völlig besitzlosen Lohnarbeiter auch tun muss. Formell frei ist bzw. erscheint das Geschäft, das Käufer und Verkäufer, Nachfrager und Anbieter der Ware Arbeitskraft in Form eines Vertrages miteinander machen. Lohnarbeiter und Geldbesitzer „begegnen sich auf dem Markt und treten in Verhältnis zueinander als ebenbürtige Warenbesitzer, nur dadurch unterschieden, daß der eine Käufer, der andre Verkäufer, beide also juristisch gleiche Personen sind" (MEW 23: 182). Der kapitalistische Bourgeois kann sich auf diese formelle „Ebenbürtigkeit" berufen und von einem rechtlich einwandfreien Geschäft auf Gegenseitigkeit reden. Das Ausbeutende an dieser „Verwandlung von Wert und Preis der Arbeitskraft in die Form des Arbeitslohns" wird elegant verdeckt:

> „Auf dieser Erscheinungsform, die das wirkliche Verhältnis unsichtbar macht und grade sein Gegenteil zeigt, beruhn alle Rechtsvorstellungen des Arbeiters wie des Kapitalisten, alle Mystifikationen der kapitalistischen Produktionsweise, alle ihre Freiheitsillusionen, alle apologetischen Flausen der Vulgärökonomie." (MEW 23: 562)

Die durch Ausbeutung ermöglichte Akkumulation von Kapital ist einer der entscheidenden Bewegungsvorgänge des Kapitals. Auf diese Weise wird aber nicht nur das Proletariat ins Elend gestürzt. Vielmehr birgt der Kapitalismus eine widerspruchsvolle Dynamik, die ihm selbst gefährlich wird und ihn selbst erzeugten Krisen aussetzt. Das Problem der kapitalistischen Krisen und Widersprüche ist komplex und im marxistischen Diskurs sehr umstritten – nicht zuletzt deswegen, weil man damit ein Stück weit von der Analyse zur Prognose der weiteren Entwicklung gelangt. Es soll hier nur kurz angeschnitten werden.

Im ersten Band des *Kapitals* nennt Marx einen wichtigen Vorgang, der durch den kapitalistischen Akkumulationsprozess angestoßen wird: die Konzentration des Kapitals in immer weniger Händen. Die ungleichmäßige Akkumulation und die Konkurrenz der Kapitalisten untereinander führen zur Ausschaltung der je Schwächeren. Marx geht davon aus, dass auf diesem Wege nicht nur der Mittelstand verschwinden, sondern die Zahl der Kapitalisten stetig abnehmen werde. Dies führt zu einer neuen Stufe der Expropriation:

> „Was jetzt zu expropriieren, ist nicht länger der selbstwirtschaftende Arbeiter, sondern der viele Arbeiter exploitierende Kapitalist. Diese Expropriation vollzieht sich durch das Spiel der immanenten Gesetze der kapitalistischen Produktion selbst, durch die Zentralisation der Kapitale. Je ein Kapitalist schlägt viele tot." (MEW 23: 790)

Die steigende Konzentration führt auch zur unaufhaltsamen Verproletarisierung und Verelendung der gesamten übrigen Gesellschaft. Das zunehmend konzentrierte Kapital erzeugt eine immer größere Proletariermasse. Ihre Zahl übersteigt das Maß ihrer Verwertbarkeit im Arbeitsprozess, es entsteht eine ständig anwachsende „industrielle Reservearmee" (MEW 23: 657ff.) – die immer weiter verelendet:

> „Die Akkumulation von Reichtum auf dem einen Pol ist also zugleich Akkumulation von Elend, Arbeitsqual, Sklaverei, Unwissenheit, Brutalisierung und moralischer Degradation auf dem Gegenpol, d.h. auf Seite der Klasse, die ihr eignes Produkt als Kapital produziert." (MEW 23: 675)

Zur Dynamik des Kapitalismus gehört ein weiterer immanenter Widerspruch, den Marx im dritten Band des *Kapitals* analysiert: den „tendenziellen Fall der Profitrate" (vgl. MEW 25: 221ff.). Der Grundwiderspruch dabei ist folgender: Die Steigerung der Produktivität (als Mittel der Produktion) und die Verwertung des Kapitals (als Zweck der Produktion) stehen innerhalb der kapitalistischen Produktionsweise in einem notwendigen Widerspruch zueinander. Gerade die Steigerung der Produktivität führt zu einer relativen Zunahme des konstanten gegenüber dem variablen Kapital. Folge ist das Absinken der Rate des Mehrwerts (der ja an der Arbeit hängt), also Absinken des Profits. Dies wiederum erzwingt eine weitere Steigerung der Akkumulation und der Produktivität, und das führt zu periodischen Krisen der Selbstverwertung des Kapitals durch Überproduktion. Diese Krisen haben freilich, so Marx, (bislang) nur den Charakter einer „Tendenz" (MEW 25: 242). Durch gegenläufige Mechanismen bzw. ausweichende Reaktionen des Kapitals (z.B. die Erschließung neuer Märkte) werde der Zusammenbruch vorerst aufgehalten. Am Ende aber wird dieser Widerspruch zwischen der Steigerung der Produktivität und der Verwertung des Kapitals nur durch eine Veränderung der Produktionsverhältnisse aufgehoben werden können.

Und eben dies wird kommen (müssen). Der Kapitalismus wird an seinen eigenen Widersprüchen zugrunde gehen. Die Produktionsverhältnisse, die „kapitalistische Hülle" werden im Zuge einer Revolution gesprengt. Diese letzte große historische Umwälzung hat der Kapitalismus selbst vorbereitet und ermöglicht. Eine Stufe baut im dialektischen historischen Prozess auf der anderen auf.

> „Die Stunde des kapitalistischen Privateigentums schlägt. Die Expropriateurs werden expropriiert. Die aus der kapitalistischen Produktionsweise hervorgehende kapitalistische Aneignungsweise, daher das kapi-

> talistische Privateigentum, ist die erste Negation des individuellen, auf eigne Arbeit gegründeten Privateigentums. Aber die kapitalistische Produktion erzeugt mit der Notwendigkeit eines Naturprozesses ihre eigne Negation. Es ist Negation der Negation. Diese stellt nicht das Privateigentum wieder her, wohl aber das individuelle Eigentum auf Grundlage der Errungenschaft der kapitalistischen Ära: der Kooperation und des Gemeinbesitzes der Erde und der durch die Arbeit selbst produzierten Produktionsmittel." (MEW 23: 791)

Mit dem Ende des kapitalistischen Privateigentums an Produktionsmitteln übernimmt die Gesellschaft die zum gesellschaftlichen Eigentum gewordenen Produktionsmittel und die Produktion als eine gesellschaftliche. Dies aber wird nicht weniger bedeuten als die Befreiung der Gesellschaft und des Menschen aus der Selbstentfremdung. Damit wird das Ende der bisherigen Geschichte erreicht sein – genauer: das Ende der „Vorgeschichte der menschlichen Gesellschaft".

7. Politische Theorie: Staat – Klassenkampf – klassenlose Gesellschaft

Die Kritik der politischen Ökonomie wirft für uns die Frage auf, welcher Stellenwert der Politik in dieser Gesellschaftsanalyse noch zukommt. Sind mit diesem Ökonomismus, der konsequenter Weise keine politische Theorie oder Staatslehre im engeren Sinne bietet, Politik und politische Theorie nicht obsolet geworden? Oder hat Marx auch die bessere *politische* Theorie, wenn er die weltfremden politischen Philosophen auf die ökonomische Struktur der Gesellschaft hinweist, auf „die reale Basis, worauf sich ein juristischer und politischer Überbau erhebt und welcher bestimmte gesellschaftliche Bewußtseinsformen entsprechen"? Wenn man nicht gerade Marxist ist, so wird man auf diese Frage nicht gleich eine eindeutige Antwort geben müssen. Wer den ökonomisch-materialistischen Rigorismus der Marxschen Position bezweifelt, sollte sich aber dennoch der hier aufgeworfenen Frage nach einem adäquaten Begriff des Politischen vorbehaltlos stellen. Die Degradierung der Politik zu einer Funktion des Ökonomischen mag denjenigen irritieren, der es gewohnt war oder ist, die Politik als steuerndes Zentrum der Gesellschaft zu betrachten. Folgt man dagegen der modernen Soziologie, dann ist dieses politikzentrierte Gesellschaftsbild ohnehin mindestens zu relativieren. Derjenige, der Politik verstehen will, sollte nicht nur die Politik untersuchen.

Im Übrigen aber taucht die Frage nach Politik und Staat auch bei Marx an vielen Stellen seines Werkes auf. Von besonderer Bedeutung ist sie im Kontext der Analyse des Klassenkampfes und für die Frage nach dem Übergang zur klassenlosen Gesellschaft. In diesem Zusammenhang sind wissenschaftliche Analyse und praktisch-politische Programmatik kaum voneinander zu trennen. Grundlegend ist zunächst die Entlarvung des modernen Staates als eines bürgerlichen Herrschaftsinstruments – eine für alle kritische (wenn man will: „linke“) Gesellschaftstheorie bis heute kennzeichnende Auffassung. Schon im *Kommunistischen Manifest* heißt es entsprechend: „Die moderne Staatsgewalt ist nur ein Ausschuß, der die gemeinschaftlichen Geschäfte der ganzen Bourgeoisklasse verwaltet.“ (MEW 4: 464) Noch deutlicher wird Marx mit Blick auf das Schicksal der Pariser Kommune von 1871:

> „In dem Maß, wie der Fortschritt der modernen Industrie den Klassengegensatz zwischen Kapital und Arbeit entwickelte, erweiterte, vertiefte, in demselben Maß erhielt die Staatsmacht mehr und mehr den Charakter einer öffentlichen Gewalt zur Unterdrückung der Arbeiterklasse, einer Maschine der Klassenherrschaft. Nach jeder Revolution, die einen Fortschritt des Klassenkampfs bezeichnet, tritt der rein unterdrückende Charakter der Staatsmacht offner und offner hervor.“ (MEW 17, 336)

Unter anderem dieser Staat soll mit der kommenden Revolution „in die Luft gesprengt“ werden. Und damit ist man bei der sehr politischen Frage nach dem Verlauf und den angemessenen Strategien dieser Revolution. Marx zweifelt nicht daran, dass diese Revolution nicht nur notwendig ist, sondern dass sie auch notwendiger Weise gewaltsamen Charakters sein wird. Zudem wird man das Endziel, die Aufhebung aller Klassen in der klassenlosen Gesellschaft, nicht sogleich erreichen. Als Übergang wird es in der einen oder anderen Form zu einer „Diktatur des Proletariats“ kommen müssen.

Marx hat zeit Lebens gegen alle Halbheiten und für eine konsequente, radikale revolutionäre Praxis gekämpft. Schon Ende der 40er Jahre beklagt er die Selbsttäuschungen und fehlende Radikalität des kleinbürgerlichen „doktrinären Sozialismus“ und hält diesem seinen „revolutionären Sozialismus“, den (wahren) Kommunismus entgegen:

> „Während so die *Utopie*, der *doktrinäre Sozialismus* […] von dem Proletariat an das Kleinbürgertum abgetreten wird, […] gruppiert sich das *Proletariat* immer mehr um den *revolutionären Sozialismus*, um den *Kommunismus* […]. Dieser Sozialismus ist die *Permanenzerklärung der Revolution*, die *Klassendiktatur* des Proletariats als notwen-

diger Durchgangspunkt zur *Abschaffung der Klassenunterschiede überhaupt*, zur Abschaffung sämtlicher Produktionsverhältnisse, worauf sie beruhen, zur Abschaffung sämtlicher gesellschaftlichen Beziehungen, die diesen Produktionsverhältnissen entsprechen, zur Umwälzung sämtlicher Ideen, die aus diesen gesellschaftlichen Beziehungen hervorgehen." (MEW 7: 89f.)

1865 äußert sich Marx in einem Vortrag vor dem Generalrat der I. Internationale zur Frage, welche Bedeutung dem Kampf für besseren Lohn und erträglichere Arbeitsbedingungen zukomme, also dem Kampf für punktuelle Verbesserungen, die über Streiks erreicht werden sollen. Die Arbeiterklasse, so Marx, dürfe die endgültige Wirksamkeit dieser tagtäglichen Kämpfe nicht überschätzen:

> „Sie sollte nicht vergessen, daß sie gegen Wirkungen kämpft, nicht aber gegen die Ursachen dieser Wirkungen; daß sie zwar die Abwärtsbewegung verlangsamt, nicht aber ihre Richtung ändert; daß sie Palliativmittel anwendet, die das Übel nicht kurieren. Sie sollte daher nicht ausschließlich in diesem unvermeidlichen Kleinkrieg aufgehen, der aus den nie enden wollenden Gewalttaten des Kapitals oder aus den Marktschwankungen unaufhörlich hervorgeht. [...] Statt des *konservativen* Mottos: *„Ein gerechter Tagelohn für ein gerechtes Tagewerk!"*, sollte sie auf ihr Banner die *revolutionäre* Losung schreiben: *„Nieder mit dem Lohnsystem!"*" (MEW 16: 152)

Zumal in Deutschland sieht sich Marx mit der Unentschlossenheit und fehlenden Radikalität vieler Sozialdemokraten konfrontiert, die zunehmend auf eben solche Reformen, statt auf Revolution zu schielen beginnen. Dass man sich der Radikalität des Zieles wie auch der Mittel bewusst bleiben solle, macht im Kern seine *Kritik des Gothaer Programms* (1875) aus: „Es fragt sich dann: Welche Umwandlung wird das Staatswesen in einer kommunistischen Gesellschaft untergehn? In andern Worten, welche gesellschaftliche Funktionen bleiben dort übrig, die jetzigen Staatsfunktionen analog sind?" Diesem Problem komme man

> „durch tausendfache Zusammensetzung des Worts Volk mit dem Wort Staat auch nicht um einen Flohsprung näher. / Zwischen der kapitalistischen und der kommunistischen Gesellschaft liegt die Periode der revolutionären Umwandlung der einen in die andre. Der entspricht auch eine politische Übergangsperiode, deren Staat nichts andres sein kann als die *revolutionäre Diktatur des Proletariats*." (MEW 19: 28)

Und am erhofften Ende dieser revolutionären Entwicklungen? Welche Gestalt wird diese klassenlose Gesellschaft haben? Marx hat sich dazu kaum geäußert. Es liegt ihm fern, eine Utopie oder einen künftigen Idealstaat zu ersinnen. Die „klassenlose Gesellschaft" weist eher die Richtung als dass sie ein konkretes Ziel beschreiben könnte. Eines jedenfalls wird sie auszeichnen: die positive Aufhebung des Privateigentums und damit die Aufhebung menschlicher Selbstentfremdung. Wir müssen sie uns wohl als ein „Reich der Freiheit" denken. Friedrich Engels hat diese Vision – vor allem in ihrer politischen Dimension – ein wenig konkreter gefasst: Der Staat, als Instrument „zur gewaltsamen Niederhaltung der ausgebeuteten Klasse", werde in der klassenlosen Gesellschaft aufgehoben werden, er werde „absterben":

> „Sobald es keine Gesellschaftsklasse mehr in der Unterdrückung zu halten gibt, sobald mit der Klassenherrschaft […] auch die daraus entspringenden Kollisionen und Exzesse beseitigt sind, gibt es nichts mehr zu reprimieren, das eine besondre Repressionsgewalt, einen Staat, nötig machte. Der erste Akt, worin der Staat wirklich als Repräsentant der ganzen Gesellschaft auftritt – die Besitzergreifung der Produktionsmittel im Namen der Gesellschaft – ist zugleich sein letzter selbständiger Akt als Staat. Das Eingreifen einer Staatsgewalt in gesellschaftliche Verhältnisse wird auf einem Gebiete nach dem andern überflüssig und schläft dann von selbst ein. An die Stelle der Regierung über Personen tritt die Verwaltung von Sachen und die Leitung von Produktionsprozessen. Der Staat wird nicht »abgeschafft«, *er stirbt ab.*" (MEW 20: 261f.)

Diese Zukunft konnte freilich nur kommen, wenn sie von einem revolutionären Proletariat erkämpft werden würde. Nur das Proletariat kann als klassenbewusste Kraft die revolutionäre Umwandlung der Gesellschaft bewerkstelligen, es hat für Marx eine „weltgeschichtliche Rolle":

> „Es handelt sich nicht darum, was dieser oder jener Proletarier oder selbst das ganze Proletariat als Ziel sich einstweilen *vorstellt.* Es handelt sich darum, *was* es ist und was es diesem *Sein* gemäß geschichtlich zu tun gezwungen sein wird. Sein Ziel und seine geschichtliche Aktion ist in seiner eignen Lebenssituation wie in der ganzen Organisation der heutigen bürgerlichen Gesellschaft sinnfällig, unwiderruflich vorgezeichnet." (MEW 2: 38)

Mit dieser – im nachhinein – kühnen Hoffnung musste die ganze Revolutionstheorie stehen und fallen. Für die Nachfolger Marxens wurde es nicht nur zur politischen, sondern vor allem zu einer theoretischen Herausforderung, dass es mit diesem revolutionären Übergang ausgerechnet im kapitalistisch entwickelten Westen nicht so recht vorangehen wollte. Und dort, wo diese Revolution herbeigeführt wurde, konnte man alles Mögliche beobachten, nur nicht ein „Absterben“ des Staates. Im Gegenteil, die „Übergangsphase“ der Diktatur verfestigte sich im real existierenden Sozialismus immer mehr – und diese Diktatur war nicht die des Proletariats, sondern die einer allmächtigen Partei und eines Staatsapparats, der alsbald totalitäre Züge annahm. Diese Entwicklungen des 20. Jahrhunderts eignen sich nicht, Marx als in allem widerlegt zu betrachten. Sie berechtigen aber zu der Frage, ob eine angemessene Theorie der Gesellschaft nicht doch ein wenig „politischer“ sein sollte, zumal dann, wenn sie sich einem emanzipatorischen Zweck verpflichtet weiß.

Schluss: Marx heute

Marx hat den Lauf der Geschichte mit seiner Lehre wie wohl kaum ein zweiter Philosoph beeinflusst. Seine „Ideen“ haben die politische Wirklichkeit verändert – womöglich in stärkerem Maße, als dies ein materialistischer Ansatz erklären kann. Seine Lehre bildet die zentrale Grundlage für Ideologie und Programmatik der europäischen Arbeiterbewegung und Arbeiterparteien, später auch des Weltkommunismus. Dem Marxismus des 20. Jahrhunderts ist Marx autoritativer Bezugspunkt, ja sakrosankte Integrationsfigur – zugleich aber Anlass zum erbitterten Streit um die richtige Auslegung der „wahren Lehre“. Die Geschichte des Marxismus ist zu wesentlichen Teilen eine Geschichte dieser Auseinandersetzungen (vgl. Kolakowski; Fetscher 1985), die insbesondere dadurch verschärft und verkompliziert wurden, dass es in nicht wenigen Ländern zur Errichtung staatssozialistischer Systeme kam, einschließlich der bereits erwähnten totalitären „Umsetzungsprobleme“. Schließlich hatte und hat der Marxismus bis heute damit zu kämpfen, dass eine ganze Reihe Marxscher Prognosen mehr oder weniger eindeutig widerlegt wurden.

Einen in Westeuropa sehr einflussreichen Versuch, in weithin undogmatischer Weise an Marx anzuknüpfen, hat die „Kritische Theorie“ bzw. „Frankfurter Schule“ um Max Horkheimer und Theodor W. Adorno unternommen. Normativ stark dem „humanistischen“ Marx verpflichtet, verstand sie sich als ideologiekritisches, aber nicht einseitig ökonomisches, sondern interdisziplinäres Forschungsprogramm zur Analyse der bürgerlich-kapitalistischen Gesellschaften des Westens. Die gesellschaftlichen Verhältnisse erwiesen sich als in ihrer „Totalität“ durchaus von ökonomischen Verwertungsinteressen durchdrungen, aber doch auch als stabiler, als Marx dies prophezeit hatte. Damit wurde es notwendig, das „falsche Bewusstsein" und die subtilen Mechanismen zu untersuchen, durch die die Massen manipuliert werden. Der entwickelte Kapitalismus hatte keine absolute Verelendung gebracht, sondern lässt die Massen doch hinreichend an seinem Output partizipieren – zumindest einen ausreichend großen Teil der wachsenden gesellschaftlichen Mitte, zu der nach 1945 auch eine zusehends sich verkleinbürgerlichende Arbeiterschaft zählt. „Die Arbeiter hatten jetzt mehr zu verlieren als nur ihre Ketten; zumindest waren diese nun vergoldet." (Flechtheim/Lohmann 2003: 42)

Mit dem Zusammenbruch der Sowjetunion scheint der Kapitalismus „gesiegt" zu haben. Jedenfalls muss es als beinahe aussichtslos erscheinen, auch heute noch vollständig an Marx festhalten zu wollen. Damit aber lässt sich Marxens Denken so wenig ad acta legen wie man die aristotelische Philosophie nur deswegen ignorieren könnte, weil es den Athenischen Stadtstaat nicht mehr gibt. Und immerhin: Den Kapitalismus gibt es noch, und er prägt die heutige Weltgesellschaft stärker denn je. Bei seiner Analyse kommt man um Marx nicht einfach herum. Dabei erscheint es wichtig – auch für das prinzipielle Verständnis des Marxschen Denkens – noch einmal zu betonen, dass es sich bei diesem Denken, auch bei der „politischen Ökonomie" im engeren Sinn, keineswegs um eine rein ökonomische Theorie oder gar um „Ökonomismus" handelt, sondern um eine Gesellschaftstheorie im umfassenden Sinn.

Dass die ökonomische Basis für Politik und Gesellschaft von aller größter Bedeutung ist, diese Einsicht erfreut sich auch in der „bürgerlichen" Politikwissenschaft seit einiger Zeit zunehmender Beliebtheit. Die Debatte um die sogenannte „Globalisierung" und die jüngste Krise des Kapitalmarktes haben nicht nur bewirkt, dass heute wieder ganz offen von „Kapitalismus" gesprochen wird und nicht mehr ausschließlich von „freier Marktwirtschaft". Sie haben auch bewirkt, dass Marx als einer der ersten Theoretiker der Globalisierung neu entdeckt werden konnte. Manche Autoren, wie Hardt und Negri (2002), beziehen sich bei ihrer kritischen Analyse der neuen kapitalistischen Weltordnung nicht unwesentlich auf Marx, in analytischer wie auch in normativer Hinsicht. Und eines jedenfalls wird man nicht leugnen können: dass der Kapitalismus unverändert Probleme und Widersprüche produziert, auf die die Politik noch keine Antworten gefunden hat.

Literatur

Schriften von Karl Marx / Friedrich Engels:

(zitiert wird nach: Karl Marx / Friedrich Engels – Werke (MEW), (Karl) Dietz Verlag, Berlin / DDR 1956 ff., unter Angabe der Band- und Seitenzahl)

MEW 1 Karl Marx, *Zur Kritik der Hegelschen Rechtsphilosophie. Kritik des Hegelschen Staatsrechts*, MEW Band 1, S. 203-333.
Karl Marx, *Zur Kritik der Hegelschen Rechtsphilosophie. Einleitung*, MEW Band 1, S. 378-391.

MEW 2 Karl Marx / Friedrich Engels, *Die heilige Familie oder Kritik der kritischen Kritik*, MEW Band 2, S 3-223.
Friedrich Engels, *Die Lage der arbeitenden Klasse in England*, MEW Band 2, S. 225-506.

MEW 3 Karl Marx, *Thesen über Feuerbach*, MEW Band 3, S. 5ff.
Karl Marx / Friedrich Engels, *Die deutsche Ideologie. Kritik der neuesten deutschen Philosophie in ihren Repräsentanten Feuerbach, B. Bauer und Stirner und des deutschen Sozialismus in seinen verschiedenen Propheten*, MEW Band 3, S. 13-530.

MEW 4 Karl Marx / Friedrich Engels, *Manifest der Kommunistischen Partei*, MEW Band 4, S. 459-493.

MEW 7 Karl Marx, *Die Klassenkämpfe in Frankreich 1848-1850*, MEW Band 7, S. 64-94.

MEW 13 Karl Marx, *Zur Kritik der Politischen Ökonomie*, MEW Band 13, 3-160.

MEW 16 Karl Marx, *Lohn, Preis und Profit*, MEW Band 16, S. 103-152.

MEW 17 Karl Marx, *Der Bürgerkrieg in Frankreich. Adresse des Generalrats der Internationalen Arbeiterassoziation*, MEW Band 17, S. 313-365.

MEW 19 Karl Marx, *Kritik des Gothaer Programms*, MEW Band 19, S. 13-32.

MEW 20 Friedrich Engels, *Herrn Eugen Dühring's Umwälzung der Wissenschaft („Anti-Dühring")*, MEW Band 20, S. 1-303.

MEW 21 Friedrich Engels, *Ludwig Feuerbach und der Ausgang der klassischen deutschen Philosophie*, MEW Band 21, S. 259-307.

MEW 23 Karl Marx, *Das Kapital. Band I*, MEW Band 23.

MEW 24 Karl Marx, *Das Kapital. Band II*, MEW Band 24.

MEW 25 Karl Marx, *Das Kapital. Band III*, MEW Band 25.

MEW 40 Karl Marx, *Ökonomisch-philosophische Manuskripte aus dem Jahre 1844*, MEW Band 40 (Ergänzungsband 1), S. 465-588.

Darstellungen:

Berger, Michael, *Karl Marx: „Das Kapital". Eine Einführung*, München 2003.

Euchner, Walter, *Karl Marx*, München 1982.

Feuerbach, Ludwig, *Das Wesen des Christentums*, in: ders., *Werke in sechs Bänden*, hrsg. v. Erich Thies, Band 5, Frankfurt a.M. 1976.
Fetscher, Iring, *Karl Marx und der Marxismus*, München 1985.
—, *Marx*, Freiburg 1999.
Flechtheim, Ossip K. / Lohmann, Hans-Martin, *Marx zur Einführung*, Hamburg 2003.
Fleischer, Helmut, *Marxismus und Geschichte*, Frankfurt a.M. 1969.
—, *Marx und Engels. Die philosophischen Grundlinien ihres Denkens*, Freiburg 1970.
Hardt, Michael / Negri, Antonio, *Empire. Die neue Weltordnung*, Frankfurt / New York 2002.
Hartmann, Klaus, *Die Marxsche Lehre. Eine philosophische Untersuchung zu den Hauptschriften,* Berlin 1970.
Kolakowski, Leszek, *Die Hauptströmungen des Marxismus – Entstehung, Entwicklung, Zerfall*, 3 Bände, München 1977-79.
Leonhard, Wolfgang, *Die Dreispaltung des Marxismus*, Düsseldorf 1970.
Lohmann, Hans-Martin, *Marxismus*, Frankfurt a.M. 2001.
Rohbeck, Johannes, *Marx*, Leipzig 2006.
Weber, Max, *Gesammelte Aufsätze zur Religionssoziologie*, Band I, Tübingen 1988.

Max Weber und der moderne „Polytheismus" der Werte

Einleitung: Die Herausforderungen der Moderne

Max Weber (1864-1920), Nationalökonom, Soziologe und politischer Denker, gehört zu den großen Gründungsvätern der modernen Sozialwissenschaft. Bis heute verzichtet kaum eine soziologische Studie darauf, zumindest die eine oder andere seiner klassisch gewordenen Definitionen zu zitieren. Webers posthum veröffentlichtes Mammutwerk *Wirtschaft und Gesellschaft* ist noch heute aktuell, weil es den Wandel zur modernen Gesellschaft wie auch deren wichtigste Grundzüge analytisch scharf erfasst – zugleich ist es ein Steinbruch, aus dem mancher sich zu bedienen scheint, ohne die Frage nach dem Zusammenhang des Weberschen Denkens zu stellen. Die Frage nach Webers Hauptthema, nach seiner zentralen Fragestellung wird heute heftig diskutiert. Man kann dazu aber doch so viel sagen, dass Weber neben der akribischen soziologischen Analyse den Blick immer auch auf die großen gesellschaftlichen und kulturellen Entwicklungslinien gerichtet hat. In diesem Sinne hat er etwa den modernen Kapitalismus als das wohl bedeutendste Phänomen der Moderne nicht nur soziologisch analysiert, sondern auch gefragt, welche Bedeutung er für den Menschen, für das „Schicksal des Menschentums" hat. Grundlage solcher Fragen ist Webers Analyse dessen, was als „okzidentaler Rationalismus" die westliche Welt bis in ihre Fundamente hinein verändert und zur folgenreichen „Entzauberung" der modernen Welt geführt hat.

Vor dem Hintergrund dieser epochalen Veränderungen – und neben ihrer kulturphilosophischen Einordnung – trägt Weber wesentlich dazu bei, den jungen Sozialwissenschaften im Feld der Disziplinen ihren Platz anzuweisen, ihren Gegenstandsbereich wie auch die ihnen adäquaten Methoden zu bestimmen und von denen anderer Disziplinen abzugrenzen. Seine Wissenschaftslehre und insbesondere das von ihm mit Nachdruck vertretene Postulat der „Werturteilsfreiheit" prägen die Sozialwissenschaften bei allen Weiterentwicklungen und Differenzierungen bis heute. Für die Politikwissenschaft und insbesondere für die politische Theorie und Philosophie bedeutet dieses Wissenschaftsverständnis zugleich eine große Herausforderung: Wie ist mit all jenen „normativen" Fragen und Problemen zu verfahren, die nach diesem Verständnis nicht mehr eindeutig zu beantworten sind? Soll man sich bei der wissenschaftlichen Beschäftigung mit gesellschaftlicher Ordnung aller Wertungen enthalten? Ist der Preis für solche „Objektivität" nicht zu hoch? Viele Kritiker Webers haben das so gesehen und ihm „Relativismus" vorgeworfen. Andere haben dem entgegengehalten, dass Webers Diagnose eines „Polytheismus" bzw. Pluralismus der Werte, der keine allgemein verbindliche Orientierung mehr zulässt, womöglich unangenehm erscheinen mag, dass sie aber schwerlich zu widerlegen sei. Und im Sinne der von Weber ebenfalls postulierten „intellektuellen Rechtschaffenheit" habe man diese Grundtatsache realistischer Weise zur Kenntnis zu nehmen – vor allem dann, wenn man Politik wirklich verstehen und nicht idealistisch verzeichnen wolle. Eine andere Frage ist, ob man Weber bei seiner nüchtern-realistischen Betrachtung des Politischen selbst folgen mag, bei der die Begriffe Macht und Kampf im Zentrum stehen.

Der Zugang zu Webers politischem Denken ist nicht leicht, auch deshalb nicht, weil dieses über sein gesamtes Werk verstreut ist. Weber hat keine eigenständige Studie über Politik verfasst, auf die man zurückgreifen könnte wie auf Hobbes' *Leviathan* oder Aristoteles' *Politik*. Das, was Weber für die politische Theorie so interessant und wichtig macht, findet sich nicht in seiner Typologie der Formen „legitimer Herrschaft", und auch nicht allein in seinen bis heute lesenswerten Beiträgen zu einer modernen Regierungslehre, etwa in seiner Studie *Parlament und Regierung im neugeordneten Deutschland* (1918). Weber war kein Politologe, und er war auch kein politischer Philosoph. Aber wie kaum ein anderer hat er die Herausforderungen des Politischen in der Moderne gedanklich erfasst.

1. Rationalisierung und Entzauberung der modernen Welt

Das 19. Jahrhundert hat den Gesellschaften des Westens einen tiefgreifenden Wandel gebracht, dessen Dynamik und Intensität historisch beispiellos sind. Die ökonomischen und politischen, die gesellschaftlichen und kulturellen Veränderungen sind immens – und sie erzeugen bei den Menschen ein wachsendes Bedürfnis nach Orientierung. Die jungen Sozialwissenschaften entstehen in eben diesem Kontext und vor dem Hintergrund der durch diesen Wandel aufgeworfenen Fragen: Was ist die Signatur dieses neuen Zeitalters, das sich so radikal vom alten Europa unterscheidet? Was bedeuten die unübersehbaren Veränderungen? Wo werden sie hinführen? Weber widmet sich diesen Fragen mit seinem gesamten Werk. Seine Antwort begnügt sich nicht mit Einzelheiten, sondern stellt die Veränderungen in einen großen gesellschaftstheoretischen und geistesgeschichtlichen Gesamtzusammenhang:

> „Unser europäisch-amerikanisches Gesellschafts- und Wirtschaftsleben ist in einer spezifischen Art und in einem spezifischen Sinn ‚rationalisiert‘. Diese Rationalisierung zu erklären und die ihr entsprechenden Begriffe zu bilden, ist daher eine der Hauptaufgaben unserer Disziplinen.“ (SdW: 525)

Die Geschichte des Okzidents erscheint retrospektiv als eine der Rationalisierung und „Intellektualisierung“, die vor allem durch den Siegeszug der modernen Wissenschaften vorangetrieben wurde und wird. Sie hat eine sehr spezifische Form von „Fortschritt“ als einen alles beherrschenden auf den Weg gebracht: Fortschritt im Sinne der „fortschreitenden technischen Rationalität der Mittel“ (SdW: 525). Der Mensch hat sich immer bessere Mittel zur Beherrschung der Welt verschafft. Der okzidentale Rationalismus ist ein Rationalismus der Weltbeherrschung. Die spezifisch westliche Rationalität, repräsentiert in Wissenschaften und Technik, befördern die systematisierende, verstandesmäßige und nüchterne Erfassung der Welt. Dieser Fortschritt als „intellektualistische Rationalisierung durch Wissenschaft und wissenschaftlich orientierte Technik“ (WaB: 593) ist für Weber aber nicht automatisch ein Fortschritt hin zu immer besseren oder wünschenswerteren Zwecken und Zielen – das war die optimistische Überzeugung der Aufklärung. Für Weber dagegen scheint diese ständige Verbesserung der Mittel eine sehr spezielle Rationalisierung des Handelns zu begünstigen und „zugunsten eines wertungläubigen, rein zweckrationalen, auf Kosten wertrational gebundenen Handelns" zu verlaufen (WuG: 15f.). Der okzidentale Rationalismus erfindet immer bessere und neue Mittel – über die Zwecke und Ziele dagegen weiß er immer weniger zu sagen. Mit Max Horkheimer könnte man auch von einem Siegeszug der (bloß) „instrumentellen Vernunft" sprechen (Horkheimer 1991).

Diese spezifische Form der Rationalisierung hat nicht nur äußerlich erkennbare Folgen, etwa in Gestalt immer besserer und leistungsfähigerer Maschinen. Sie verändert und prägt auch in nachhaltiger Weise die Gesellschaft und die Menschen, sie verändert das *Bewusstsein* der Menschen, die Art und Weise, wie sie ihre Welt und sich selbst in ihr wahrnehmen:

> „Die zunehmende Intellektualisierung und Rationalisierung bedeutet also *nicht* eine zunehmende allgemeine Kenntnis der Lebensbedingungen, unter denen man steht. Sondern sie bedeutet etwas anderes: das Wissen davon oder den Glauben daran: daß man, wenn man *nur wollte*, es jederzeit erfahren *könnte*, daß es also prinzipiell keine geheimnisvollen unberechenbaren Mächte gebe, die da hineinspielen, daß man vielmehr alle Dinge – im Prinzip – durch *Berechnen beherrschen* könne. Das aber bedeutet: die Entzauberung der Welt." (WaB: 594)

Die Wissenschaft dringt immer tiefer in die äußere und innere Natur ein. Das „rational empirische Erkennen" verdrängt nicht nur Aberglauben und Unwissenheit, sie verwandelt die Welt „in einen kausalen Mechanismus" (WdW: 564). Die Welt wird nicht mehr als eine göttliche, ontologisch oder metaphysisch erfassbare Ordnung wahrgenommen, der man mit Staunen oder Ehrfurcht begegnet, sondern als ein Mechanismus, den der „homo faber" sich mit sachlicher Nüchternheit unterwirft. In dessen entzaubertem Weltbild wird die Welt zum Gegenstand manipulativen Eingreifens und alles in ihr zum technisch lösbaren Problem.

Weber sieht diese Entwicklung als äußerst ambivalent. Mit Bedacht setzt er „Fortschritt" stets in Anführungszeichen. Eines fehlt ihm – und den meisten seiner Zeitgenossen – zweifelsohne: der „unendlich ahnungslose Kinderglaube an die Macht des Vernünftigen" (Weber in einem Brief des Sommers 1915, zit. Baumgarten 1964: 652), wenn es um die Hoffnung auf eine vernünftige, den Zwecken des Menschen gemäße und in diesem Sinn gute Entwicklung geht. Die „instrumentelle Vernunft" der erfolgreichen Wissenschaften kann diesbezüglich keine Antworten mehr geben. Die das Aufklärungszeitalter kennzeichnende „charismatische Verklärung der ‚Vernunft'" (WuG: 726) ist einer ebenso umfassenden Ernüchterung gewichen.

Zu Webers Diagnose der Moderne gehört ein unverkennbarer Pessimismus bezüglich der Möglichkeiten von Freiheit in eben dieser Moderne. Verwissenschaftlichung, Bürokratisierung und der Kapitalismus als die „schicksalhafteste Kraft" des modernen Lebens scheinen die menschliche Freiheit und Autonomie viel eher zu bedrohen als zu befördern. Weber treibt die Frage nach dem „Schicksal des Menschentums" unter diesen modernen Bedingungen sehr stark um (vgl. Hennis 1987) – obwohl diese Frage, wie wir sehen werden, nach seinem eigenen Verständnis weit über den Bereich wissenschaftlicher Analyse hinausweist. Gleichwohl finden sich in seinem Werk viele Stellen, an denen er seiner Sorge Ausdruck verleiht, dass diese „verhängnisvolle" Entwicklung den Menschen in ein stahlhartes „Gehäuse der Hörigkeit" führen könnte:

> „Niemand weiß noch, wer künftig in jenem Gehäuse wohnen wird und ob am Ende dieser ungeheuren Entwicklung ganz neue Propheten oder eine mächtige Wiedergeburt alter Gedanken und Ideale stehen werden, *oder* aber – wenn keins von beiden – mechanisierte Versteinerung, mit einer Art von krampfhaftem Sich-wichtig-nehmen verbrämt. Dann allerdings könnte für die ‚letzten Menschen' dieser Kulturentwicklung das Wort zur Wahrheit werden: ‚Fachmenschen ohne Geist, Genußmenschen ohne Herz: dies Nichts bildet sich ein, eine nie vorher erreichte Stufe des Menschentums erstiegen zu haben.'" (PE: 204)

In solchen ausdrucksstarken, düsteren Passagen wird Webers höchst ambivalentes Verhältnis zur Moderne spürbar (vgl. Peukert; Schwaabe). Wenn Weber hier, unter Anspielung auf Nietzsches Zarathustra von den „letzten Menschen" spricht, dann wird einerseits sein „heroischer Pessimismus" (vgl. Mommsen 1982) deutlich, andererseits sein starkes normatives Anliegen, das insbesondere für seinen Politikbegriff von einiger Bedeutung ist. Weber verpflichtet die Wissenschaft auf „Werturteilsfreiheit" – und insofern bejaht er den spezifisch okzidentalen Rationalismus als Grundlage seiner eigenen soziologischen Arbeit. Zugleich drängt es ihn ständig, eben jene Fragen zu thematisieren, die jenseits dieser Wissenschaft angesiedelt sind: die großen klassischen Fragen der Philosophie nach dem Zweck und Sinn menschlicher Existenz, nach dem guten und gerechten Handeln des Menschen. In aller Schärfe sieht er die Orientierungsprobleme des modernen Menschen – seine eigene Rolle sieht er aber (oder gerade deshalb) darin, alle Wünschbarkeiten, Hoffnungen und Illusionen zu zerstören. Wer von der Wissenschaft klare Orientierung erhofft, der wird bei Weber erst einmal gründlich ernüchtert:

> „Was ist unter diesen inneren Voraussetzungen der Sinn der Wissenschaft als Beruf, da alle diese früheren Illusionen: ‚Weg zum wahren Sein‘, ‚Weg zur wahren Kunst‘, ‚Weg zur wahren Natur‘, ‚Weg zum wahren Gott‘, ‚Weg zum wahren Glück‘, versunken sind? Die einfachste Antwort hat Tolstoj gegeben mit den Worten: ‚Sie ist sinnlos, weil sie auf die allein für uns wichtige Frage: ‚Was sollen wir tun? Wie sollen wir leben?‘ keine Antwort gibt.‘ Die Tatsache, daß sie diese Antwort nicht gibt, ist schlechthin unbestreitbar.“ (WaB: 598)

2. Der „Polytheismus der Werte“

Die Wissenschaft hat keinen Zugang mehr zu jener „Wahrheit“, an der der Mensch sich in seinem Handeln verbindlich und zweifelsfrei orientieren könnte. Das gilt nicht nur für Webers eigene Disziplin, die empirischen Sozialwissenschaften – das wäre keine besonders dramatische und auch keine neue Einsicht. Nein, es ist die menschliche Vernunft in allen ihren Vermögen, es sind die Wissenschaften aller Disziplinen, die hier an eine unüberwindliche Grenze stoßen. Weder der platonische Philosophenkönig noch der Moralphilosoph der Aufklärungsvernunft kann „die allein für uns wichtige Frage“ eindeutig beantworten. Die Einheit der Vernunft zerbricht in eine Vielzahl von Rationalitäten, und an die Stelle des einen Guten und Gerechten oder der Gewißheit des Gesollten tritt der „Polytheismus der Werte“, die Vielgötterei, das Neben- und Gegeneinander der unterschiedlichen höchsten Werte und letzten Zwecke, an denen Menschen sich orientieren.

Webers geistesgeschichtliche Bedeutung liegt nicht darin, dass er dieses spezifisch moderne Weltbild etwa „entdeckt“ hätte, sondern dass er es in einer Weise auf den Begriff bringt, die die Konsequenzen insbesondere für das moderne Verständnis von Politik und politischer Theorie in aller Deutlichkeit vor Augen führt. Webers Diagnose eines Polytheismus der Werte ist zudem nicht einfach auf einen typisch modernen und womöglich denkfaulen „Relativismus“ zu reduzieren. Zwei Aspekte sind für ein angemessenes Verständnis dieses Polytheismus wichtig: zum einen die von Weber analysierte Heterogenität der „Wertsphären“, zum anderen das Verhältnis der „Werte“ zum moralischen Sollen, wie es paradigmatisch in Kants kategorischem Imperativ gefasst wurde.

Die Pluralisierung der „Wahrheit“ erscheint bei Weber in mindestens zwei wichtigen Dimensionen: als Pluralität von Werten und Zielen des Handelns und – auf einer fundamentaleren Ebene – als Heterogenität von „Wertsphären". Mit Letzterem formuliert Weber ein Paradigma, das für die moderne Soziologie bis heute als „funktionale Differenzierung" konstitutiv geblieben ist. Die moderne Gesellschaft kann nicht mehr als umfassend integrierte Einheit beschrieben werden, sondern als ein relativ lose gekoppeltes System ausdifferenzierter Teilsysteme. Diese Teilsysteme – Religion, Wissenschaft, Wirtschaft, Kunst etc. – folgen ihrer je eigenen Funktionslogik und gehorchen nur dieser. Diese Funktionslogiken sind nicht ineinander übersetzbar, sie folgen ganz unterschiedlichen Eigengesetzlichkeiten. Nun wurden schon in der Antike diese Bereiche als unterschiedlich wahrgenommen und gedacht. Spezifisch modern ist aber die immer schärfere „Herauspräparierung der spezifischen Eigenart jeder in der Welt vorkommenden Sondersphäre" (WdW: 571). Das Zerbrechen von Einheit in Vielheit veranschaulicht Weber immer wieder am „Schicksal" der religiösen, v.a. der christlichen Ethik, die mit fortschreitender Rationalisierung in immer stärkere Spannungen zur Welt und ihren Ordnungen gerät:

> „Denn die Rationalisierung und bewußte Sublimierung der Beziehungen des Menschen zu den verschiedenen Sphären äußeren und inneren, religiösen und weltlichen, Güterbesitzes drängte dann dazu: *innere Eigengesetzlichkeiten* der einzelnen Sphären in ihren Konsequenzen *bewußt* werden und dadurch in jene Spannungen zueinander geraten zu lassen, welche der urwüchsigen Unbefangenheit der Beziehung zur Außenwelt verborgen blieben." (WdW: 541f.)

Das betrifft unmittelbar – wie schon das Phänomen der „Entzauberung" – den Einzelnen, sein Bewusstsein und seine Versuche, sein Leben klarer Orientierung zu unterstellen. Dieser sieht sich nun zunehmend je nach „Wertsphäre" einander widersprechenden Eigengesetzlichkeiten und Anforderungen gegenüber. Dies verstärkt sich dadurch, dass die genannte Ausdifferenzierung gesellschaftsstrukturell gleichsam zementiert wird. Das läßt sich gut am ökonomischen Teilsystem verdeutlichen. Das ökonomische System hat sich immer weiter von den anderen Systemen und deren Ansprüchen emanzipiert. Das Haus, der „oikos", ist nicht mehr der politischen Gemeinschaft ein- oder untergeordnet. In der Sprache der Systemtheorie von Niklas Luhmann heißt das: Das ökonomische System folgt der nur ihm eigenen binären Codierung nach Gewinn und Verlust, seine Sprache bzw. sein Medium ist das Geld. Die für die Moral relevante Unterscheidung von gut und böse ist diesem System fremd. Der Kapitalismus, so Webers Formulierung, ist nicht einfach „antiethisch", auch nicht gut oder schlecht, sondern schlicht eine ganz andere Wertsphäre als die der Moral. Die moderne ökonomische Kapitalherrschaft ist „ihres ‚unpersönlichen' Charakters halber ethisch nicht reglementierbar" (WuG: 708). In diesem, nach seiner eigenen Sachlogik strukturierten System dominieren „‚sachliche', weder ethische noch antiethische, sondern einfach anethische, jeder Ethik gegenüber disparate Erwägungen" (WuG: 709). In gleicher Weise spricht die Wissenschaft ihre eigene Sprache: Sie fragt bei ihrer Erforschung der Welt, ob eine Aussage wahr oder nicht wahr ist. Irrelevant sind für sie hingegen die Kriterien des Guten und Gerechten (Ethik), des Schönen (Kunst) oder des Rentablen (Wirtschaft). Philosophisch gesprochen bedeutet das: Die Einheit des Wahren, Schönen und Guten ist zerbrochen.

Die Pluralisierung der einen Vernunft schlägt nun auf der Ebene individueller Orientierung in folgenreicher Weise durch: als Verlust klaren und verbindlichen Orientierungswissens im „Polytheismus der Werte". Auch innerhalb einer Wertsphäre gibt es eine Vielzahl widerstreitender Werte, und die Vernunft vermag diesen Widerstreit nicht aufzulösen:

> „Ueberall freilich geht diese Annahme, die ich Ihnen hier vortrage, aus von dem einen Grundsachverhalt: daß das Leben, solange es in sich selbst beruht und aus sich selbst verstanden wird, nur den ewigen Kampf jener Götter miteinander kennt, – unbildlich gesprochen: die Unvereinbarkeit und also die Unaustragbarkeit des Kampfes der letzten überhaupt *möglichen* Standpunkte zum Leben, die Notwendigkeit also: zwischen ihnen sich zu *entscheiden*." (WaB: 608)

Immer wieder taucht bei Weber der Begriff der „Entscheidung" auf – Entscheidung als Gegensatz zu sicherer Erkenntnis und vernünftiger Begründung: Insofern hat man Weber dem „Dezisionismus" zuzuordnen. Ja, Weber dramatisiert den Verlust letzter Gewissheit mit durchaus existentiellem Pathos:

> „Je nach der letzten Stellungnahme ist für den Einzelnen das eine der Teufel und das andere der Gott, und der Einzelne hat sich zu entscheiden, welches *für ihn* der Gott und welches der Teufel ist. Und so geht es durch alle Ordnungen des Lebens hindurch." (WaB: 604)

Die „letzten Stellungnahmen", die höchsten Werte und Ideale sind nicht letztbegründbar. Es ist für Weber ein Gebot intellektueller Rechtschaffenheit, dies einzugestehen. Das gilt vor allem für die Wissenschaften, wo sich der eine oder andere vielleicht im Besitze eines sicheren Wissens wähnen könnte. Weber lehnt das als „Kathederprophetie" strikt ab:

> „Und über diesen Göttern und in ihrem Kampf waltet das Schicksal, aber ganz gewiß keine ‚Wissenschaft'. Es läßt sich nur verstehen, was

> das Göttliche für die eine und für die andere oder: in der einen und der anderen Ordnung ist. Damit ist aber die Sache für jede Erörterung in einem Hörsaal und durch einen Professor schlechterdings zu Ende, so wenig natürlich das darin steckende gewaltige *Lebens*problem selbst damit zu Ende ist. Aber andere Mächte als die Katheder der Universitäten haben da das Wort." (WaB: 604)

Für die Wissenschaft gilt das Postulat der *Werturteilsfreiheit*. Weber begründet dies mit einer strikten Trennung von Sein und Sollen. Die Wissenschaft beschreibt und erklärt, was und warum etwas ist, wie es ist, also das Sein. Von einem so beschriebenen Sein führt kein logisch bruchloser Weg zu irgendeinem Sollen. Diese „absolute logische Disparatheit" von Sein und Sollen begreift Weber als „allerelementarsten Gegensatz", und die „prinzipielle Scheidung von Erkenntnis des ‚Seienden' und des ‚Seinsollenden'" als grundlegendes Gebot redlichen Denkens (OA: 148). So kann etwa der Politikwissenschaftler das „Sein" einer beliebigen Staatsform beschreiben und zu erklären versuchen; aber er kann – als Wissenschaftler – nichts darüber sagen, ob diese gut, schlecht oder ungerecht ist. Das wäre ein Werturteil, und ein solches ist letztlich immer subjektiv.

An die Stelle allgemein verbindlicher Kriterien des Guten und Gerechten treten die subjektiv gewählten „Werte". Man kann die Geburt der „Werte" aus der Relativierung der praktischen Philosophie durchaus als ein modernes Ereignis betrachten. Für viele kommt dies einem inakzeptablen Relativismus gleich: „Als Weltanschauung wird die überlieferte Philosophie, zumal auch in ihrer praktischen Disziplin, in dem Augenblick verstanden, wo ihr, aus der Perspektive eines positivistisch reduzierten Wissenschaftsbegriffs, der Anspruch, rationale Theorie zu sein, nicht mehr abgenommen wird. [...] Diese Degeneration der Philosophie zur Weltanschauung, zur Lebensideologie bedeutet: Ein ständig größer werdender Teil der moralisch-politischen Realität wird als Bereich theorieunfähiger Irrationalität der Zuständigkeit rational-wissenschaftlicher Fragestellung entzogen." (Lübbe 1971: 176f.)

Weber ist zwar ein erklärter Gegner aller irrationalistischen und ideologischen Strömungen seiner Zeit. Dass sein Polytheismus aber problematisch ist, lässt sich kaum leugnen. Deutlich wird dies vor allem daran, dass er nicht nur Sein und Sollen trennt, sondern auch das Sollen entscheidend relativiert. Dass man aus dem Sein kein Sollen ableiten kann, hatte auch Kant vertreten – was aber das Sollen des kategorischen Imperativs bei Kant gerade nicht beeinträchtigt. Weber hingegen zieht dieses moralische Gesetz in den Polytheismus der Werte gleichsam hinein – und damit erst ist die Frage „Was sollen wir tun?" nicht mehr klar und verbindlich beantwortbar.

Weber unterscheidet zwar zwischen Werten und „Kulturidealen" einerseits und „ethischen Pflichten" bzw. „ethischen Imperativen" andererseits. Ihnen komme jeweils eine eigene „Dignität" zu. Die einen, die Kulturwerte, sprechen unser „Gefühl" an, die anderen, die ethischen Imperative, unser „Gewissen" (vgl. OA: 154; SdW: 504). Und ganz im Sinne der kantischen Moralphilosophie heißt es: „Tatsächlich sind jene Sphären von Werten, welche die Behandlung des anderen ‚nur als Mittel' gestatten oder vorschreiben, der Ethik gegenüber heterogen." (SdW: 506) Wovon sich Weber aber verabschiedet, das ist das unbedingte, das kategorische Sollen der kantischen Moral. An dessen Stelle setzt er die Einsicht, dass

> „die Ethik nicht das Einzige ist, was auf der Welt ‚gilt', sondern daß neben ihr andere Wertsphären bestehen, deren Werte unter Umständen nur der realisieren kann, welcher ethische ‚Schuld' auf sich nimmt. Dahin gehört speziell die Sphäre politischen Handelns." (SdW: 504)

Steht die Ethik aber *neben* den *anderen* (!) Wertsphären, ist sie nicht mehr im kantischen Sinn unbedingt verpflichtend. „Denn es kann den Standpunkt geben, für den Kulturwerte ‚aufgegeben' sind, auch soweit sie mit jeglicher Ethik in unvermeidlichem, unaustragbarem Konflikt liegen." (SdW: 504)

Für Weber heißt das auch, dass Ethik keinen universalistischen Anspruch mehr erheben kann. Ein „Chinese" etwa, also ein Mensch aus einem anderen Kulturkreis, werde zwar das Ergebnis einer wissenschaftlichen Beweisführung als objektiv richtig nachvollziehen können. Diese Übereinstimmung, etwa mit einem europäischen Kollegen, verhindert aber nicht, dass „ihm für unsere ethischen Imperative das ‚Gehör' fehlen [...] und er das Ideal selbst und die daraus fließenden konkreten Wertungen ablehnen kann und sicherlich oft ablehnen wird" (OA: 155). Selbst eine „echte Wertphilosophie", so Weber, mit einem „noch so wohlgeordneten Begriffsschema der ‚Werte'" (SdW: 507) könnte die Heterogenität der einzelnen Sphären und Werte mit ihren unterschiedlichen, oft einander widerstreitenden Ansprüchen nicht auflösen.

3. Leistung der „werturteilsfreien" Wissenschaft: Klarheit und technische Kritik

Der moderne Mensch ist bei Weber einer durchaus prekären Freiheit ausgesetzt. Er soll sich zwischen einander widerstreitenden Werten,

Geboten und letzten überhaupt möglichen Standpunkte zum Leben entscheiden. Wissenschaft und Vernunft können ihm diese Entscheidung nicht abnehmen, und auch nicht die Verantwortung und die Schuld, die er mit seiner Wahl auf sich lädt. Sind solche Entscheidungen also letztlich völlig irrational? Kann die Wissenschaft bei diesen existentiellen Wahlen nichts beisteuern? Weber verneint beide Fragen: Die Entscheidungen des Einzelnen, und mehr noch: seine gesamte Lebensführung, sollen dem Gebot der Vernünftigkeit folgen. Der Mensch soll stets im klaren Bewusstsein um die Konsequenzen des eigenen Tuns handeln. Und dazu kann Webers Wissenschaft durchaus einiges beitragen.

Die Wissenschaft kann den Kampf der Werte nicht schlichten. Aber sie kann ihn beschreibend ordnen und dem Menschen so eine bewusste und vernünftige Entscheidung ermöglichen. Dazu vermittelt sie ihm zunächst „Kenntnisse über die Technik, wie man das Leben, die äußeren Dinge sowohl wie das Handeln der Menschen, durch Berechnung beherrscht". Und sie schult in den „Methoden des Denkens". Wichtiger als diese Techniken ist aber die dritte Leistung der Wissenschaft: Sie kann dem Handelnden zur *Klarheit* verhelfen. Sie kann in einer gegebenen Entscheidungssituation verdeutlichen:

> „man kann zu dem Wertproblem, um das es sich jeweils handelt [...], praktisch die und die verschiedene Stellung einnehmen. *Wenn* man die und die Stellung einnimmt, so muß man nach den Erfahrungen der Wissenschaft die und die *Mittel* anwenden, um sie praktisch zur Durchführung zu bringen. Diese Mittel sind nun vielleicht schon an sich solche, die Sie ablehnen zu müssen glauben. Dann muß man zwischen dem Zweck und den unvermeidlichen Mitteln eben wählen. ‚Heiligt' der Zweck diese Mittel oder nicht? Der Lehrer kann die Notwendigkeit dieser Wahl vor Sie hinstellen, mehr kann er, solange er Lehrer bleiben und nicht Demagoge werden will, nicht." (WaB: 607)

Der Handelnde gelangt so zu Klarheit über die Folgen seines Tuns. Die Wissenschaft bietet „technische Kritik": eine Analyse von Zweck-Mittel-Relationen, die logische Klärung eines Wertsystems und dessen Prüfung auf innere Widerspruchslosigkeit, die Klärung der Konsequenzen einer Position. Sie kann und soll Ideale und Werte nicht begründen, sondern „kritisch ‚beurteilen' lehren". Sie vermag „eine Prüfung der Ideale am Postulat der *inneren Widerspruchslosigkeit* des Gewollten" zu leisten. Das Ziel dieser Kritik ist die „Selbstbesinnung auf diejenigen letzten Axiome, welche dem Inhalt seines Wollens zugrundeliegen, auf die letzten Wertmaßstäbe, von denen er unbewußt ausgeht oder – um konsequent zu sein – ausgehen müßte". Die

Entscheidung aber liegt beim „wollenden Menschen": „Ob sich das urteilende Subjekt zu diesen letzten Maßstäben bekennen *soll*, ist seine persönliche Angelegenheit und eine Frage seines Wollens und Gewissens [...]." Die Wissenschaft „vermag niemanden zu lehren, was er *soll*, sondern nur, was er kann und – unter Umständen – was er *will*" (OA: 151). Die Wissenschaft bietet also keine kategorischen, sondern nur hypothetische Imperative, Wenn-dann-Aussagen. Die letzte Entscheidung – und: Verantwortung – liegt beim Einzelnen. Er soll sich seine Sache gut überlegen.

> „Und damit erst gelangen wir zu der letzten Leistung, welche die Wissenschaft als solche im Dienste der Klarheit vollbringen kann, und zugleich zu ihren Grenzen: wir können – und sollen – Ihnen auch sagen: die und die praktische Stellungnahme läßt sich mit innerer Konsequenz und also: Ehrlichkeit ihrem *Sinn* nach ableiten aus der und der letzten weltanschauungsmäßigen Grundposition [...], aber aus den und den anderen nicht. Ihr dient, bildlich geredet, diesem Gott *und kränkt jenen anderen*, wenn Ihr Euch für diese Stellungnahme entschließt. Denn ihr kommt notwendig zu diesen und diesen letzten inneren sinnhaften *Konsequenzen*, wenn Ihr Euch treu bleibt. [...] Wir können so [...] den Einzelnen nötigen, oder wenigstens ihm dabei helfen, sich selbst *Rechenschaft zu geben über den letzten Sinn seines eigenen Tuns*." (WaB: 608)

Weber sieht den Lehrer hier sogar „im Dienst ‚sittlicher' Mächte: der Pflicht, Klarheit und Verantwortungsgefühl zu schaffen" (ebd.). Klarheit, Verantwortungsgefühl, Aufrichtigkeit, Treue zu sich selbst – das sind für Weber die Kardinaltugenden der polytheistischen, entzauberten Moderne. „Auf diese bewußte Lebensführung ist das ganze Spektrum der Leistungen wissenschaftlicher Erkenntnis bezogen." (Brugger 1980: 163) Webers Ziele sind Mündigkeit und Autonomie. Weil aber kein Gesetz der Vernunft mehr die Hoffnungen der Aufklärung tragen kann, wird Autonomie bei Weber radikalisiert. „Webers kritische Existenz wird geprägt und belastet von dem Bewußtsein der unabweisbaren und durch keinen intellektuellen oder moralischen Ritualismus aufgehobenen Selbstverantwortung der Person." (Hufnagel 1971: 358) Weber vertritt damit einen „individualistischen Liberalismus von fast aristokratischer Zuspitzung, der das klassische liberale Ideal der Autonomie der Persönlichkeit mit Nietzsches Idee von der Wertsetzung und Wertbewährung als wesentlicher Aufgabe des – großen – Menschen verbindet" (Mommsen 1982: 13).

Die „technische Kritik" der Wissenschaft soll nicht nur dem Einzelnen bei seinen höchst individuellen Entscheidungen zur Klarheit verhelfen. Sie kann auch der Verständigung zwischen Menschen dienen. Damit kommen wir zum vielleicht gravierendsten Problem des Polytheismus, und damit auch zur Politik: zum Aufeinandertreffen von Menschen oder Gruppen, die unterschiedlichen Positionen, Werten bzw. „Göttern“ anhängen. Muss der Kampf der Götter und Wertordnungen nicht zum tödlichen Kampf ihrer Anhänger ausarten? Was vermögen Wissenschaft und Vernunft hier noch? Können sie hier wenigstens vermitteln?

Die „diskursive“ Dimension des Klarheitsprinzips eröffnet sich in den Wertungs- bzw. Wertdiskussionen (vgl. SdW: 503ff., 510ff.). Sie dienen einer Form von Verständigung, die in gewisser Weise das Gegenstück zur auf Konsens zielenden Diskurstheorie etwa bei Jürgen Habermas darstellt. Die Wertungsdiskussionen sind nicht auf das Konsensziel verpflichtet, sondern dienen zunächst einmal nur der „Ermittlung der wirklichen gegenseitigen Wertungsstandpunkte“ und dem besseren Verstehen von unterschiedlichen Positionen.

> „Denn dies ist der eigentliche Sinn einer *Wert*diskussion: das, was der Gegner (oder auch: man selbst) wirklich meint, d.h. den Wert, auf den es jedem der beiden Teile wirklich und nicht nur scheinbar ankommt, zu erfassen und so zu diesem Wert eine Stellungnahme überhaupt erst zu ermöglichen.“ (SdW: 503)

Dadurch „dem wirklich oder scheinbar Andersdenkenden persönlich leichter ‚gerecht werden‘ zu können“, dient zunächst einmal der Redlichkeit. Konsens ist natürlich denkbar, aber weder wahrscheinlich noch gefordert. Wertdiskussionen „setzen einfach das Verständnis für die Möglichkeit prinzipiell und unüberbrückbar *abweichender* letzter Wertungen voraus.“ Oft wird die wichtigste Erkenntnis sein, „daß, warum und worüber, man sich *nicht* einigen könne. Gerade diese Erkenntnis *ist* aber eine Wahrheitserkenntnis und gerade ihr dienen ‚Wertungsdiskussionen‘.“ (SdW: 503) Weber stellt die Wertungsdiskussionen „unter die Voraussetzung des Sich-Verständigen-Wollens, nicht aber des Sich-Einigen-Könnens“ (Schluchter 1996: 253ff.). Als „Wahrheitserkenntnis“ vermögen diese Diskussionen nichts über das Sollen zu sagen. Sie beziehen sich auf Werte und Ideale und fördern die Heterogenität zutage, die diese Werte „ihrem Sinn nach“ voneinander trennt. Das heißt umgekehrt aber auch, dass die „Träger“ dieser Werte durchaus einen friedlichen modus vivendi oder einen Kompromiss finden können. Der „ewige“ und „unaustragbare“ Kampf der Werte muss nicht zum realen Krieg aller gegen alle werden. Dass aber Kampf und Konflikt und nicht Harmonie und Konsens das Webersche

Politikverständnis prägen, das ist vor dem Hintergrund seiner Diagnose der Moderne nicht verwunderlich.

4. Grundlagen des Politischen: Macht und Kampf

Das Wissenschaftsverständnis Webers legt bereits nahe, was eine Wissenschaft von der Politik leisten kann und was sie nicht leisten kann. Unterwirft sie sich dem Postulat der Werturteilsfreiheit, dann kann sie nicht bestimmen, was eine objektiv gute oder gerechte Herrschaftsform ausmachen würde. Sie kann nichts über ein politisches Sollen sagen, sondern nur das politische „Sein“, die politische Wirklichkeit beschreiben. Auf dieser Linie liegt denn auch Webers „realistisches“ Politikverständnis, in dessen Zentrum die Begriffe Macht und Kampf stehen und das vom bereits erwähnten Dezisionismus stark geprägt ist. Dieser Realismus ist zugleich Grundlage für Webers Vorstellungen des idealen Politikers, desjenigen, der den Realitäten des politischen Kampfes gewachsen ist. Und spätestens in diese Vorstellungen mischt sich, wie wir sehen werden, durchaus ein normativer Standpunkt.

Zunächst aber zu Webers werturteilsfreier Politikwissenschaft. Sie ist, wie alle Sozial- und Kulturwissenschaften, eine „Wirklichkeitswissenschaft“ (OA: 170). Als eine solche soll sie „die uns umgebende Wirklichkeit des Lebens, in welches wir hineingestellt sind, in ihrer Eigenart verstehen“ helfen (ebd.). Eine umfassende und streng gesetzmäßige Erkenntnis dieser Wirklichkeit ist im Falle der Sozialwissenschaft – im Gegensatz zu den Naturwissenschaften – nicht möglich. Der Sozialwissenschaftler hat „eine schlechthin unendliche Mannigfaltigkeit von nach- und nebeneinander auftauchenden und vergehenden Vorgängen“ (OA: 171) vor sich, die sich niemals vollständig abbilden, wohl aber „gedanklich ordnen“ lässt. Zu diesem Zweck lassen sich sog. „Idealtypen“ bilden, Konstrukte, „die durch gedankliche Steigerung bestimmter Elemente der Wirklichkeit gewonnen“ werden und durch diese Zuspitzung einen bestimmten Zusammenhang veranschaulichen und verständlich machen sollen (vgl.: OA: 190). Die empirische Wirklichkeit kann mit solchen Idealtypen nicht abgebildet, aber mit ihnen verglichen und so gedanklich geordnet werden. Die Sozialwissenschaft bedient sich bis heute laufend solcher Idealtypen – etwa die Demokratieforschung, wenn sie u.a. Konkurrenz-, Konkordanz-, Mehrheits- oder Konsensusdemokratie als Typen bildet, um die Fülle an real existierenden und miteinander nie ganz identischen Regierungsformen zu ordnen und vergleichbar zu machen. Und letztlich folgt die heutige Politikwissenschaft Weber auch darin, dass sie dabei keine Wertung vornehmen will. Weber hebt diesen Punkt nur deutlicher hervor:

> „Da wird man, wenn etwa von ‚Demokratie' die Rede ist, deren verschiedene Formen vornehmen, sie analysieren in der Art, wie sie funktionieren, feststellen, welche einzelnen Folgen für die Lebensverhältnisse die eine oder andere hat, dann die anderen nicht demokratischen Formen der politischen Ordnung ihnen gegenüberstellen und versuchen, so weit zu gelangen, daß der Hörer in der Lage ist, den Punkt zu finden, von dem aus *er* von *seinen* letzten Idealen aus Stellung dazu nehmen kann." (WaB: 601)

Ob man also eine Demokratie oder eine Monarchie bevorzugt, das ist bei Weber wieder Sache individueller Präferenz und Entscheidung. Jedenfalls kann kein Politikwissenschaftler bei solch normativen Fragen verbindliches Wissen für sich reklamieren. Das wird auch sehr schön deutlich an Webers berühmter Herrschaftstypologie. Zunächst wird definiert: „Herrschaft soll heißen die Chance, für einen Befehl bestimmten Inhalts bei angebbaren Personen Gehorsam zu finden." (WuG: 28) Bei seinen „drei reinen Typen legitimer Herrschaft" (vgl. WuG: 122ff.) rückt Weber dann – zunächst erstaunlich – das Kriterium der „Legitimitätsgeltung" ins Zentrum. Als empirischer „Wirklichkeitswissenschaftler" untersucht er die Legitimität von Herrschaft nun freilich nicht mit Blick auf überempirische Kategorien zur Rechtfertigung und Kritik von Herrschaft, sondern streng soziologisch: Warum halten die Herrschaftsunterworfenen die betreffende Herrschaftsform für legitim? Diese Frage ist deshalb wichtig, weil dieser „Legitimitätsglaube" die Chance erhöht, Herrschaft zu stabilisieren. In diesem Sinn unterscheidet Weber – idealtypisch – drei Formen legitimer Herrschaft: die legale, die traditionale und die charismatische Herrschaft (vgl. WuG: 124ff.). Die modernen westlichen Demokratien lassen sich am ehesten der legalen Herrschaft zuordnen, obgleich in Webers Definition weder von Demokratie noch vom Glauben an bestimmte Bürger- oder Menschenrechte die Rede ist. Die legale Herrschaft ruht „auf dem Glauben an die Legalität gesatzter Ordnungen und des Anweisungsrechts der durch sie zur Ausübung der Herrschaft Berufenen" (WuG: 124).

Die Frage nach der Legitimität von Herrschaft erscheint bei Weber indes ohnehin nicht als die zentrale Frage des Politischen. Weber vertritt einen relativ forschen Realismus, der in einer ganzen Reihe klassisch gewordener Definitionen zum Ausdruck kommt. Das beginnt mit seiner Definition des modernen Staates, die jede Frage nach dessen Zweck bewusst ausblendet:

> „Man kann vielmehr den modernen Staat soziologisch nur definieren aus seinem spezifischen *Mittel*, das ihm, wie jedem politischen Verband, eignet: der physischen Gewaltsamkeit. […] Staat ist diejenige menschliche Gemeinschaft, welche innerhalb eines bestimmten Gebietes […] das *Monopol legitimer physischer Gewaltsamkeit* für sich (mit Erfolg) beansprucht." (PaB: S. 506)

Mit dieser prägnanten Minimaldefinition des Staates dürften wohl auch jene Theoretiker konform gehen, die gleichwohl darüber hinaus gehende normative Ambitionen verfolgen. Denn wo dieses Monopol vom Staat nicht mehr „mit Erfolg beansprucht" werden kann, zerfällt dieser – ein Phänomen, das heute als Problem der „failed states" politikwissenschaftlich eine große Rolle spielt. Auf größeren Widerspruch ist indes Webers Definition von Politik gestoßen, obgleich auch sie bei nüchterner Betrachtung schwer von der Hand zu weisen ist:

> „‚Politik' würde für uns also heißen: Streben nach Machtanteil oder nach Beeinflussung der Machtverteilung, sei es zwischen Staaten, sei es innerhalb eines Staates zwischen den Menschengruppen, die er umschließt. […] Wer Politik treibt, erstrebt Macht […]." (PaB: 506f.)

Macht bedeutet dabei „jede Chance, innerhalb einer sozialen Beziehung den eigenen Willen auch gegen Widerstreben durchzusetzen, gleichviel worauf diese Chance beruht." (WuG: 28). Egal, welche Ziele ein politisch Handelnder verfolgt – territoriale Expansion oder den Weltfrieden, Hilfe für sozial Schwache oder steuerliche Entlastung der Unternehmer –, er braucht Macht und muss nach ihr streben, wenn er seine Ziele verwirklichen will. Auch das lässt sich kaum bestreiten. Weil es in der polytheistischen Welt des Politischen zudem kaum jemals zu einem Konsens über die wichtigsten Ziele und Zwecke kommen wird, bedeutet Politik unausweichlich *Kampf*. Auch diese konflikttheoretische Perspektive des Politischen ist bei näherem Hinsehen keineswegs „anstößig":

> „Kampf soll eine soziale Beziehung insoweit heißen, als das Handeln an der Absicht der Durchsetzung des eignen Willens gegen Widerstand des oder der Partner orientiert ist. ‚Friedliche' Kampfmittel sollen solche heißen, welche nicht in aktueller physischer Gewaltsamkeit bestehen. Der ‚friedliche' Kampf soll ‚Konkurrenz' heißen, wenn er als formal friedliche Bewerbung um eigne Verfügungsgewalt über Chancen geführt wird, die auch andre begehren." (WuG: 20)

Man darf sich von der Rhetorik des „Kampfes“ also nicht in die Irre führen lassen. Wenn Weber den Kampf gleichsam als Wesen des Politischen begreift, dann verweist er nur auf das, was auch einer parlamentarischen Demokratie – und gerade dieser – zugrundeliegt: eine Pluralität unterschiedlicher Interessen, Werte und Ziele und der Versuch, die je eigenen gegen die anderen durchzusetzen oder gegebenenfalls einen Kompromiss auszuhandeln. Arbeitskämpfe, Wahlkämpfe oder große Parlamentsdebatten, all das sind Formen des politischen „Kampfes“. Und Weber betont, dass dies auch die üblichen und unverzichtbaren Formen politischer Konkurrenz sind. Man hat sich in Erinnerung zu rufen, dass Weber als eine der wenigen geistigen Größen seiner Zeit den Parlamentarismus gegen in Deutschland weit verbreitete Vorbehalte verteidigt. Und er wendet sich entschieden gegen die unpolitische Sehnsucht nach Harmonie und Konsens, die solchen antiparlamentarischen Reflexen zugrunde liegt. Politik gibt es überhaupt nur und erst dann, wenn man sich nicht schon von vornherein einig ist. Weber verdeutlicht dies am Beispiel sozialpolitischer Fragen. Hier stoßen unterschiedliche Positionen aufeinander, der Streit ist vorprogrammiert, und er ist ganz natürlich:

> „Das Kennzeichen des sozial *politischen* Charakters eines Problems ist es ja geradezu, daß es *nicht* auf Grund bloß technischer Erwägungen aus feststehenden Zwecken heraus zu erledigen ist, daß um die regulativen Wertmaßstäbe selbst *gestritten* werden kann und *muß* […]. Und es wird gestritten nicht nur […] zwischen ‚Klasseninteressen‘, *sondern auch zwischen Weltanschauungen* [...].“ (OA: 153)

Die genuin politischen Fragen sind diejenigen, bei denen im Polytheismus der Werte kein Konsens besteht und die als Wertentscheidungen auch nicht „auf Grund bloß technischer Erwägungen“ vom wissenschaftlichen Experten zu beantworten sind. Und auch der Philosoph stößt im genannten Fall an die „Grenzen der Ethik“: Es gibt keine Form von Verteilungsgerechtigkeit, die als objektiv richtig oder allein gerecht bestimmt werden könnte. Allein die Frage, ob dabei Leistung oder Bedürftigkeit den Ausschlag geben sollten und wie diese wiederum anderen relevanten Kriterien gegenüber gewichtet werden sollten, gehört „zu den von *keiner* Ethik eindeutig entscheidbaren Fragen“ (OA: 505). Politik ist nicht die Umsetzung von Expertenwissen oder einer wahren Idee von Gerechtigkeit. Politik hat dort zu entscheiden, wo das Fachwissen endet. „Zum Gegenstand politischen Handelns wird primär das, was der Evidenz der Allgemeingültigkeit ermangelt und eben deswegen eine Entscheidung verlangt, die in ihrem Bekenntnissinn Fronten errichtet, die ebensowenig rationalisierbar sind wie sie selber." (Lübbe 1971: 34) Man könnte das, was für Weber den Kern des Politischen ausmacht, kaum besser erfassen als mit diesem Satz Hermann Lübbes, mit dem dieser zugleich das unvermeidlich „dezisionistische" Moment aller Politik hervorhebt. Dies zu erkennen, ist für Weber Ausdruck politischer Bildung und Reife. Wem diese Eigenschaften fehlen, der ist zur Politik nicht berufen.

5. Politik als Beruf: Leidenschaft – Verantwortungsgefühl – Augenmaß

Was bedeutet es, die Politik zum Beruf zu haben – was für Weber auch heißt: die *Berufung* zur Politik zu haben? Weber beschäftigt sich mit dieser Frage u.a. in seiner berühmten Rede über „Politik als Beruf", die er im Revolutionswinter 1919 in München hält. Für das Gesamtverständnis von Politik bei Weber ist diese Frage schon deshalb von Bedeutung, weil er die Geschicke der Politik bzw. eines Staates stark vom politischen Führungspersonal abhängen sieht. In der Politik, so Webers Überzeugung, kommt es ganz wesentlich auf die wenigen großen Persönlichkeiten an, die defacto an den Hebeln der Macht sitzen – und zwar gerade in der modernen Massendemokratie. Bedeutsam sind seine Überlegungen zur geborenen politischen Führerpersönlichkeit aber auch deswegen, weil hier Webers Bild und auch Ideal des Politischen erst zur Gänze deutlich werden.

Man nähert sich diesem Ideal des Politikers – wie auch des Politischen – am besten über das, was Politik gerade nicht ist bzw. nicht sein soll. Für Weber ist das Unpolitische schlechthin im bürokratischen „Handeln" des Beamten verkörpert. Der Beamte muss und soll gehorchen, er hat das auszuführen, was andere politisch entschieden haben. Des Beamten Pflicht besteht gerade darin, sich dessen zu enthalten, was zentrale Aufgabe des Politikers ist. Der Beamte

> „soll seinem eigentlichen Beruf nach nicht Politik treiben, sondern: ‚verwalten', *unparteiisch* vor allem [...]. Sine ira et studio, ‚ohne Zorn und Eingenommenheit' soll er seines Amtes walten. Er soll also gerade das nicht tun, was der Politiker, der Führer sowohl wie seine Gefolgschaft, immer und notwendig tun muß: *kämpfen.* Denn Parteinahme, Kampf, Leidenschaft – ira et studium – sind das Element des Politikers. Und vor allem: des politischen *Führers. Dessen* Handeln steht unter einem ganz anderen, gerade entgegengesetzten Prinzip der *Verantwortung*, als die des Beamten ist." (PaB: 524)

Die Abgrenzung vom Beamten ist für Webers politische Theorie von systematischer Bedeutung. Diese ist, über eine „werturteilsfreie“ Beschreibung des Politischen hinaus, „auf das Problem zugeschnitten, wie man genügend politische Energie erzeugen kann, um die Bürokratie im Status eines bloßen Instruments zu halten und ihre regressive Dynamik einzudämmen“ (Breuer 1991: 215). Weber kritisiert nicht die Bürokratie an sich, die für die Verwaltung eines modernen Staates unverzichtbar ist. Entschieden aber wendet er sich gegen die drohende Gefahr, dass diese „Maschine“ das Politische zunehmend vereinnahmt und der Staat so zur „Fabrik“ verkommt. Gerade in Deutschland sieht Weber gefährliche Tendenzen zu einer solchen ganz unpolitischen Form der „Beamtenherrschaft“.

Mit Beamtennaturen kann man keine Politik machen. Die Qualitäten eines guten Beamten sind das gerade Gegenteil der Qualitäten des guten Politikers: „Man kann sagen, daß drei Qualitäten vornehmlich entscheidend sind für den Politiker: Leidenschaft – Verantwortungsgefühl – Augenmaß.“ (PaB: 545) Leidenschaft, als „leidenschaftliche Hingabe an eine ‚Sache‘, an den Gott oder Dämon, der ihr Gebieter ist“ (PaB: 545), ist für Weber grundlegende Voraussetzung, soll Politik nicht in nichtiger Eitelkeit „ins Leere wirken“. Wohl braucht ein Politiker einen ausgeprägten Machtinstinkt, er darf die spezifisch politischen Mittel nicht scheuen – aber eine reine Machtpolitik ohne innere Überzeugung ist ein Ausdruck fehlender sittlicher Größe. Das Gegenteil ist für Weber freilich kaum besser: blinde Leidenschaft für eine Sache, etwa im Sinne revolutionärer Romantik:

> „Denn mit der bloßen, als noch so echt empfundenen Leidenschaft ist es freilich nicht getan. Sie macht nicht zum Politiker, wenn sie nicht, als Dienst an einer ‚Sache‘, auch die *Verantwortlichkeit* gegenüber eben dieser Sache zum entscheidenden Leitstern des Handelns macht. Und dazu bedarf es – und das ist die entscheidende psychologische Qualität des Politikers – des *Augenmaßes*, der Fähigkeit, die Realitäten mit innerer Sammlung und Ruhe auf sich wirken zu lassen, also: der *Distanz* zu den Dingen und Menschen.“ (PaB: 546)

In den genannten Qualitäten bzw. Tugenden des Politikers kommt bereits deutlich jene „Klarheit“ zum Ausdruck, zu der die Wissenschaft – wie oben gezeigt – auch bei den Orientierungsversuchen des Einzelnen beitragen soll. Und so, wie dort der Einzelne dazu angehalten werden soll, die Konsequenzen des eigenen Tuns zu bedenken und „sich selbst Rechenschaft zu geben über den letzten Sinn seines eigenen Tuns“ (WaB: 608), so rückt auch beim Politiker die Kategorie der *Verantwortung* in den Mittelpunkt.

Die Unterscheidung von Verantwortungs- und Gesinnungsethik gehört zu den berühmtesten Lehrstücken Max Webers. In Konsequenz des bisher Dargestellten geht es Weber auch hier nicht um die Begründung einer nun doch noch entdeckten objektiv gültigen Ethik, sondern um die Sensibilisierung für die besondere ethische Problematik des Politischen. Der von Weber konstruierte „abgrundtiefe Gegensatz" von Verantwortungs- und Gesinnungsethik ist nicht die Lösung des politischen Handlungsproblems, sondern sein Ausgangspunkt.

Verantwortung ist für Weber die zentrale ethische Kategorie, man könnte auch sagen: Restkategorie im Zeitalter ethischer Orientierungsunsicherheit. Wenn man schon nicht mehr eindeutig sagen kann, was gerecht oder gut wäre, so kann (und muss) der Handelnde doch die Verantwortung für sein Tun übernehmen. Eben dazu ist der Webersche Verantwortungsethiker bereit. Seine Haltung steht für Augenmaß, Realitätssinn, Distanz zu Dingen und Menschen und für jene Klarheit und intellektuelle Rechtschaffenheit, für die Weber bei jeder Gelegenheit wirbt. Der Verantwortungsethiker stellt, anders als der Gesinnungsethiker, die Folgen und Nebenfolgen seines Tuns in Rechnung. Und er ist dabei im Weberschen Sinne Realist: Er weiß um die Ambivalenzen und Konsequenzen des Polytheismus der Werte, er weiß, „daß *alles* Handeln, und natürlich auch, je nach Umständen, das *Nicht*-Handeln, in seinen Konsequenzen eine *Parteinahme* zugunsten bestimmter Werte bedeutet, und damit – was heute so besonders gern verkannt wird – regelmäßig *gegen andere*." (OA: 150) Damit weiß er auch „um die Tragik, in die alles Tun, zumal aber das politische Tun, in Wahrheit verflochten ist" (PaB: 547).

Genau dies will der Gesinnungsethiker nicht akzeptieren. Er lehnt es ab, die Nebenfolgen seines Tuns in Rechnung zu stellen, er lehnt es überhaupt ab, sich von den Realitäten der Welt in seiner Haltung irritieren oder sich zu pragmatischen Zugeständnissen bewegen zu lassen. Der Gesinnungsethiker

> „will lediglich eine bestimmte, ihm schlechthin wertvoll und heilig scheinende Gesinnung sowohl in sich selbst erhalten als, wenn möglich, in Anderen wecken. Seine äußeren, gerade die von vornherein zu noch so absoluter Erfolglosigkeit verurteilten Handlungen haben letztlich den Zweck, ihm selbst vor seinem eigenen Forum die Gewißheit zu geben, daß diese Gesinnung echt ist [...]. Im übrigen ist – wenn er konsequent ist – sein Reich, wie das Reich jeder Gesinnungsethik, nicht von dieser Welt." (SdW: 514)

Weber nennt verschiedene Beispiele gesinnungsethischer Orientierung. Besonders deutlich wird ihr Gegensatz zur Verantwortungsethik und vor allem zur Sphäre des Politischen an der „absoluten Ethik des Evangeliums". Sie verlangt, etwa in den Geboten der Bergpredigt, ein Alles oder Nichts, sie duldet keine Relativierungen. Weber hat größten Respekt für diese absolute Ethik – aber: Auch „den anderen Backen hinzuhalten", das ist innerweltlich eine Ethik der „Würdelosigkeit", und im Politischen würde sie gar fatale Konsequenzen haben:

> „Denn wenn es in Konsequenz der akosmistischen Liebesethik heißt: ‚dem Übel nicht widerstehen mit Gewalt', – so gilt für den Politiker umgekehrt der Satz: du *sollst* dem Übel gewaltsam widerstehen, sonst bist du für seine Überhandnahme *verantwortlich*." (PaB: 550f.)

Eben dies hält Weber auch dem Pazifismus entgegen, der sich in seiner Ablehnung jeder Gewaltsamkeit den Realitäten des Politischen verschließt. Das Herz des Pazifisten ist rein, und das einzige, wofür er sich „verantwortlich" fühlt, ist „dass die Flamme der reinen Gesinnung [...] nicht erlischt" (PaB: 552). Der Gesinnungsethiker macht es sich letztlich sehr leicht. Für einen Menschen mit Verantwortungsbewusstsein kann das nicht akzeptabel sein. Er drückt sich nicht um die Tatsache herum, „daß die Erreichung ‚guter' Zwecke in zahlreichen Fällen daran gebunden ist, dass man sittlich bedenkliche oder mindestens gefährliche Mittel und die Möglichkeit oder auch die Wahrscheinlichkeit übler Nebenerfolge mit in den Kauf nimmt" (ebd.).

Aber – bei Weber gibt es fast immer und zu allem ein „aber" – der „Erfolgswert" einer Handlung, den der Verantwortungsethiker mitkalkuliert, ist nicht das einzig und allein Entscheidende. Daneben steht der „Gesinnungswert", der bei allem Realitätssinn nicht fehlen darf.

> „Es ist – richtig verstanden – zutreffend, dass eine erfolgreiche Politik stets die ‚Kunst des Möglichen' ist. Nicht minder richtig aber ist, daß das Mögliche sehr oft nur dadurch erreicht wurde, dass man nach dem jenseits seiner liegenden Unmöglichen griff." (SdW: 514)

In der Unterscheidung von Gesinnungs- und Verantwortungsethik wird Webers Ideal des Politikers gut greifbar – freilich nicht wegen der Eindeutigkeit der Bestimmungen und Anforderungen, sondern weil hier die ganzen Widersprüche und Gegensätzlichkeiten sichtbar werden, die Webers Moderne kennzeichnen und die gerade das politische Handeln zutiefst prägen. Der idealtypisch konstruierbare „abgrundtiefe Gegensatz" von Verantwortung und Gesinnung führt, wie schon gesagt, nicht zu einer eindeutigen Lösung des Handlungsproblems. Bei genauer Betrachtung gibt Weber eine sehr differenzierte Antwort: Neben dem – auf den ersten Blick unzweideutigen – Lob der Verantwortungsethik findet sich zunächst der generelle Vorbehalt, dass „man niemandem Vorschriften machen" könne, ob er „als Gesinnungsethiker oder als Verantwortungsethiker handeln *soll*, und wann das eine und das andere" (PaB: 558). Es handelt sich also auch hier um einen nicht auflösbaren Widerstreit „letzter Stellungnahmen zum Leben". Desweiteren betrachtet Weber Gesinnungs- und Verantwortungsethik als „Ergänzungen, die zusammen erst den echten Menschen ausmachen, den, der den ‚Beruf zur Politik' haben kann" (PaB: 559). Der gesinnungsethische Überzeugungskern eines echten Politikers wird in Situationen deutlich, in denen für Weber der ebenso „unermeßlich erschütternde" und „menschlich echte" wie auch unausweichliche Moment gekommen ist, „wenn ein reifer Mensch [...], der diese Verantwortung für die Folgen real und mit voller Seele empfindet und verantwortungsethisch handelt, an irgendeinem Punkte sagt: ‚Ich kann nicht anders, hier stehe ich.'" (PaB: 559) Die Spannung zwischen kritischer, distanzierter Vernünftigkeit und leidenschaftlicher Entschiedenheit, die auch der Einzelne auszuhalten hat, kehrt auf der Ebene politischen Handelns wieder. Und ein weiteres Mal wird deutlich, was Weber mit seinem gesamten Werk erreichen will: „Nicht Lösungen bieten, sondern Probleme aufzeigen, wollen wir hier [...]." (OA: 148)

Schluss: „Zerstörung der Vernunft"?

Max Weber ist ein bis heute höchst umstrittener politischer Denker. Das liegt vor allem am vermeintlichen „Relativismus", den Weber nach Einschätzung zahlreicher Kritiker geradezu salonfähig gemacht habe und der spätestens nach 1945 als Grundlage politischer Theorie nicht mehr akzeptabel sei. Bevor auf diese normative Kritik einzugehen ist, muss man zunächst festhalten, dass sich die heutige Politikwissenschaft ihrem eigenen Selbstverständnis nach ganz auf der Grundlage jener empirischen „Wirklichkeitswissenschaft" bewegt, der Weber als einer der Gründerväter der modernen Sozialwissenschaft ihr Fundament gegeben hat. Dazu zählt auch das Postulat der Werturteilsfreiheit: So sehr sich auch praktisch jeder Politologe wie selbstverständlich zur freiheitlichen Demokratie bekennt, so wenig hält man es für nötig oder auch möglich, die Vorzugswürdigkeit dieser Staatsform wissenschaftlich nachzuweisen.

Mit eben solchen „normativen" Fragen hat sich aber politische Philosophie seit ihrer Gründung durch Platon und Aristoteles beschäftigt, und dies mit der Gewissheit, das Gute, Gerechte oder Sittliche in der einen oder anderen Form mit den Mitteln menschlicher Vernunft aufzuweisen. Diese Möglichkeit ist in der Moderne mehr und mehr bestritten worden. Und Max Weber hat diese moderne Skepsis auf den wissenschaftlichen Begriff gebracht. Ist diese Position haltbar oder geht Weber in seinem Streben nach intellektueller Rechtschaffenheit nicht doch zu weit? Ist beispielsweise die Verurteilung der Tyrannis oder des Totalitarismus des 20 Jahrhunderts wirklich nur ein persönliches Werturteil? Mehr noch: Hat Weber mit seinem Dezisionismus und seinem verengten Rationalitäts- und positivistischen Wissenschaftsverständnis dem Irrationalismus nicht Tür und Tor geöffnet? Für viele Kritiker besteht die „verdrängte Pointe" dieses wissenschaftlichen Fortschritts „in einer Expansion der Wertsphäre und damit des Politischen als Resultat des methodologischen Purismus. [...] Die Diagnose ‚Entzauberung' enthält mithin eine ihr eigentümliche Dialektik: Die kalkulatorische Rationalität sieht sich aus methodischen Gründen zur Regionalisierung ihres Kompetenzumfangs genötigt und ist dadurch ursächlich verantwortlich – zufolge der ihr immanenten Logik – für eine neuerliche *Verzauberung* aller anderen Provinzen des Denkens [...]." (Schödlbauer/Vahland 1997: 78)

Ganz in diesem Sinn sehen viele Kritiker den Erfolg politischer Mythen und „Irrationalismen" wie etwa des Nationalsozialismus als Kehrseite dieser Preisgabe bzw. „Zerstörung der Vernunft" (Georg Lukács). Lukács hält Weber zwar dessen scharfe Kritik an politischen Ideologien und Irrationalismen zugute, ebenso das Streben nach Aufrichtigkeit und Verantwortungsbewusstsein. „Diese geistvolle und richtige Polemik gegen den damals herrschenden vulgären Irrationalismus hebt aber den irrationalen Kern der Methode und Weltanschauung Max Webers nicht auf. Weber will die Wissenschaftlichkeit der Soziologie durch ihre ‚Wertfreiheit' retten, schiebt aber damit nur alle Irrationalität in die Wertungen, in die Stellungnahmen." (Lukács 1962: 534)

Wie problematisch Webers Position ist, sehen viele Kritiker dadurch bestätigt, dass ein Denker wie Carl Schmitt letztlich bruchlos an Weber anschließen kann. Bei Schmitt wird die Dezision nur konsequent ganz in den Mittelpunkt des Politischen gerückt. Und aus dem Polytheismus der Werte wird der Kampf gegen den realen Feind, ja die Feindbestimmung wird zum Kern des Politischen: „Die spezifisch politische Unterscheidung, auf welche sich die politischen

Handlungen und Motive zurückführen lassen, ist die Unterscheidung von *Freund* und *Feind*." (Schmitt 1991: 26) Die Einsicht, dass Werte und Normen nicht letztbegründbar sind, übersetzt Schmitt in eine an Hobbes anknüpfende, aber eben auch bei Weber angelegte Souveränitätslehre: „Auch die Rechtsordnung, wie jede Ordnung, beruht auf einer Entscheidung und nicht auf einer Norm." (Schmitt 1996: 16) Und: „Souverän ist, wer über den Ausnahmezustand entscheidet." (ebd.: 13) Schmitt ist ein brillanter politischer Denker. Für seine Kritiker jedoch wiegt schwerer, dass Schmitt sich mit dem realen historischen Dezisionismus des Dritten Reiches einließ – und dass dies wohl auch mit seiner politischen Theorie zu tun habe. Von daher wird deutlich, dass Habermas' Urteil über Schmitt nicht als Kompliment an Weber zu verstehen ist: Carl Schmitt sei der „legitime Schüler" bzw. der „natürliche Sohn" Max Webers (Habermas 1965: 81).

Die politische Philosophie des 20. Jahrhunderts hat viele unterschiedliche Antworten auf Weber und den von ihm diagnostizierten Polytheismus hervorgebracht. Neben der Kritischen Theorie, auf die im folgenden Kapitel eingegangen wird, seien hier abschließend nur zwei wichtige Strömungen genannt. Zum einen formierte sich eine politisch im weitesten Sinn „konservative" Kritik an Weber wie auch an der von ihm beschriebenen Moderne insgesamt. Hierher gehören Autoren wie Max Scheler, Eric Voegelin oder Leo Strauss, die in der einen oder anderen Form den Weberschen „Relativismus" bzw. „Positivismus" zugunsten eines an Platon oder Aristoteles angelehnten Verständnisses von politischer Philosophie überwinden wollten. Zum anderen ist der politische Liberalismus – etwa der von John Rawls – zu nennen, der der Modernität des Weberschen Denkens wesentlich näher steht. Das Anliegen des Liberalismus geht, vereinfacht gesagt, dahin, dem Polytheismus (Pluralismus) der Werte seine dezisionistische Spitze zu nehmen und ihm die Tugenden der Toleranz und Fairness zur Seite zu stellen: Erst so könne der unvermeidlich pluralistische Charakter moderner Gesellschaften erhalten und diese vor einem Abgleiten in Radikalismus bewahrt werden.

Literatur

Schriften von Max Weber:

OA Die „Objektivität" sozialwissenschaftlicher und sozialpolitischer Erkenntnis, in: ders., *Gesammelte Aufsätze zur Wissenschaftslehre*, Tübingen 1988, S. 146-214.

SdW Der Sinn der „Wertfreiheit" der soziologischen und ökonomischen Wissenschaften, in: ders., *Gesammelte Aufsätze zur Wissenschaftslehre*, Tübingen 1988, S. 489-540.

WaB Wissenschaft als Beruf, in: ders., *Gesammelte Aufsätze zur Wissenschaftslehre*, Tübingen 1988, S. 582-613.

PaB Politik als Beruf, in: ders., *Gesammelte politische Schriften*, Tübingen 1988, 505-560.

PE Die Protestantische Ethik und der Geist des Kapitalismus, in: ders., *Gesammelte Aufsätze zur Religionssoziologie I*, Tübingen 1988, S. 17-206.

WdW Die Wirtschaftsethik der Weltreligionen, in: ders., *Gesammelte Aufsätze zur Religionssoziologie I*, Tübingen 1988, S. 237-573.

WuG *Wirtschaft und Gesellschaft. Grundriß der verstehenden Soziologie*, Studienausgabe, 5. Aufl., Tübingen 1980.

Darstellungen:

Anter, Andreas, *Max Webers Theorie des modernen Staates. Herkunft, Struktur und Bedeutung*, Berlin 1995.

Baumgarten, Edurad, *Max Weber, Werk und Person*, Tübingen 1964.

Breuer, Stefan, *Max Webers Herrschaftssoziologie*, Frankfurt a.M. / New York 1991.

Brugger, Winfried, *Menschenrechtsethos und Verantwortungspolitik. Max Webers Beitrag zur Analyse und Begründung der Menschenrechte*, Freiburg 1980.

Fitzi, Gregor, *Max Webers politisches Denken*, Konstanz 2004.

Habermas, Jürgen, Diskussionsbeitrag über „Wertfreiheit und Objektivität", in: Stammer, Otto (Hg.), *Max Weber und die deutsche Soziologie heute. Verhandlungen des 15. Deutschen Soziologentages*, Tübingen 1965, S. 74-81.

Hennis, Wilhelm, *Max Webers Fragestellung. Studien zur Biographie des Werks*, Tübingen 1987.

Henrich, Dieter, *Die Einheit der Wissenschaftslehre Max Webers*, Tübingen 1952.

Horkheimer, Max, Zur Kritik der instrumentellen Vernunft, in: ders., *Gesammelte Schriften in 18 Bänden*, Band 6, Frankfurt/M. 1991, S. 21-186.

Hufnagel, Gerhard, *Kritik als Beruf. Der kritische Gehalt im Werk Max Webers*, Frankfurt a.M / Berlin / Wien 1971.

Käsler, Dirk, *Max Weber. Eine Einführung in Leben, Werk und Wirkung*, Frankfurt a.M. / New York 2003.

Lukács, Georg, *Die Zerstörung der Vernunft*, Werke Bd. 9, Neuwied / Berlin-Spandau 1962.

Lübbe, Hermann, *Theorie und Entscheidung. Studien zum Primat der praktischen Vernunft*, Freiburg 1971.

Mommsen, Wolfgang J., *Max Weber und die deutsche Politik 1890-1920*, Tübingen 1974.

–, *Max Weber. Gesellschaft, Politik, Geschichte*, Frankfurt a.M. 1982.

Peukert, Detlef, *Max Webers Diagnose der Moderne*, Göttingen 1989.

Schluchter, Wolfgang, *Unversöhnte Moderne*, Frankfurt a.M. 1996.

Schmitt, Carl, *Der Begriff des Politischen, Text von 1932 mit einem Vorwort und drei Corollarien*, Berlin 1991.

–, *Politische Theologie. Vier Kapitel zur Lehre von der Souveränität*, Berlin 1996.

Schödlbauer, Ulrich / Vahland, Joachim, *Das Ende der Kritik*, Berlin 1997.

Schwaabe, Christian, *Freiheit und Vernunft in der unversöhnten Moderne. Max Webers kritischer Dezisionismus als Herausforderung des politischen Liberalismus*, München 2002.

Wagner, Gerhard / Zipprian, Heinz (Hg.), *Max Webers Wissenschaftslehre. Interpretation und Kritik,* Frankfurt a.M. 1994.

Weiß, Johannes, *Max Webers Grundlegung der Soziologie. Eine Einführung*, München u.a. 1992.

Jürgen Habermas und das Anliegen der Kritischen Theorie

Einleitung

Die „Kritische Theorie" bzw. „Frankfurter Schule" zählt zu den wirkmächtigsten Denkströmungen des 20. Jahrhunderts (vgl. einführend Dubiel 1992; Türcke/Bolte 1997; Wiggershaus 1986). Untrennbar ist sie mit den Namen ihrer zwei wichtigsten Vertreter der ersten Generation verbunden: Max Horkheimer (1895-1973) und Theodor W. Adorno (1903-1969). Ihren institutionellen Bezugspunkt hatte die Kritische Theorie im 1924 gegründeten Frankfurter *Institut für Sozialforschung*, nach der Machtergreifung Hitlers 1933 für lange Jahre im *Institute for Social Research* an der Columbia University in den USA. Von einer Schule im engeren Sinne kann man freilich kaum sprechen, haben sich unter ihrem Dach doch Vertreter verschiedener Disziplinen mit sehr unterschiedlichen Forschungsschwerpunkten versammelt. Was diese Sozialwissenschaftler, Psychologen und Philosophen einte, das ist der kritische Anspruch und die normative Ausrichtung, wie sie am prägnantesten in Horkheimers *Traditionelle und kritische Theorie* (1937) beschrieben wurden. Die Kritische Theorie schließt in vielerlei Hinsicht, wenn auch nicht in dogmatischer Weise an Marx und an die Psychoanalyse Sigmund Freuds an. Im Zentrum steht die Analyse gesellschaftlicher Strukturen, die menschlicher Emanzipation und Autonomie im Wege stehen.

Eine herausragende und bleibende Bedeutung auch für die *politische* Theorie würden aber wohl die meisten der Kritischen Theorie heute nicht mehr zuerkennen, hätte sie in ihrer zweiten Generation mit Jürgen Habermas (geb. 1929) nicht einen der wichtigsten politischen Philosophen der Gegenwart hervorgebracht. Habermas ist es gelungen, die kritische Theorie aus ihrem bei Adorno und Horkheimer doch sehr starken Pessimismus herauszuführen und ihr entscheidende neue Impulse zu geben. Sein Ansatz, der spätestens mit der *Theorie des kommunikativen Handelns* (1981) als ein ganz eigenständiger sichtbar wird, gibt dem normativen Anliegen der kritischen Theorie mit der „Diskursethik" ein neues moralphilosophisches Fundament. Auf der Diskurstheorie fußt auch Habermas' Konzept der „deliberativen Demokratie", das der Öffentlichkeit eine herausgehobene Bedeutung für das Funktionieren der Demokratie zuschreibt. Die Theorie der „deliberativen Demokratie" spielt in den aktuellen Diskussionen der Demokratietheorie eine wichtige Rolle. Habermas' politische Theorie kann dabei als Versuch verstanden werden, zwischen den Traditionen des Liberalismus und des Republikanismus zu vermitteln, und hebt sich von anderen politischen Theorien durch das ab, was alle kritische Theorie kennzeichnet: einen weiten, nicht auf Einzeldisziplinen eingeschränkten sozialwissenschaftlichen und philosophischen Zuschnitt.

1. Kritische vs. traditionelle Theorie: Kampf gegen den allgemeinen Verblendungszustand

Das Anliegen der kritischen Theorie hat Horkheimer in seinem berühmten Aufsatz *Traditionelle und kritische Theorie* formuliert. Kritische Theorie setzt sich von aller „traditionellen" – und das heißt: von der auch heute noch gängigen, gleichsam „normalen" – Vorstellung von Theorie nachdrücklich ab. Sie weist insbesondere die Vorstellung einer „reinen", scheinbar wertfreien Wissenschaft zurück, wie sie das Vorbild der erfolgreichen Naturwissenschaften nahezulegen scheint. Das Ziel einer kritischen Wissenschaft vom Menschen und seiner Gesellschaft müsse dagegen sein, die bestehenden gesellschaftlichen Verhältnisse nicht bloß zu beschreiben, sondern auch kritisch zu hinterfragen – und zwar mit dem praktischen Ziel einer Veränderung der Gesellschaft. Anknüpfend an die Ziele der Aufklärung, aber bereichert um die Marxsche Gesellschaftskritik, ist ein vernünftiger Zustand der Gesellschaft anzustreben, der den Menschen ein Leben in gehaltvoller Freiheit und Autonomie ermöglicht. Kritische Theorie weiß sich der „Idee einer künftigen Gesellschaft als der Gemeinschaft freier Menschen“ (TukT: 36) verpflichtet. Im Zentrum steht die Emanzipation des Menschen von den Mechanismen einer Gesellschaft, die den „selbstbewussten Willen“ der Individuen unterdrückt, einer Welt, die „nicht die ihre, sondern die des Kapitals“ ist (TukT: 28).

> „Wenn von Vernunft bestimmtes Handeln zum Menschen gehört, ist die gegebene gesellschaftliche Praxis, welche das Dasein bis in die Einzelheiten formt, unmenschlich, und diese Unmenschlichkeit wirkt auf alles zurück, was sich in der Gesellschaft vollzieht.“ (TukT: 30)

Die Analyse der gegenwärtigen Gesellschaft offenbart diese als eine vom Kapital beherrschte und von Entfremdung gekennzeichnete „Totalität“. Ohnmächtig sind die Menschen dem ausgeliefert, was bereits Max Weber als „Gehäuse der Hörigkeit“ kommen sah. Kritische Theorie sieht ihre Aufgabe vor diesem Hintergrund vor allem als eine ideologiekritische: Es gilt, den herrschenden ideologischen Überbau zu entlarven und so jenen Verblendungszustand zu durchstoßen, der die Menschen darin hindert, ihre eigene Unterdrückung und Entfremdung überhaupt erst einmal zu erkennen. Diese Aufgabe ist umso wichtiger und freilich auch schwieriger, als die Zeit, in der Marx seine Analyse noch mit der Hoffnung auf das Proletariat verbinden konnte, einer Zeit gewichen ist, in der die Arbeiterschaft zunehmend in das System integriert wird. Jedenfalls bestehe kaum noch Anlass, das Proletariat zu „verklären“. Zudem haben sich auch der Kapitalismus und die Klassenstruktur der Gesellschaft verändert. In vielerlei Hinsicht sind „Differenzierungen“ nötig. Horkheimer folgt Marx keineswegs dogmatisch.

Grundlegend für die Kritische Theorie ist die Annahme einer dialektischen Einheit von Theorie und Praxis. Das heißt nicht nur, dass Theorie auf bewusste Gesellschaftsveränderung bezogen sein soll. Es geht darum zu zeigen, dass Theorie sich in jedem Fall auf die Praxis, auf die Gesellschaft auswirkt – auch dann, wenn auf diesen Zusammenhang nicht kritisch reflektiert wird. Ein wichtiger Beitrag zur Emanzipation besteht demnach darin, aufzuzeigen, wie gesellschaftliche Zustände von den herrschenden Paradigmen zur Wahrnehmung der Welt geprägt werden, von den herrschenden Kategorien des Nützlichen, Guten, Zweckmäßigen – insbesondere auch von einem bestimmten Wissenschaftsverständnis. Explizit wendet sich Horkheimer gegen Webers Auffassung einer werturteilsfreien Wissenschaft:

> „Es gibt keine Theorie der Gesellschaft, […] die nicht politische Interessen mit einschlösse, über deren Wahrheit – anstatt in scheinbar neu-

> traler Reflexion – nicht selbst wieder handelnd und denkend, eben in konkreter geschichtlicher Aktivität, entschieden werden müßte." (TukT, 40)

Kritische Theorie muss daher mehr sein als bloße Theorie. Sie verweist auf ein „menschliches Verhalten, das die Gesellschaft selbst zu seinem Gegenstand hat" (TukT: 27). Als „kritisch" wird dieses Verhalten „weniger im Sinn der idealistischen Kritik der reinen Vernunft als in dem der dialektischen Kritik der politischen Ökonomie verstanden. Es bezeichnet eine wesentliche Eigenschaft der dialektischen Theorie der Gesellschaft." (TukT: 27, Anm. 14)

Ganz anders verfährt und (miss-)versteht sich die „traditionelle Theorie". Diese scheinbar wertfreie Wissenschaft liefert Beherrschungswissen, aber sie reflektiert nicht kritisch auf diese ihre Funktion, nicht auf sich selbst, nicht auf ihren eigenen Beitrag zu den bestehenden Verhältnissen – und damit auch nicht auf eine mögliche Veränderung dieser Verhältnisse und ihren eigenen möglichen Beitrag dazu. Der bestehende Wissenschaftsbetrieb ist – unter dem Deckmantel praxisferner Objektivität – zutiefst in die Verwertungsinteressen der Industrie, des Kapitals und der herrschenden Mächte integriert.

> „Der Gelehrte und seine Wissenschaft sind in den gesellschaftlichen Apparat eingespannt, ihre Leistung ist ein Moment der Selbsterhaltung, der fortwährenden Reproduktion des Bestehenden, gleichviel, was sie sich selbst für einen Reim darauf machen." (TukT: 18f.)

Die Wissenschaft hat als „Zweig" der kapitalistischen Produktionsweise eine ganz reale gesellschaftliche Funktion, die der Vertreter traditioneller Theorie aber nicht kritisch reflektiert. Der Forscher glaubt in seiner Forschung nur seiner Wissenschaft zu dienen, er wähnt sich selbständig. Doch diese scheinhafte Selbständigkeit entspricht nur „der scheinhaften Freiheit der Wirtschaftssubjekte in der bürgerlichen Gesellschaft. Sie glauben, nach individuellen Entschlüssen zu handeln, während sie noch in ihren kompliziertesten Kalkulationen Exponenten des unübersichtlichen gesellschaftlichen Mechanismus sind." (TukT: 20) Eine unkritische, also die dominierende traditionelle Theorie zementiert diesen Zustand noch, indem sie den Menschen die Welt als unverrückbare „Realität" vorstellt und damit unkritische Anpassung ans Bestehende als „vernünftige" und alternativlose Strategie aufdrängt:

> „Die gesamte wahrnehmbare Welt, wie sie für das Mitglied der bürgerlichen Gesellschaft vorhanden ist und in der damit in Wechselwirkung

> stehenden traditionellen Weltauffassung interpretiert wird, gilt ihrem Subjekt als Inbegriff von Faktizitäten, sie ist da und muß hingenommen werden." (TukT: 21)

Die Menschen sehen auf diese Weise nicht mehr, dass die Welt, wie sie ist und wie sie wahrgenommen wird, Produkt menschlicher, gesellschaftlicher Praxis ist – und das heißt: dass sie auch anders betrachtet werden, dass sie auch anders *sein* könnte.

> „Die kritische Theorie der Gesellschaft hat dagegen die Menschen als die Produzenten ihrer gesamten historischen Lebensformen zum Gegenstand. Die Verhältnisse der Wirklichkeit, von denen die Wissenschaft ausgeht, erscheinen ihr nicht als Gegebenheiten, die bloß festzustellen und nach den Gesetzen der Wahrscheinlichkeit vorauszuberechnen wären. Was jeweils gegeben ist, hängt nicht allein von der Natur ab, sondern auch davon, was der Mensch über sie vermag. Die Gegenstände und die Art der Wahrnehmung, die Fragestellung und der Sinn der Beantwortung zeugen von menschlicher Aktivität und dem Grad ihrer Macht." (TukT, Nachtrag: 57)

Doch diese kritische Auffassung von Theorie hat es schwer. Dominant ist die traditionelle Theorie und mit ihr ein Rationalitätstypus, den Horkheimer in seiner *Kritik der instrumentellen Vernunft* (1947) näher untersucht. Dazu unterscheidet er zunächst einen „subjektiven" und einen „objektiven" Vernunftbegriff und mit diesen entsprechende Begriffe von Philosophie. Subjektive Vernunft erschöpft sich im abstrakten Funktionieren des Denk-Mechanismus. Sie kommt nicht über die Kalkulation von Zweck-Mittel-Relationen hinaus und ist in praktischer Hinsicht mit der bloßen Orientierung am Nutzen, an subjektivem Gewinn und Vorteil verbunden. Ihre wichtigsten Strömungen sind für Horkheimer Pragmatismus und Positivismus. Die objektive Vernunft dagegen ist am Primat der Zwecke orientiert, fragt nach dem „summum bonum". Sie manifestiert sich in den großen Entwürfen der Ontologie und Metaphysik, beispielsweise in der Philosophie des Aristoteles. Die heutige Krise, so Horkheimer, offenbart sich in der totalen Dominanz des Positivismus. Ganz im Sinne der Weberschen Wertfreiheit ist dieser instrumentellen Vernunft keine Aussage über die Wünschbarkeit eines Zieles mehr zu entnehmen. Denken degeneriert zu einem Werkzeug für egal welchen Zweck. Wo dieserart auf praktische „Wahrheit" gänzlich verzichtet wird, ist keine verbindliche Orientierung der Praxis mehr denkbar. Mehr noch:

> „Ist einmal die philosophische Grundlage der Demokratie zusammengebrochen, so ist die Feststellung, Diktatur sei schlecht, nur für solche Menschen rational gültig, die nicht ihre Nutznießer sind, und es gibt

> kein theoretisches Hindernis, diese Feststellung in ihr Gegenteil zu verwandeln." (KiV: 49)

Freilich ist die Herrschaft der Unvernunft keineswegs auf die totalitären Regime des 20. Jahrhunderts begrenzt. Wie oben bereits gezeigt, ist das, was einmal Vernunft und Philosophie hieß, auch in den westlichen Demokratien verfallen. Pragmatismus und Utilitarismus lassen als Kriterium für Wahrheit nur mehr den Erfolg einer Idee, ihren Nutzen gelten. Denken ist in Misskredit gebracht, überall wird das Lob des Managers, der Macher-Typen, der „matter-of-fact-men" angestimmt. Das gilt gesellschaftsweit, in der Wirtschaft zumal. Es gilt aber auch für die Wissenschaft.

Welcher Ausweg bietet sich dem Denkenden hier noch? Eine Wiederbelebung veralteter Ontologien scheidet für Horkheimer aus: Die objektive Vernunft der Metaphysik ist politisch allzu leicht instrumentalisierbar, tendiert zu Romantik und Mythos, zu Ideologie und Lüge. Nur allzu leicht geht die Glorifikation eines Absoluten mit skrupelloser Macht, Unterdrückung und Konformismus einher. Was also kann Philosophie noch tun, was soll sie leisten? Philosophie hat sich in dieser Situation zunächst einmal um die „Rettung relativer Wahrheiten aus den Trümmern falscher Absoluta" zu kümmern. Und vor allem hat sie die absoluten Ansprüche der herrschenden Ideologie und die dreisten Ansprüche der „Wirklichkeit" zu negieren. So „ist die Denunziation dessen, was gegenwärtig Vernunft heißt, der größte Dienst, den die Vernunft leisten kann" (KiV: 186). Zehn Jahre nach der kämpferischen Programmschrift ist ein resignativer Unterton kaum zu überhören. Wie sehr sich das Gesamtbild aber tatsächlich verdüstert hat, das verdeutlicht erst der wichtigste, jedenfalls bekannteste Text der Kritischen Theorie: die 1944 von Adorno und Horkheimer fertig gestellte *Dialektik der Aufklärung*.

2. Die „Dialektik der Aufklärung" – Geschichtsphilosophie des totalen Verhängnisses

„Seit je hat Aufklärung im umfassendsten Sinn fortschreitenden Denkens das Ziel verfolgt, von den Menschen die Furcht zu nehmen und sie als Herren einzusetzen. Aber die vollends aufgeklärte Erde strahlt im Zeichen triumphalen Unheils." (DdA: 9) So beginnt die *Dialektik der Aufklärung*, einer der fulminantesten philosophischen Texte des 20. Jahrhunderts – und zugleich einer der düstersten. Statt den Fortschritt zu einem „wahrhaft menschlichen Zustand" zu befördern, fällt die Aufklärung einer „rastlosen Selbstzerstörung“ anheim. Aufklärung, Vernunft und Wissenschaft haben den Menschen zwar erfolgreich als „Herren“ über die äußere Natur eingesetzt. Zum Herren seines eigenen Lebens im Sinne echter Autonomie – und damit im Sinne des klassischen Aufklärungsideals – wurde der Mensch im Zuge dieses Fortschritts aber keineswegs. Im Gegenteil, der Herrschaft über die äußere Natur entspricht die zunehmende Herrschaft auch über die innere Natur des Menschen. Das 20. Jahrhundert zeitigt das Versinken in eine nie geahnte „neue Art von Barbarei“, in Gestalt des Totalitarismus wie auch in Gestalt der bloß subtileren Unterdrückung in der zunehmend „verwalteten Welt“ des Westens.

In ihrem Beginn waren Vernunft und Aufklärung gegen Mythos und Aberglauben am Werke. Und doch steckt schon in diesem Werk der Keim jener „Dialektik der Aufklärung“, die heute so unheilvoll zu Tage tritt. Der listige Odysseus widersteht, gefesselt an den Mast seines Schiffes, den Verlockungen der Sirenen – doch nur um den Preis der Entsagung, der Desillusionierung, der Unterdrückung der eigenen Natur, des lebendigen Subjekts in ihm. Seine Vernunft verhilft ihm zum Sieg über den Mythos (die Sirenen), doch er siegt nur durch den Zwang, den er sich selbst antut. Mit dem vernünftigen Subjekt ist – in dieser „Urgeschichte der Subjektivität“ – bereits von Beginn an das Gegenteil von Freiheit verbunden. Diese Herrschaft der Vernunft als Unterdrückung menschlicher Natur erscheint in der *Dialektik der Aufklärung* als Kainsmal aller Aufklärung. Im heutigen System ist sie ins Gigantische gewachsen.

> „Die Absurdität des Zustandes, in dem die Gewalt des Systems über die Menschen mit jedem Schritt wächst, der sie aus der Gewalt der Natur herausführt, denunziert die Vernunft der vernünftigen Gesellschaft als obsolet.“ (DdA: 45)

Die Vernunft dieser „vernünftigen“ Gesellschaft, das ist die oben beschriebene instrumentelle Vernunft, vor allem der Positivismus, der „Mythos dessen, was der Fall ist“, wie Horkheimer/Adorno im Vorwort zur Neuausgabe 1969 noch einmal betonen. Die Vorherrschaft des Positivismus bedeutet eine fatale „Identität von Intelligenz und Geistfeindschaft“ und zerstört die Möglichkeiten, dieses Paradigma selbst noch kritisch zu hinterfragen.

> „Auf dem Weg von der Mythologie zur Logistik hat Denken das Element der *Reflexion auf sich* verloren, und die Maschinerie verstümmelt die Menschen heute, selbst wenn sie sie ernährt.“ (DdA: 44)

Mit düsterem Pathos werden der westliche Fortschrittsglauben und die Illusionen, die er verbreitet, entlarvt. Das Individuum dünkt sich frei – doch es wird vom Apparat verschlungen, zum Teilchen einer unmündigen Masse degradiert:

> „Der Einzelne wird gegenüber den ökonomischen Mächten vollends annulliert. Dabei treiben diese die Gewalt der Gesellschaft über die Natur auf nie geahnte Höhe. Während der einzelne vor dem Apparat verschwindet, den er bedient, wird er von diesem besser als je versorgt. Im ungerechten Zustand steigt die Ohnmacht und Lenkbarkeit der Masse mit der ihr zugeteilten Gütermenge." (DdA, Vorrede: 4)

Gleichheit hat hier nichts mehr von ihrem emanzipatorischen Gehalt. Sie erscheint nur noch in Form von Nivellierung und „repressiver Egalität". Der verdinglichte Geist stirbt in der Flut von Information und Amüsement ab, wird zur bloßen Ware. Brot und Spiele sind der Kitt dieses Systems. Dem widmet sich das wohl bekannteste Kapitel des Buches über die „Kulturindustrie". Es enthält eine Fundamentalkritik der modernen Massenkultur und Massenmedien, wie sie von keinem konservativen Kulturpessimisten je überboten werden könnte. Die Kulturindustrie manipuliert die Masse, und zwar so geschickt, dass sich die Menschen der eigenen Verdummung und Versklavung nicht einmal mehr bewusst werden: „Aufklärung als Massenbetrug". Die entfremdeten und manipulierten Einzelnen versuchen verzweifelt,

> „sich selbst zum erfolgsadäquaten Apparat zu machen, der bis in die Triebregungen hinein dem von der Kulturindustrie präsentierten Modell entspricht. Die intimsten Reaktionen der Menschen sind ihnen selbst gegenüber so vollkommen verdinglicht, daß die Idee des ihnen Eigentümlichen nur in äußerster Abstraktheit noch fortbesteht: personality bedeutet ihnen kaum mehr etwas anderes als blendend weiße Zähne und Freiheit von Achselschweiß und Emotionen. Das ist der Triumph der Reklame in der Kulturindustrie, die zwangshafte Mimesis der Konsumenten an die zugleich durchschauten Kulturwaren." (DdA: 176)

Die Nivellierung von Geschmack, Bildung und Persönlichkeit bedingt das Massenphänomen der „Pseudoindividualität". Überall werden Individualität und Individualismus angepriesen – und gleich die vorgestanzten Formen solcher „Individualität" mitgeliefert. Hinter deren Maske verbirgt sich, was Herbert Marcuse in der *Der Eindimensionale Mensch* ähnlich beschrieben hat. Selbst die individuellen Bedürfnisse und Wünsche werden von der Gesellschaft und ihrem „Produktionsapparat" bestimmt, wodurch dieser einen „totalitären" Charakter annimmt (DeM: 17f.).

> „Mit dem technischen Fortschritt als ihrem Instrument wird Unfreiheit – im Sinne der Unterwerfung des Menschen unter seinen Produktionsapparat – in Gestalt vieler Freiheiten und Bequemlichkeiten verewigt und intensiviert. Der neuartige Zug ist die überwältigende Rationalität in diesem irrationalen Unternehmen und das Ausmaß der Präformation, die die Triebe und Bestrebungen der Individuen modelt und den Unterschied zwischen wahren und falschen Bedürfnissen verdunkelt." (DeM, 52)

Was diese „Dialektik der Aufklärung" neben der skizzierten Gegenwartsdiagnose so düster macht, ist die in ihr enthaltene negative Geschichtsphilosophie und die darin behauptete Notwendigkeit des geschilderten Verhängnisses. Aufklärendes Denken, das untrennbar mit gesellschaftlicher Freiheit verbunden und immer auf sie verpflichtet war, hat in einem dialektischen Prozess die totale Unfreiheit einer verwalteten Welt hervorgebracht. *Dialektik* der Aufklärung meint hier: das Umschlagen einer sich entwickelnden Sache, der Aufklärung, in ihr Gegenteil, in die Unvernunft einer irrationalen Welt – und zwar als ein *notwendiges* Umschlagen. Dem apokalyptischen Ton der totalen Entlarvung entspricht ihr Ergebnis: eine ebenso totale Ausweglosigkeit.

Die *Dialektik der Aufklärung* hat eine enorme Wirkung vor allem auf die Protestgeneration von 1968. Sie wird zum Grundtext und Kultbuch dieser Bewegung. Ihre Wirkung liegt nicht zuletzt in der großen Suggestivkraft der beinahe prophetischen Sprache: Man muss nicht alles verstehen, um doch zu wissen, dass hier die Wahrheit über eine verlogene, falsche Welt ausgesprochen ist. Die Autoren, die ein durchaus gespaltenes Verhältnis zu „1968" haben, hat dieser Erfolg nicht glücklich gemacht. Obwohl sie an den Kernthesen des Buches festhalten, haben sie das Totale ihrer Kritik mittlerweile ein wenig abgeschwächt, vor allem was die Einschätzung der westlichen Demokratien betrifft. Im Vorwort zur Neupublikation von *Traditionelle und kritische Theorie* sieht Horkheimer die Gesellschaft nach 1945 „in einer neuen Phase". Die Ziele werden ermäßigt, das relativ Beste rückt in den Blick, und damit eine neue Aufgabe kritischen Denkens:

> „Die sogenannte freie Welt an ihrem eigenen Begriff zu messen, kritisch zu ihr sich zu verhalten und dennoch zu ihren Ideen zu stehen, sie gegen Faschismus Hitlerscher, Stalinscher oder anderer Varianz zu verteidigen, ist Recht und Pflicht jedes Denkenden. Trotz dem verhängnisvollen Potential, trotz allem Unrecht im Inneren wie im Äußeren, bildet sie im Augenblick noch eine Insel, räumlich und zeitlich, deren Ende

> im Ozean der Gewaltherrschaft auch das Ende der Kultur bezeichnen würde, der die kritische Theorie noch zugehört." (Horkheimer 1986: 10)

Diese pragmatische Einsicht wirft freilich die Frage auf, welche philosophischen Konsequenzen daraus zu ziehen sind. Bietet die Kritische Theorie der ersten Generation das theoretische Rüstzeug, um über die festgestellte Ausweglosigkeit hinauszukommen? Den Autoren der *Dialektik der Aufklärung* scheint nichts zu bleiben als in einem performativen Widerspruch auszuharren: Man übt Kritik an der menschlichen Vernunft – mit den Mitteln eben dieser Vernunft. Für Jürgen Habermas liegt hier das Hauptproblem:

> „Horkheimer und Adorno sehen die Grundlagen der Ideologiekritik erschüttert – und möchten doch an der Grundfigur der Aufklärung festhalten. So wenden sie, was Aufklärung am Mythos vollstreckt hat, noch einmal auf den Prozeß der Aufklärung im ganzen an. Die Kritik wird, indem sie sich gegen die Vernunft als die Grundlage ihrer eigenen Geltung wendet, total." (PDM: 143f.)

Die Kritik verfügt nach der Enthüllung der Korruption aller vernünftigen Maßstäbe über keinen eigenen unversehrten Maßstab mehr. Wenn Vernunft nur noch als „instrumentelle" gedacht werden kann, dann fehlen Maßstab und Fundament, das normative Projekt der Moderne fortzusetzen. Eben dieses Fundament versucht Habermas in seinem eigenen Ansatz freizulegen: in einer Theorie des „kommunikativen Handelns", die der Moral wie auch der Demokratie eine vernünftige Grundlage zurückgeben soll.

3. „Kommunikatives Handeln" – vom Monolog zum Dialog

Habermas knüpft mit seiner kritischen Gesellschaftstheorie in vielerlei Hinsicht an Horkheimer und Adorno an (TkH II: 548ff.), geht zugleich aber deutlich über beide hinaus (vgl. Dubiel 1992: 90ff.). Im Folgenden soll nur auf jenen Aspekt eingegangen werden, der moralphilosophisch wie auch demokratietheoretisch über die Kritische Theorie hinaus von durchaus herausragender Bedeutung ist: der Versuch, auf dem Wege einer „Diskursethik" jenes moralphilosophische Dilemma zu überwinden, in dem sich die Moderne nach Ansicht sehr vieler Autoren befindet. Dieses Dilemma hatte u.a. Max Weber mit seinem „Polytheismus der Werte" auf den Begriff gebracht, der die Möglichkeit einer vernünftig begründbaren Moral in der nachmetaphysischen Moderne bestreitet. Einem „nachmetaphysischen Denken" weiß sich auch Habermas verpflichtet (Vgl. ND: 35ff.), und ebenso folgt er Webers soziologischer Theorie der Moderne in wichtigen Aspekten (vgl. TkH I: 207ff., 461ff.; TkH II: 449ff.). Aus der durchaus richtigen Diagnose eines Polytheismus der *Werte* folge aber, so Habermas, nicht eine Relativierung der *Moral* und ihres *kognitiven* Gehalts und Anspruchs. Moralische Normen sind begründungsbedürftig, und sie sind einer vernünftigen Begründung auch fähig.

Für eine solche verbindliche Moral, die zugleich dem weltanschaulichen Pluralismus moderner Gesellschaften angemessen ist, schlägt Habermas eine Begründung vor, die aus der Sackgasse der bisherigen, gescheiterten Begründungsversuche herausführen soll. Den Weg dorthin soll ein moralphilosophischer Perspektivenwechsel weisen: die Abkehr von den „Aporien der Subjektphilosophie". Das dabei verwendete Instrumentarium ist die „Universalpragmatik", die Antwort auf das Problem die „Diskursethik", und deren Übertragung aufs Politische die „deliberative Demokratie".

Zunächst zu den „Aporien", den Ausweglosigkeiten der alternativen modernen Begründungsversuche, die scheinbar zu einer unheilbaren Relativierung praktischer Vernunft geführt haben. Das entscheidende Problem sieht Habermas im herkömmlichen „monologischen", „subjektzentrierten" Vernunftbegriff. Die „Aporien der Subjektphilosophie" bestehen darin, dass diese bei der Erwägung moralischer Probleme immer nur vom Einzelnen ausgeht. Es ist der Einzelne, der sich selbst, der seine eigene Vernunft daraufhin befragt, wie er moralisch richtig handeln soll. Was soll ich tun? Was ist sittlich geboten? Wie handle ich gerecht? So fragt auch Kant. Der Einzelne führt hier einen Monolog. Doch diese monologische Vernunft ist, so Habermas, mit der Aufgabe überfordert, sich im eigenen Denken einen festen Grund zu schaffen. Der monologische Ansatz muss ersetzt werden durch einen *verständigungsorientierten* Ansatz und einen *dialogischen* Vernunftbegriff. Das heißt, „daß das Paradigma der Erkenntnis von Gegenständen durch das Paradigma der Verständigung zwischen sprach- und handlungsfähigen Subjekten abgelöst werden muß." (PDM: 345)

Dieses Paradigma entwickelt Habermas in seiner *Theorie des kommunikativen Handelns*. Die systematische Analyse kommunikativen Handelns legt eine „Universalpragmatik" frei, die über jene Regeln und Voraussetzungen belehrt, die wir beim Sprechen automatisch und immer befolgen bzw. machen: Wenn wir uns mit anderen verständigen wollen, so greifen wir auf ein eingespieltes Repertoire an Regeln zurück, ohne die Kommunikation gar nicht gelingen könnte. Die Universalpragmatik hat die „Aufgabe, *universale Bedingungen möglicher Verständigung* zu identifizieren und nachzukonstruieren", also die „*allgemeinen Voraussetzungen kommunikativen Handelns*" (VuE: 353). Ziel von Verständigung, so zeigt sich, ist die Herbeiführung eines Einverständnisses, welches auf der Basis der Anerkennung von vier Geltungsansprüchen ruht: der Verständlichkeit (der Rede im allgemeinen), der Wahrheit (von Aussagen über die Welt), der Wahrhaftigkeit (bezüglich der eigenen inneren Motive) und der Richtigkeit (der alle bindenden Normen). Diese von allen kommunikativ Handelnden immer schon vorausgesetzte Basis gemeinsam anerkannter und reziprok erhobener Geltungsansprüche bildet den Hintergrundkonsens, der nur im Falle der Problematisierung von Geltungsansprüchen im Diskurs thematisiert wird. Ohne die Anerkennung dieser Geltungsansprüche, ohne die Gewissheit, dass auch der andere sie beachtet, wäre Verständigung nicht möglich. Nur auf diese Weise ist Intersubjektivität gegeben als „die über das Verständnis identischer Bedeutungen und die Anerkennung universaler Ansprüche hergestellte Gemeinsamkeit zwischen sprach- und handlungsfähigen Subjekten" (VuE: 439).

Den Hintergrund aller Verständigungsprozesse bildet die kommunikativ strukturierte „Lebenswelt" (vgl. TkH II: 182ff.). Das Lebensweltkonzept übernimmt Habermas von Edmund Husserl und Alfred Schütz. Die Lebenswelt bildet als die Alltagswelt von jedermann das Universum des Selbstverständlichen. In ihr konstituieren sich Sinnzusammenhänge und Deutungsmuster, die Erfahrung und Handeln in der alltäglichen Welt erst ermöglichen. Die Lebenswelt bildet den „Horizont und Hintergrund kommunikativen Handelns", sie dient den Handelnden „als ein Reservoir von Selbstverständlichkeiten oder unerschütterten Überzeugungen, welche Kommunikationsteilnehmer für kooperative Deutungsprozesse benutzen" (TkH II: 189). Sie erfüllt dabei folgende Funktionen: die Fortsetzung kultureller Überlieferungen, die Integration von Gruppen über Normen und Werte und die Sozialisation nachwachsender Generationen.

Die Lebenswelt reproduziert sich selbst und mit sich jene Verständigungsmuster, die die Universalpragmatik nennt. Diese Verständigungsmuster sind der Lebenswelt eingeschrieben. Die hier eingeübte Verständigungsorientierung ist die Basis kommunikativen Handelns. Dass neben diesem kommunikativem Handeln auch Formen „strategischen Handelns" zu beobachten sind, bestreit Habermas natürlich ebenso wenig wie die Tatsache, dass das kommunikative Handeln der Lebenswelt nicht dem Rationalitätstypus in gesellschaftlichen Teilsystemen wie dem der Wirtschaft entspricht. Wir werden darauf noch zurückkommen. Zunächst ist festzuhalten, was das universalpragmatische Modell für die gesuchte Begründung einer vernünftigen Moral zu leisten vermag: nämlich die Zurückweisung eines einseitig instrumentellen, nur an der Maximierung von Nutzen orientierten Begriffs von Rationalität. Denn in diese Sackgasse mündete ja der monologische Ansatz. Mit dem universalpragmatischen Modell dagegen ist

> „jene objektivierende Einstellung, in der sich das erkennende Subjekt auf sich selbst ebenso wie auf Entitäten in der Welt richtet, nicht länger *privilegiert*. Im Verständigungsparadigma ist vielmehr grundlegend die performative Einstellung von Interaktionsteilnehmern, die ihre Handlungspläne koordinieren, indem sie sich miteinander über etwas in der Welt verständigen. Indem Ego eine Sprechhandlung ausführt und Alter dazu Stellung nimmt, gehen beide eine interpersonale Beziehung ein." (PDM: 346f.)

Auf dieser interpersonalen Beziehung fußt denn auch die Diskursethik. Was soll ich tun? Diese Frage lässt sich nicht monologisch beantworten, sondern nur in einem Dialog. Und nur so ist die Übernahme des „moralischen Gesichtspunktes" möglich, des „moral point of view".

4. Grundzüge der Diskursethik

Die Universalpragmatik informiert uns darüber, wie strategisch unverzerrte, verständigungsorientierte Kommunikation funktioniert. Mit diesen Bedingungen sind zugleich die Bedingungen genannt, um Einigung über die moralischen Fragen nach dem richtigen und gerechten Handeln zu erzielen. Wenn wir wissen wollen, was gerecht und moralisch geboten ist, dann müssen wir darauf achten, dass die Bedingungen vernünftiger moralischer Kommunikation erfüllt sind. Gerecht ist, was das Ergebnis gerechter Verständigung ist. Das ist, wie bei Kants kategorischem Imperativ, ein rein formales Kriterium; aber es ist, anders als bei Kant, nicht mehr monologisch. Im Diskursmodell wandelt sich der „moral point of view" von dem eines monologischen „neutralen Beobachters" zur idealen Rollenübernahme aus der Perspektive der ersten Person Plural: *Wir* sind es, die über für *uns* relevante Normen befinden (vgl.: EzD: 152ff.). Damit tritt in der *Diskursethik* an die Stelle des kategorischen Imperativs das „Verfahren der moralischen Argumentation" mit den Grundsätzen „U" (Universalisierungsgrundsatz) und „D" (Diskursgrundsatz):

> „(U) Jede gültige Norm muß der Bedingung genügen, daß die Folgen und Nebenwirkungen, die sich aus ihrer *allgemeinen* Befolgung für die Befriedigung der Interessen *jedes* Einzelnen voraussichtlich ergeben, von *allen* Betroffenen zwanglos akzeptiert werden können. [...] (D) Nur diejenigen Normen dürfen Geltung beanspruchen, die die Zustimmung aller Betroffenen als Teilnehmer eines praktischen Diskurses finden könnten." (EzD: 32)

Diese beiden Grundsätze bilden das einzige Kriterium, das bei der Begründung von Normen zu berücksichtigen ist. Diese Normen beziehen ihre Legitimität einzig aus der Art ihres Zustandekommens, also aus dem *Verfahren*. Über das Ergebnis, also die Inhalte, kann die Diskursethik schlechterdings nichts sagen. Sie erwartet – unter universalpragmatischen Prämissen – „eine Verständigung über die Verallgemeinerungsfähigkeit von Interessen nur als *Ergebnis* eines intersubjektiv veranstalteten *öffentlichen Diskurses*" (EzD: 21). Sie kann lediglich „die Bedingungen explizieren, unter denen jeweils die Beteiligten selbst eine vernünftige Antwort finden könnten" (EzD: 124).

Die Diskursethik liefert also ein Verfahren zur Erzielung eines moralischen Konsens', das auch unter den Bedingungen des modernen Pluralismus begründbare Verbindlichkeiten garantiert. Das heißt aber nicht, dass dieser Pluralismus selbst damit aufgehoben wäre. Habermas unterscheidet hier zwischen „ethischen" und „moralischen" Fragen (EzD: 100ff.). Der moralische Konsens bezieht sich nicht auf ethische bzw. ethisch-existentielle Fragen des guten, sinnhaften Lebens eines jeden Einzelnen. Diese beziehen sich im Kontext des je eigenen Selbstverständnisses auf das Ziel einer bewussten Lebensführung und berühren die Substanz einer Lebensweise, die letztlich von jedem selbst gewählt werden muss. Die so gefundenen Maximen richten sich an die Entschlusskraft des authentisch sich verwirklichenden Subjekts, das eigene gute Leben auch tatsächlich den jeweiligen Maximen entsprechend zu führen. Evaluative Fragen des guten Lebens und der individuellen Identität sind, so Habermas, daher auch nicht „einer (allgemeine Verbindlichkeit beanspruchenden) rationalen Erörterung zugänglich", also im strengen Sinne „nicht theorie-fähig" (EzD: 64). Insofern ist die Diskursethik genauer als „Diskurstheorie der Moral" zu bezeichnen (EzD: 7). Denn hier geht es ausschließlich um moralische Fragen, um Fragen des gerechten Miteinanders. Und die verlangen – anders als ethische – die Unparteilichkeit des „moral point of view":

> „In ethisch-existentiellen Diskursen bestimmen sich Vernunft und Wille gegenseitig, wobei dieser in den thematisierten lebensgeschichtlichen Kontext eingebettet bleibt. Die Beteiligten dürfen sich in Prozessen der Selbstverständigung nicht aus der Lebensgeschichte oder der Lebensform herausdrehen, in denen sie sich faktisch vorfinden. Moralisch-praktische Diskurse erfordern hingegen den Bruch mit allen Selbstverständlichkeiten der eingewöhnten konkreten Sittlichkeit wie auch die Distanzierung von jenen Lebenskontexten, mit denen die eigene Identität unauflöslich verbunden ist." (EzD: 112f.)

Das kommunikative Arrangement der Diskursethik soll moralische Diskurse dem Pluralismus der Werte entheben. Es passt, so Habermas, „zu einer posttraditional entschlackten Idee der Gerechtigkeit, die sich nach dem Zerfall umfassender Weltbilder und Ethiken nur noch formal als Unparteilichkeit der Meinungs- und Willensbildung einer inklusiven Rechtfertigungsgemeinschaft artikulieren kann" (WuR: 306). Die politische Implikation liegt auf der Hand: Eine moderne, demokratische und pluralistische Gesellschaft kann sich nicht als „ethische" Wertegemeinschaft verstehen, sondern nur als eine „Rechtfertigungsgemeinschaft", deren Gerechtigkeit und Legitimität letztlich ausschließlich von den entsprechend gestalteten diskursiven Prozessen abhängen. Auf das damit korrespondierende Konzept der „deliberativen Politik" werden wir gleich noch kommen.

Die Diskursethik setzt also auf Gerechtigkeit durch Verfahren, durch ein Verfahren, in dem sich die Verständigungsorientierung reinen kommunikativen Handelns entfalten kann. Dass diese Erklärung des moralischen Gesichtspunktes nicht ohne „Idealisierungen" auskommt, weiß Habermas natürlich selbst (vgl. EzD: 159ff.). Der Hinweis auf empirische Umsetzungsgrenzen vermag aber nicht das moralphilosophische Argument zu widerlegen. Natürlich laufen Diskurse nie gänzlich „herrschaftsfrei" ab. Statt dem verständigungsorientierten Handeln dominiert allzu oft strategisches Handeln, das an der Durchsetzung egoistischer Interessen und der Beeinflussung anderer orientiert ist und nicht verständigungs-, sondern erfolgsorientiert ist (vgl. VuE: 441ff.; TkH I: 369ff.). Insbesondere funktionieren die gesellschaftlichen Systeme Politik und Wirtschaft nicht auf rein verständigungsorientierter Basis.

Genau dieses Problem findet bei Habermas indes Berücksichtigung. Seine *Theorie des kommunikativen Handelns* beschäftigt sich nicht nur mit lebensweltlichen Sprechakten, sondern ist eingebettet in eine umfassende Theorie moderner Gesellschaften. Die moderne Gesellschaft ist u.a. dadurch gekennzeichnet, dass sich in ihr Systeme ausdifferenzieren, die durch entsprachlichte Medien gesteuert werden. Habermas hebt das administrative System mit seinem Medium Macht und das ökonomische System mit seinem Medium Geld hervor. Diese Prozesse der Ausdifferenzierung und Rationalisierung werden von Habermas nicht per se problematisiert, sondern als Effizienz steigernder und unvermeidlicher Vorgang begriffen. Problematisch wird diese Entwicklung erst dann, wenn die genannten Systeme mit ihrer Eigenlogik auf die Lebenswelt übergreifen, wenn es zu einer „Kolonialisierung der Lebenswelt" kommt (vgl. TkH II: 470ff.). Das Problem besteht darin,

> „daß nur die Handlungsbereiche, die ökonomische und politische Funktionen erfüllen, auf Steuerungsmedien umgestellt werden können. Diese Medien versagen in Bereichen der kulturellen Reproduktion, der sozialen Integration und der Sozialisation; sie können den handlungskoordinierenden Mechanismus der Verständigung in diesen Funktionen nicht ersetzen. Anders als die *materielle* Reproduktion der Lebenswelt kann deren *symbolische* Reproduktion nicht ohne pathologische Nebeneffekte auf die Grundlagen systemischer Integration umgepolt werden." (TkH II: 476f.)

Die Gesellschaft bleibt auf die Reproduktionsprozesse der Lebenswelt angewiesen. Kommt es zu einer „Kolonialisierung" der Lebenswelt durch die systemischen Medien, dann droht die kommunikativ strukturierte Lebenswelt samt ihres aufklärerischen und demokratischen Potentials gleichsam zu „verdorren". Solche Prozesse kenntlich zu machen und zu kritisieren, ist für Habermas vordringliche Aufgabe kritischer Gesellschaftstheorie. Die politische Dimension ist hier bereits mit angesprochen: Denn von Ausdorrung ist nicht zuletzt die politische Öffentlichkeit bedroht. Und die steht im Zentrum der deliberativen Demokratie, die zugleich als politische Umsetzung der Diskursethik zu betrachten ist – genauer gesagt: Das Demokratieprinzip ist eine Konkretion des Diskursprinzips.

5. Volkssouveränität als Verfahren: Öffentlichkeit und deliberative Demokratie

Im Zentrum der politischen Theorie von Jürgen Habermas steht „die Idee der Autonomie, wonach Menschen nur in dem Maße als freie Subjekte handeln, wie sie genau den Gesetzen gehorchen, die sie sich gemäß ihren intersubjektiv gewonnenen Einsichten selber geben" (FuG: 537). Die in der Diskursethik explizierten „Verfahren der moralischen Argumentation" enthalten bereits die Idee einer politischen Verfahrensgerechtigkeit bzw. sie können unmittelbar ins Politische übersetzt werden. Der Diskursgrundsatz D lautete: „Nur diejenigen Normen dürfen Geltung beanspruchen, die die Zustimmung aller Betroffenen als Teilnehmer eines praktischen Diskurses finden könnten." Dem entspricht im Politischen das Grundprinzip, dass sich die Betroffenen kollektiv verbindlicher Entscheidungen, also die Adressaten des Rechts, zugleich als dessen Autoren verstehen können müssen. Weil es in der nachmetaphysischen Moderne keine verfahrensunabhängigen moralischen oder politischen Wahrheiten mehr gibt, weil aber auch die Vorstellung eines gleichsam objektiv und immer schon bestehenden Gemeinwillens oder Gemeinwohls im modernen Pluralismus nicht mehr haltbar ist, hängt alles an den demokratischen Prozeduren, an den Prozessen der gemeinsamen Beratung, des gemeinsamen Austauschs von Argumenten und des gemeinsamen rationalen Abwägens – kurz: der „Deliberation".

Die Herausforderung, der sich Habermas vor allem in *Faktizität und Geltung* stellt, besteht nun darin, diese Grundidee moderner Volkssouveränität so umzusetzen, dass sie den empirisch gesetzten Grenzen gerecht wird, auf die der Versuch eines umfassenden Diskurses aller Bürger unvermeidlich stoßen würde. Es können nicht alle Bürger an allen relevanten Diskursen teilhaben. Und es müssen auch, so Habermas, keineswegs alle Bürger an der Beschlussfassung teilhaben. Das diskursethisch grundierte Konzept deliberativer Demokratie zielt keineswegs ausschließlich, ja nicht einmal vorrangig auf eine Stärkung direkt- und basisdemokratischer Verfahren. Es ist ebenso in einem repräsentativen System zu verwirklichen. Habermas geht es nicht um die Abschaffung vermittelnder politischer Institutionen im Namen unmittelbarer Volksherrschaft, sondern um eine Verbindung von republikanischer und liberaler Tradition, von Volkssouveränität und Rechtsstaatlichkeit, in Form einer „Diskurstheorie des Rechts und des demokratischen Rechtstaats" – so der Untertitel von *Faktizität und Geltung*. Die „Institutionalisierung eines Rechtssystems" ist schon deshalb unverzichtbar, weil dieses „die Vernunftmoral handlungswirksam *ergänzt*" (FuG: 146). Das moralische Sollen kommt im gesellschaftlichen Miteinander ohne das Rechtssystem nicht aus. Das Recht erfüllt dabei zugleich eine „Scharnierfunktion zwischen System und Lebenswelt", indem es in die Funktionslücken sozialer Ordnungen springt, die andernfalls mit der Aufgabe sozialer Integration überfordert wären (FuG: 77).

Die Legitimität der Freiheit einschränkenden Gesetze hängt ihrerseits von der Art des Prozesses der Rechtsetzung ab. Reine Legalität ist zu wenig. Habermas will zeigen, „daß im Zeichen einer vollständig säkularisierten Politik der Rechtsstaat ohne radikale Demokratie nicht zu haben und nicht zu erhalten ist“ (FuG: 13). Politische Legitimität ist nur durch praktizierte Autonomie, durch Selbstgesetzgebung der Staatsbürger zu gewährleisten.

> „Mit der Positivität des Rechts ist die Erwartung verbunden, daß das demokratische Verfahren der Rechtsetzung die Vermutung der rationalen Akzeptabilität der gesatzten Normen begründet. In der Positivität des Rechts gelangt nicht die Faktizität eines beliebigen, schlechthin kontingenten Willens zum Ausdruck, sondern der legitime Wille, der sich einer präsumptiv vernünftigen Selbstgesetzgebung politisch autonomer Staatsbürger verdankt. [...] Denn ohne religiöse oder metaphysische Rückendeckung kann das auf legales Verhalten zugeschnittene Zwangsrecht seine sozialintegrative Kraft nur noch dadurch bewahren, daß sich die einzelnen *Adressaten* der Rechtsnormen zugleich in ihrer Gesamtheit als vernünftige *Urheber* dieser Normen verstehen dürfen.“ (FuG: 51f.)

Die Gesetzgebung ist für Habermas der Ort der sozialen Integration sowie einer (modernen) Solidarität, die sich in der Staatsbürgerrolle konzentriert und letztlich aus kommunikativem Handeln hervorgeht. Die Einheit der praktischen Vernunft kann sich nur „im Netzwerk jener staatsbürgerlichen Kommunikationsformen und Praktiken zur Geltung bringen, in denen die Bedingungen vernünftiger kollektiver Willensbildung institutionelle Festigkeit gewonnen haben“ (EzD: 118). Der Gedanke einer in Prozessen diskursiver Meinungs- und Willensbildung ausgeübten politischen Autonomie folgt der Logik des Diskursprinzips. Der Zusammenhang von Diskurs-, Moral- und Demokratieprinzip (vgl. FuG: 139ff., 286ff.) stellt sich so dar: Moral- und Demokratieprinzip sind Konkretionen des Diskursprinzips mit je eigenen Anwendungsbereichen. Während das Moralprinzip informelle einfache Interaktionen unter Anwesenden in moralischen Argumentationen regeln hilft, bezieht sich das Demokratieprinzip auf Interaktionen zwischen Rechtspersonen. Es regelt das Verfahren legitimer Rechtsetzung (Selbstbestimmungspraxis), und lässt sich seinerseits in politische Diskurse (demokratisches Gesetzgebungsverfahren) und juristische Diskurse (unparteiliche Rechtsanwendung) unterteilen. Es verdankt sich der Verschränkung von Diskursprinzip und Rechtsform. Das Recht ist dabei „als das Medium zu betrachten, über das sich kommunikative Macht in administrative umsetzt.“ Letztere bleibt an die Legitimation durch Kommunikationsprozesse gebunden, die außerhalb des Systems administrativer Macht stattfinden, jedoch nicht in deren Logik der Selbststeuerung eingreifen.

Habermas geht es, wie gesagt, nicht um die Auf- oder Ablösung des repräsentativen politischen Systems und seiner Institutionen, sondern um die Rückkoppelung dieses Systems und seiner repräsentativ geführten Diskurse an den „gesellschaftsweiten Kommunikationskreislauf einer im ganzen nicht-organisierbaren Öffentlichkeit." Die repräsentativ geführten Diskurse müssen „durchlässig, sensibel und aufnahmefähig bleiben für die Anregungen, die Themen und Beiträge, Informationen und Gründe, die ihnen aus einer ihrerseits diskursiv strukturierten, also machtverdünnten, basisnahen, pluralistischen Öffentlichkeit zufließen" (FuG: 224). Die Ausübung politischer Macht soll durch die Öffentlichkeit kontrolliert und „programmiert" werden, die Entscheidungen von Regierung und Verwaltung sollen durch die „Schleuse" der öffentlichen Kommunikation diskursiv rationalisiert werden, jedoch „ohne Eroberungsabsicht" (NBR: 138) – denn „unbeschadet dessen kann nur das politische System ‚handeln'". In Anlehnung an das Machtkreislaufmodell von Bernhard Peters (1993: 344ff.) unterscheidet Habermas „Routinen", also den Großteil politischer Entscheidungen, die vom „Zentrum" getroffen werden, und die „Problematisierung" dieses Procederes in krisenhaften Situationen durch die „Peripherie". Es ist durchaus nicht nötig, dass Entscheidungen ihren Ausgang immer in der Peripherie nehmen. Wichtig jedoch ist, dass das Zentrum stets für ihre erneuernden Anstöße offen bleibt.

Das Kernstück des deliberativen Politikmodells bildet der normative Begriff von Öffentlichkeit (FuG: 435ff.). Die Öffentlichkeit ist das „Netzwerk für Kommunikation", der im kommunikativen Handeln erzeugte soziale Raum, in dem Meinungen gefiltert, synthetisiert und zu themenspezifisch gebündelten öffentlichen Meinungen verdichtet werden. Dieser Raum gleicht einer prinzipiell offenen Bühne bzw. einem Forum, dessen Teilnehmer freilich meist nur medienvermittelt als Leser, Zuhörer und Zuschauer anwesend sind. Das politische System im engeren Sinne, „die beschlußfassenden Institutionen", soll für die öffentlichen Kommunikationsprozesse offen sein und sich um die Zustimmung des egalitär zusammengesetzten öffentlichen Laienpublikums bemühen. Deliberative Selbstbestimmungspraxis lebt von dem Zusammenspiel von Parlament und Öffentlichkeit, das wiederum nur vor dem Hintergrund einer entsprechenden liberalen politischen Kultur und nur mit einer tatsächlich hinreichend aufgeklärten Bürgerschaft funktionieren kann. Das „diskursive Niveau" der Meinungsbildung, also die „Qualität der öffentlichen Meinung", ist für Habermas nicht nur eine empirische Größe: „Normativ betrachtet, begründet sie ein Maß für die Legitimität des Einflusses, den öffentliche Meinungen auf das politische System ausüben." (FuG: 439)

Die politische Öffentlichkeit ist „über ihre zivilgesellschaftliche Basis in der Lebenswelt verwurzelt" (FuG: 435). Den institutionellen Kern der Zivilgesellschaft bilden die vielen freiwilligen nicht-staatlichen und nicht-ökonomischen Zusammenschlüsse – die Ökonomie ist hier also nicht Teil der Zivilgesellschaft bzw. der „bürgerlichen Gesellschaft", sondern, wie oben gezeigt, ein durch entsprachlichte Medien gesteuertes Teilsystem der Gesellschaft. Das ökonomische System hat seine lebensweltlichen Wurzeln gleichsam gekappt und fällt damit für die zivilgesellschaftliche Rückbindungsaufgabe aus.

> „Die Zivilgesellschaft setzt sich aus jenen mehr oder weniger spontan entstandenen Vereinigungen, Organisationen und Bewegungen zusammen, welche die Resonanz, die die gesellschaftlichen Problemlagen in den privaten Lebensbereichen finden, aufnehmen, kondensieren und lautverstärkend an die politische Öffentlichkeit weiterleiten. Den Kern der Zivilgesellschaft bildet ein Assoziationswesen, das problemlösende Diskurse zu Fragen allgemeinen Interesses im Rahmen veranstalteter Öffentlichkeiten institutionalisiert." (FuG: 443f.)

Von der Qualität dieser Zivilgesellschaft hängt nicht nur ihr eigenes Überleben, sondern auch das einer funktionierenden Öffentlichkeit ab. „Grundrechtliche Garantien allein können freilich Öffentlichkeit und Zivilgesellschaft vor Deformation nicht bewahren. Die Kommunikationsstrukturen der Öffentlichkeit müssen vielmehr von einer vitalen Bürgergesellschaft intakt gehalten werden." (FuG: 447) Die zivilgesellschaftliche Kommunikationspraxis bewirkt neben der Bearbeitung je konkreter Probleme immer auch die „Vergewisserung der eigenen Identität und Handlungsfähigkeit" (ebd.). Damit kommt der politischen Kultur in Habermas' Ansatz eine große Bedeutung zu.

> „Letztlich bleibt freilich die Entstehung, die Reproduktion und der Einfluß eines solchen Netzwerks von Assoziationen abhängig von einer liberal eingestellten und egalitären, für gesamtgesellschaftliche Problemlagen sensiblen, geradezu nervösen, in ständiger Vibration befindlichen, eben resonanzfähigen politischen Kultur." (VaV: 628)

Mit der Qualität von Öffentlichkeit, Zivilgesellschaft und politischer Kultur steht und fällt die Demokratie. Damit wird es zur zentralen Aufgabe eines kritischen Gesellschaftstheoretikers, entsprechende Deformationen kenntlich zu machen (vgl. schon SdÖ). Eben solche

Deformationen drohen insbesondere durch die Veränderung der Medienlandschaft. Idealiter sollten sich die Massenmedien als „Mandatar eines aufgeklärten Publikums verstehen, dessen Lernbereitschaft und Kritikfähigkeit sie zugleich voraussetzen, beanspruchen und bestärken" (FuG: 457). Realiter folgt die „Informationsproduktion" aber immer deutlicher den Anforderungen der Werbewirtschaft und den Gesetzen der Unterhaltung. Die Rollen der Akteure, die in den Arenen auftreten, setzen sich dabei immer schärfer von den Rollen der Zuschauer auf der Galerie ab. Diese Entwicklung, die heute unter den Schlagwörtern „Mediokratie" und „Politainment" diskutiert wird, gibt Anlass zur besorgten Frage, wie autonom bzw. autonomiefähig das Staatsbürgerpublikum dann noch ist.

> „Die Personalisierung von Sachfragen, die Vermischung von Information und Unterhaltung, eine episodische Aufbereitung und die Fragmentierung von Zusammenhängen schießen zu einem Syndrom zusammen, das die Entpolitisierung der öffentlichen Kommunikation fördert. Das ist der wahre Kern der Theorie der Kulturindustrie." (FuG: 456)

Soviel zum Konzept der deliberativen Demokratie. Habermas hat mit ihm eine durchaus anspruchsvolle und voraussetzungsreiche, aber keineswegs realitätsferne Theorie der modernen Demokratie vorgelegt. Die Bedeutung dieses Ansatzes verdankt sich neben seiner diskurstheoretischen Begründung – und mit dieser zusammenhängend – nicht zuletzt der Art und Weise, wie Habermas die für die Demokratie zentrale Idee der Volkssouveränität neu fasst. Er löst sie von allen den demokratischen Prozessen vorgelagerten oder vorgegeben Größen bzw. Substanzen ab, um sie rein auf die deliberativen Prozeduren zu gründen – „Volkssouveränität als Verfahren":

> „Die Idee der Volkssouveränität wir damit entsubstantialisiert. [...] Die vollends zerstreute Souveränität verkörpert sich nicht einmal in den Köpfen assoziierter Mitglieder, sondern – wenn von Verkörperung überhaupt noch die Rede sein kann – in jenen subjektlosen Kommunikationsformen, die den Fluß der diskursiven Meinungs- und Willensbildung so regulieren, daß ihre falliblen Ergebnisse die Vermutung praktischer Vernunft für sich haben. Eine subjektlos und anonym gewordene, intersubjektivistisch aufgelöste Volkssouveränität zieht sich in die demokratischen Verfahren und in die anspruchsvollen kommunikativen Voraussetzungen ihrer Implementierung zurück. Sie sublimiert sich zu jenen schwer greifbaren Interaktionen zwischen einer rechtsstaatlich institutionalisierten Willensbildung und kulturell mobilisierten Öffentlichkeiten. Die kommunikativ verflüssigte Souveränität bringt sich in der Macht öffentlicher Diskurse zur Geltung, die autonomen Öffentlichkeiten entspringt, aber in den Beschlüssen demokra-

> tisch verfasster Institutionen der Meinungs- und Willensbildung Gestalt annehmen muß, weil die Verantwortung für praktisch folgenreiche Beschlüsse eine klare institutionelle Zurechnung verlangt." (VaV: 626)

Abschließend sei auf einen zentralen und oft geäußerten Einwand eingegangen, der gerade diesen „subjektlos und anonym gewordenen" Charakter des Habermasschen Ansatzes kritisiert: Die gesamte Theorie, so die Kritiker, sei zu rationalistisch angelegt, die Argumentation operiere mit einem moralphilosophischen Bürger-Typus, der keine substantielle sittliche Anbindung an sein Gemeinwesen haben könne, keine affektive Identifizierung mit ihm. Bloße Diskursteilnehmer seien keine guten „citoyens". Das ist der klassische Vorwurf, den die republikanische Tradition seit jeher gegen alle liberalen und kantianischen Ansätze im weitesten Sinn vorbringt – wir werden darauf im Kontext der sog. Kommunitarismusdebatte noch ausführlicher eingehen (vgl. das folgende Kapitel zu Rawls). Habermas weist nun seinerseits den „sittlichen Konsens der Gemüter" (FuG: 338), wie er in der Rousseauschen Zivilreligion oder im aristotelischen „Ethos" beschrieben ist, als republikanische „Tugendzumutung" zurück, „durch die die Bürger seit eh und je moralisch überfordert waren" (VaV: 627). Zwar werde auch eine „prozeduralisierte ‚Volkssouveränität' nicht ohne die Rückendeckung einer entgegenkommenden politischen Kultur, nicht ohne jene durch Tradition und Sozialisation vermittelten Gesinnungen einer an politische Freiheit *gewöhnten* Bevölkerung operieren können" (VaV: 626f.), sie ist angewiesen auf eine entsprechende Verankerung „in den *Herzen* einer an Freiheit gewöhnten Bevölkerung" (NR: 101). Aber unter Bedingungen gesellschaftlicher und kultureller Modernität müsse man sich bewusst machen, „was sich der politische Aristotelismus mit dem Begriff des Ethos erschleicht" (VaV: 627): Dieser biete nämlich faktisch gerade keine Antwort auf die Frage, wie „sich staatsbürgerliche Moral und Eigeninteresse miteinander verflechten", und er könne nicht plausibilisieren, wie „das normativ angesonnene politische Verhalten *zumutbar* sein soll". Zumal moderne Menschen sind nun einmal nicht so, wie Aristoteles sich den idealen Polis-Bürger vorstellt. Wenn man also die durchaus berechtigte und wichtige Frage nach den politisch-kulturellen „Gesinnungen" stellt, dann ist in Rechnung zu stellen, „daß die politische Moral nur noch in kleiner Münze erhoben wird" (VaV: 627). Rechtsstaatliche Demokratien in modernen pluralistischen Gesellschaften brauchen keine Zivilreligion, keine vorpolitischen, gar noch ethnischen Gemeinschaftlichkeitsgefühle, keine kulturell definierte nationale Identität. Diese ethischen

Fragen kollektiver Identität sind für eine Gesellschaft durchaus wichtig. Die politische Identität aber muss sich aus einer anderen Gesinnung speisen: aus einem „*Verfassungs*patriotimus, der gleichzeitig den Sinn für die Vielfalt und die Integrität der verschiedenen koexistierenden Lebensformen einer multikulturellen Gesellschaft schärft" (SnI: 642f.).

Schluss: Festhalten am „unvollendeten Projekt" der Moderne

Die freie Welt „an ihrem eigenen Begriff zu messen, kritisch zu ihr sich zu verhalten und dennoch zu ihren Ideen zu stehen", das war für den späten Horkheimer die „Pflicht jedes Denkenden" (Horkheimer 1986: 10) und zugleich eine zumindest partielle Abkehr vom Pessimismus, ja Fatalismus, wie er in der *Dialektik der Aufklärung* kulminierte. Jürgen Habermas hat das Erbe der ersten Generation der Kritischen Theorie in eben dieser Richtung weitergeführt und dabei einen wirkmächtigen eigenen Ansatz entwickelt. Sein zentrales Anliegen – als Philosoph wie auch als engagierter politischer Intellektueller – besteht darin, die „normativen Gehalte der Moderne" zu sichern und das „unvollendete Projekt" der Aufklärung fortzuführen. Dieses Projekt, das als politisches Projekt die unaufgebbaren Prinzipien der Autonomie und Volkssouveränität, der Menschen- und Bürgerrechte umfasst, ist an der philosophischen Front insbesondere gegen die verschiedenen Varianten einer radikalen Vernunftkritik zu verteidigen. Für Habermas bedeutet dies vornehmlich, am kognitiven Gehalt der Moral und am darin angelegten moralischen Universalismus festzuhalten, gegen explizit antimoderne wie auch postmoderne oder andere relativistische Anfechtungen (vgl. PDM: 390ff.; MUP).

> „Was heißt denn Universalismus? Daß man die eigene Existenzform an den legitimen Ansprüchen anderer Lebensformen relativiert, daß man den Fremden und den Anderen mit allen ihren Idiosynkrasien und Unverständlichkeiten die gleichen Rechte zugesteht, daß man sich nicht auf die Verallgemeinerung der eigenen Identität versteift, daß man gerade nicht das davon Abweichende ausgrenzt, daß die Toleranzbereiche unendlich viel größer werden müssen, als sie es heute sind – all das heißt moralischer Universalismus." (NR: 153)

Instruktiv ist in diesem Zusammenhang Habermas' Auseinandersetzung mit Richard Rorty, der mit seinem postmodernen Pragmatismus zwar die gleichen politischen Ziele wie Habermas verfolgt, dessen philosophische Begründungsversuche aber als überflüssig zurückweist. „The trouble with Habermas is not so much that he provides a metanarrative of emanzipation as that he feels the need to legitimize, that he is not content to let the narratives which hold our culture together do their stuff. He is scratching where it does not itch." (Rorty 1985: 164) Das demokratische Projekt der Moderne komme bestens ohne seine philosophische Letztbegründung aus. Menschenrechte muss und kann man nicht letztbegründen, sondern man muss sie durchsetzen. Die Frage, ob es solche Rechte wirklich gibt, ist, so Rorty, „witzlos", das beständige Bemühen um deren philosophische Fundierung die Obsession von „Quasiplatonikern". „Wir Pragmatisten gehen bei unserer Argumentation davon aus, daß das Auftauchen der Menschenrechtskultur einem Zuwachs an moralischem Wissen offenbar gar nichts, sondern alles dem Hören trauriger und rührseliger Geschichten verdankt, und gelangen so zu der Schlußfolgerung, daß es ein Wissen der von Platon ins Auge gefaßten Art wahrscheinlich nicht gibt." (Rorty 2003: 248) Dieser „Zuwachs an moralischem Wissen" besteht in einer Erhöhung unserer moralischen Empfindsamkeit, unseres Mitgefühls und unserer Menschlichkeit – und dazu hat eine traurige Geschichte wie „Onkel Toms Hütte" ungleich mehr beigetragen als alle moralphilosophischen Traktate zusammen.

Rortys Position ist nicht einfach auf schalkhafte Freigeisterei zu reduzieren. Sie ist schon deshalb bedenkenswert, weil sie den vorrationalen und kulturellen Voraussetzungen von Moral und politischer Ordnung vielleicht nicht zu unrecht ein stärkeres Gewicht gibt, als dies u.a. bei Habermas der Fall ist. Das betrifft nicht zuletzt die empirische Frage nach den motivationalen Antrieben moralischen Handelns von durchschnittlichen Menschen – also außerhalb des philosophischen Seminars. Und es betrifft die oben bereits diskutierte Frage nach den Grundlagen politischer Kultur und demokratischer „Gesinnungen".

Im Gegenzug kann man natürlich geltend machen, dass es mit der moralischen Empfindsamkeit allein nicht getan ist. Abgesehen davon, dass der politische Prozess in liberalen Demokratien ohne annähernd vernünftige Diskurse gar nicht vorstellbar wäre, ist gerade die von Rorty erhoffte emanzipatorische Praxis und die Ausweitung der Menschenrechtskultur auf kritische Argumentation, auf den „vernünftigen" Diskurs angewiesen. Im Streit über den Universalismus bestimmter grundlegender Normen muss man auf vernünftige Argumentation ja nicht schon deswegen verzichten, weil man Wahrheit im platonischen oder „quasiplatonischen" Sinn nicht mehr für möglich hält. Für Habermas macht Rorty und machen die meisten anderen postmodernen Kritiker der Vernunft ihrerseits den Fehler,

> „die in der Philosophie *beibehaltenen* universalistischen *Fragestellungen* mit jenen längst *preisgegebenen Statusansprüchen* zu verwechseln, die die Philosophie für ihre Antworten einmal reklamiert hat. Heute liegt es auf der Hand, daß sich die Reichweite universalistischer Fragen [...] zwar in der grammatischen Form universeller Aussagen spiegeln muß, nicht aber in der Unbedingtheit der Geltung oder der ‚Letztbegründung', die für sie und ihren theoretischen Rahmen beansprucht würde." (PDM: 247, Anm.)

Muss man das Gebot, die Würde eines jeden Menschen zu achten, wirklich „letztbegründen"? Und muss man es – falls dies eben nicht möglich ist – deshalb schon als rein kulturbedingt begreifen, als zufällig entstanden und daher nicht verpflichtend? Das hieße, einem Alles-oder-nichts das Wort zu reden, das unter Bedingungen nachmetaphysischen Denkens nicht mehr angemessen erscheint. In Rortys „Art des Philosophierens, das sich als solches verabschieden möchte", komme die „Melancholie eines enttäuschten Metaphysikers" zum Ausdruck (WuR: 231f.). Aus eben dieser Melancholie, aus dem Pessimismus und dem Relativismus, die daraus folgen können, hat Habermas die Kritische Theorie nach eigenem Anspruch herausgeführt. Dass damit nicht alle Menschheitsfragen beantwortet sind, weiß Habermas selbst. Wer aber die normativen, demokratischen Gehalte der Moderne nicht preisgeben will, der muss sich auch mit dem Grundproblem der Moderne abfinden, dem Problem ihrer „Selbstvergewisserung". Die Moderne kann ihre orientierenden Maßstäbe nicht mehr einem theologischen oder metaphysischen Absoluten oder den Vorbildern anderer Epochen entlehnen:

> „*sie muß ihre Normativität aus sich selber schöpfen.* Die Moderne sieht sich, ohne Möglichkeit der Ausflucht, an sich selbst verwiesen. Das erklärt die Irritierbarkeit ihres Selbstverständnisses, die Dynamik der ruhelos bis in unsere Zeit fortgesetzten Versuche, sich selbst ‚festzustellen'." (PDM: 16)

Literatur

Schriften von Jürgen Habermas:

SdÖ *Strukturwandel der Öffentlichkeit. Untersuchungen zu einer Kategorie der bürgerlichen Gesellschaft*, Neuwied 1962.

TkH *Theorie des kommunikativen Handelns,* 2 Bände, Frankfurt a.M. 1981.

MUP Die Moderne – ein unvollendetes Projekt. Rede aus Anlaß der Verleihung des Adorno-Preises der Stadt Frankfurt, in: ders., Kleine Politische Schriften I-IV, Frankfurt a.M. 1981, S. 444-464.

VuE *Vorstudien und Ergänzungen zur Theorie des kommunikativen Handelns,* Frankfurt a.M. 1984.

PDM *Der philosophische Diskurs der Moderne*, Frankfurt a.M. 1985.

EzD *Erläuterungen zur Diskursethik*, Frankfurt a.M. 1991.

AS *Eine Art Schadensabwicklung. Kleine politische Schriften VI*, Frankfurt a.M. 1987.

ND *Nachmetaphysisches Denken. Philosophische Aufsätze*, Frankfurt a.M. 1988.

NR *Die nachholende Revolution. Kleine politische Schriften VII*, Frankfurt a.M. 1990.

FuG *Faktizität und Geltung. Beiträge zur Diskurstheorie des Rechts*, Frankfurt a.M. 1992.

VaV Volkssouveränität als Verfahren, in: ders., *Faktizität und Geltung. Beiträge zur Diskurstheorie des Rechts*, Frankfurt a.M. 1992, S. 600-631.

SnI Staatsbürgerschaft und nationale Identität, in: ders., *Faktizität und Geltung. Beiträge zur Diskurstheorie des Rechts*, Frankfurt a.M. 1992, S. 632-660.

NBR *Die Normalität einer Berliner Republik. Kleine Politische Schriften VIII*, Frankfurt a.M. 1995.

EdA *Die Einbeziehung des Anderen. Studien zur politischen Theorie*, Frankfurt a.M. 1996.

WuR *Wahrheit und Rechtfertigung. Philosophische Aufsätze*, Frankfurt a.M. 1999.

Andere Schriften der Kritischen Theorie:

Horkheimer, Max, *Traditionelle und kritische Theorie. Vier Aufsätze*, Frankfurt a.M. 1986.

–, *Zur Kritik der instrumentellen Vernunft*, in: ders., Gesammelte Schriften in 18 Bänden, Bd.6, Frankfurt/M. 1991.

– / Adorno, Theodor W., *Dialektik der Aufklärung. Philosophische Fragmente*, Frankfurt a.M. 1992.

Marcuse, Herbert, *Der eindimensionale Mensch. Studien zur Ideologie der fortgeschrittenen Industriegesellschaft*, Frankfurt a.M. 1970.

Darstellungen:

Dubiel, Helmut, *Kritische Theorie der Gesellschaft. Eine einführende Rekonstruktion von den Anfängen im Horkheimer-Kreis bis Habermas*, Weinheim / München 1992.

Forst, Rainer, Die Rechtfertigung der Gerechtigkeit. Rawls' Politischer Liberalismus und Habermas' Diskurstheorie in der Diskussion, in: Brunkhorst, Hauke / Niesen, Peter (Hg.), *Das Recht der Republik*, Frankfurt a. M. 1999, S. 105-168.

Honneth, Axel / Wellmer, Albrecht (Hg.), *Die Frankfurter Schule und die Folgen*, Berlin / New York 1986.

Peters, Bernhard, *Die Integration moderner Gesellschaften*, Frankfurt a.M. 1993.

Reese-Schäfer, Walter, *Jürgen Habermas*, Frankfurt / New York 2001.

Rorty, Richard, Habermas and Lyotard on Postmodernity, in: Bernstein, Richard J. (Hg.), *Habermas and Modernity*, Cambridge 1985, S.161-175.

–, Der Vorrang der Demokratie vor der Philosophie, in: ders., *Solidarität oder Objektivität? Drei philosophische Essays*, Stuttgart 1995, S. 82-125.

–, *Wahrheit und Fortschritt*, Frankfurt a.M. 2003.

Türcke, Christoph / Bolte, Gerhard, *Einführung in die kritische Theorie*, Darmstadt 1997.

Wiggershaus, Rolf, *Die Frankfurter Schule. Geschichte, theoretische Entwicklung, politische Bedeutung*, München / Wien 1986.

–, *Jürgen Habermas*, Frankfurt a.M. 2004.

Wingert, Lutz / Günther, Klaus (Hg.), *Die Öffentlichkeit der Vernunft und die Vernunft der Öffentlichkeit. Festschrift für Jürgen Habermas*, Frankfurt a.M. 2001.

John Rawls und die Kommunitarismusdebatte

Einleitung

John Rawls (1921-2002) galt schon zu Lebzeiten als Klassiker der politischen Philosophie. Diesen Ruhm verdankt Rawls seiner 1971 veröffentlichten *A Theory of Justice*, in der einige eine Art „Wiederbegründung" der normativen politischen Philosophie sehen wollen, jedenfalls im Sinne einer Grundlagentheorie des institutionalisierten Rechts- und Verfassungsstaates. Rawls bemüht sich in seiner *Theory* um die Begründung von Gerechtigkeitsprinzipien, die einer modernen liberalen Gesellschaft zugrunde liegen und die unser aller wohlüberlegten Urteilen und moralischen Intuitionen entsprechen sollen: „Gerechtigkeit als Fairneß", so lautet die Leitidee dieser liberalen Gerechtigkeitskonzeption. Mit dieser Idee, vor allem aber durch die Tatsache, dass dabei auch Fragen der gerechten Verteilung materieller Güter ein großes Gewicht eingeräumt wird, hat Rawls' Theorie in der Tat sehr breite und grundlegende Debatten ausgelöst.

Rawls ist ausführlich und gewissenhaft auf seine zahlreichen Kritiker eingegangen. Im Zuge dieser Auseinandersetzung hat Rawls seine ursprüngliche Position präzisiert, zum Teil aber auch durchaus gravierend modifiziert. Insofern lässt sich ein „Rawls I" von einem späteren „Rawls II" unterscheiden: die *Theorie der Gerechtigkeit* (I) von den Studien zum „politischen Liberalismus“ (II). Diese Unterscheidung ist aber auch deshalb sinnvoll, weil Rawls sich in jener zweiten Phase mit einem weiter gefassten, umfassenderen Problem der politischen Theorie auseinandersetzt: dem Problem bzw. „Faktum des Pluralismus“, durch den moderne Gesellschaften geprägt sind und der die Antwort auf vor allem eine Frage verlangt:

> „Wie kann eine gerechte und stabile Gesellschaft von freien und gleichen Bürgern dauerhaft bestehen, wenn diese durch ihre vernünftigen religiösen, philosophischen und moralischen Lehren voneinander getrennt sind?“ (PL: 35)

Welches ist das Minimum an Übereinstimmung, das in einer Gesellschaft vorhanden sein muss, worin kann und muss der politische Grundkonsens bestehen? Welche Eigenschaften und Überzeugungen müssen die Bürger einer Demokratie haben? Mit Fragen wie diesen befinden wir uns inmitten der sogenannten Kommunitarismusdebatte, die die politische Theorie in ungewohnt breitenwirksamer Form gut zwei Jahrzehnte beschäftigt hat. Es sind Autoren wie Michael Sandel, Charles Taylor, Alasdair MacIntyre oder Michael Walzer, die unter dem vagen Sammelbegriff des „Kommunitarismus“ zusammengefasst werden und die in unterschiedlicher Weise den „individualistischen“ bzw. „atomistischen“ Zuschnitt des Liberalismus kritisieren. Kritisiert werden u.a. das Menschenbild des Liberalismus, das Ausblenden gemeinschaftlicher und kultureller Kontexte der Gerechtigkeit, die Fokussierung auf individuelle Rechte bei Vernachlässigung bürgerlicher Pflichten, und nicht zuletzt jene Grundprämisse, die Rawls' gesamtes Denken prägt: der „Vorrang des Rechten vor dem Guten“.

1. Rawls I: Die „Theorie der Gerechtigkeit“

In seiner 1971 veröffentlichten *A Theory of Justice* entwickelt Rawls das Konzept von „Gerechtigkeit als Fairneß“. Mit diesem Konzept glaubt Rawls die einer modernen liberalen Gesellschaft adäquate Gerechtigkeitsformel philosophisch auf den Begriff gebracht zu haben. Hauptgegenstand ist dabei die „Grundstruktur der Gesellschaft“. Es geht um die Gerechtigkeit sozialer Institutionen, nicht um Gebote oder Erlaubnisse, die nur das Handeln von Einzelmenschen betreffen (vgl. TG: § 18, 130). Die wichtigsten dieser Institutionen sind die Verfassung und die wichtigsten wirtschaftlichen und sozialen Verhältnisse. Mit Blick auf diese sind die grundlegenden Regeln für eine Gesellschaft zu suchen, die als Kooperation von Individuen dem

Wohl ihrer Mitglieder dienen soll, die aber bei der Verteilung gesellschaftlicher Grundgüter zugleich von Interessenkonflikten geprägt ist (vgl. TG § 22, 148ff.). Die Grundgüter sind knapp, jeder möchte so viel wie möglich von ihnen haben, und deshalb muss nach einer für alle akzeptablen Lösung zur gerechten Verteilung dieser Güter gesucht werden.

> „Das sind die Grundsätze der sozialen Gerechtigkeit: sie ermöglichen die Zuweisung von Rechten und Pflichten in den grundlegenden Institutionen der Gesellschaft, und sie legen die richtige Verteilung der Früchte und Lasten der gesellschaftlichen Zusammenarbeit fest." (TG: § 1, 20f.)

„Wohlgeordnet" und dauerhaft stabil ist eine Gesellschaft erst, wenn sie nicht nur auf das Wohl ihrer Mitglieder zugeschnitten ist, sondern auch von einer gemeinsamen Gerechtigkeitsvorstellung wirksam gesteuert wird. Alle Mitglieder müssen trotz ihrer Interessenkonflikte die gleichen Gerechtigkeitsgrundsätze anerkennen, und die grundlegenden gesellschaftlichen Institutionen müssen diesen Grundsätzen genügen. „Man kann sich eine gemeinsame Gerechtigkeitsvorstellung als das Grundgesetz einer wohlgeordneten menschlichen Gesellschaft vorstellen." (TG: § 1, 21)

Um diese Grundsätze der Gerechtigkeit aufzudecken, bedient sich Rawls zweier prominenter Theorietraditionen. Er verbindet das vertragstheoretische Argument, wie es Locke, Rousseau und Kant entwickelt hatten, mit Argumentationsfiguren der modernen Spieltheorie. Er will eine normative Theorie vorlegen, die nicht allein auf die moralische Motivation, sondern auf das aufgeklärte Eigeninteresse rationaler Akteure gegründet ist. Die „ursprüngliche Übereinkunft" dieser rationalen Akteure bezieht sich nicht auf die Errichtung einer Regierungsform, sondern auf die Gerechtigkeitsgrundsätze für die gesellschaftliche Grundstruktur: „Es sind diejenigen Grundsätze, die freie und vernünftige Menschen in ihrem eigenen Interesse in einer anfänglichen Situation der Gleichheit zur Bestimmung der Grundverhältnisse ihrer Verbindung annehmen würden." (TG: § 1, 28) Rawls will zeigen, dass die von ihm genannten Grundsätze der Gerechtigkeit von allen vernünftigen Menschen akzeptiert werden müssten und dass sie mit unseren wohlüberlegten Gerechtigkeitsvorstellungen übereinstimmen.

Um diese Grundsätze zu ermitteln, konstruiert Rawls die Entscheidungssituation als das Gedankenexperiment einer fiktiven Verfassungswahl in einem hypothetischen „Urzustand". Die Frage, die es zu beantworten gilt, lautet: Welche Prinzipien der Gerechtigkeit würden freie und rationale Personen unter fairen Bedingungen wählen, wenn sie in einem ursprünglichen Zustand der Gleichheit über die Grundstruktur und die fundamentalen Normen ihrer zukünftigen Gesellschaft zu bestimmen hätten, wenn sie also entscheiden müssten, „wie die Gründungsurkunde ihrer Gesellschaft aussehen soll" (TG § 3, 28)?

Für die Gerechtigkeit des Ergebnisses kommt nun alles darauf an, dass die Bedingungen dieses Auswahlverfahrens fair gestaltet sind. Grundlage der Theorie ist der Begriff der „reinen Verfahrensgerechtigkeit": Der Urzustand und die in ihm unterstellten Bedingungen müssen so gestaltet sein, dass die Unparteilichkeit, die Allgemeinheit und die Einstimmigkeit der Entscheidung gewährleistet sind. Das Ergebnis soll „nicht von willkürlichen Zufälligkeiten oder gesellschaftlichen Kräfteverhältnissen beeinflusst" sein (TG § 20, 142). Es soll verhindert werden, dass jemand bei der Wahl der Grundsätze diese auf seine eigenen Verhältnisse zuschneidet, dass er also das gerecht nennt, was nur ihm von Nutzen ist. Auch Vorstellungen vom eigenen persönlichen Wohl sollen kein Einfluss auf die Wahl der allgemeinen Regeln haben. Um all diese Einflüsse fernzuhalten, müssen die Kenntnisse über die eigene Position und die eigenen Interessen ausgeblendet werden.

> „Wenn zum Beispiel jemand weiß, daß er reich ist, könnte er es vernünftig finden, für den Grundsatz einzutreten, daß gewisse Steuern, die Wohlfahrtsmaßnahmen dienen sollen, als ungerecht zu betrachten seien; weiß er, daß er arm ist, so würde er höchstwahrscheinlich für den entgegengesetzten Grundsatz eintreten." (TG § 4, 36)

Weil man auf dieser Basis wohl niemals zu einer Einigung finden würde, muss man sich die Wahlsituation so vorstellen, dass niemand über solche Kenntnisse verfügt. „Man schließt die Kenntnis solcher Umstände aus, die Unterschiede zwischen den Menschen bilden und diese ihren Vorurteilen ausliefern." (ebd.) Ein „Schleier des Nichtwissens" verbirgt diese Art von Kenntnissen (vgl. TG § 24): Die Personen wissen nichts über sich selbst, über ihre eigene soziale Stellung, ihre Vorstellungen vom Guten und ihre Interessen, über ihre Kenntnisse, Talente und natürlichen Begabungen. Sie verfügen lediglich über ein allgemeines Wissen: Sie wissen um die gesellschaftlichen Grundgüter, deren jedermann zur Verwirklichung seiner verschiedenen Interessen bedarf, um gesellschaftliche, politische, wirtschaftliche und psychologische Zusammenhänge, und sie haben die Fähigkeit, Folgen abzuschätzen und vernünftig über die Grundstruktur der Gesellschaft nachzudenken. Der Ausschluss der Orientierung an *konkreten* eigenen Interessen und Vorteilen soll also nicht die allgemeine Orientierung an den Vorzügen aufheben, die die Gesellschaft aus Sicht ihrer Mitglieder hat. Das Absehen von der letztlich zufälligen konkreten eigenen Position soll vielmehr den von partikularen Interessen gereinigten moralischen Standpunkt zur Geltung bringen. Es soll vor allem dazu bewegen, sich in die Lage des am schlechtesten Gestellten zu versetzen – denn der könnte man ja womöglich selbst sein. Nur unter dem Schleier des Nichtwissens ist gewährleistet, eine unparteiliche und einmütige Wahl unter allgemeinen Gesichtspunkten zu treffen.

Bei dieser Wahl geht es nun also um die Verteilung gesellschaftlicher Grundgüter. Das sind insbesondere Freiheiten, Rechte und Pflichten, gesellschaftliche und wirtschaftliche Güter, Chancen, Einkommen und Vermögen. Die Menschen lassen sich bei ihrer Wahl unter den von Rawls skizzierten Bedingungen im Urzustand von folgender allgemeiner Gerechtigkeitsvorstellung leiten:

> „Alle sozialen Werte – Freiheit, Chancen, Einkommen, Vermögen und die sozialen Grundlagen der Selbstachtung – sind gleichmäßig zu verteilen, soweit nicht eine ungleiche Verteilung jedermann zum Vorteil gereicht." (TG: § 11, 83)

Die Verteilung folgt also dem Grundsatz: so gleich wie möglich, so ungleich wie nötig. Diese Gerechtigkeitsvorstellung ist nicht Ausdruck selbstloser Nächstenliebe, sondern Ergebnis zweckrationaler Erwägungen der Beteiligten, die für sich selbst einen möglichst großen Anteil an Grundgütern sichern wollen, dabei aber zugleich ihr eigenes Risiko minimieren wollen – denn ein jeder könnte sich ja in der Position des am schlechtesten Gestellten befinden. Die Menschen, so unterstellt Rawls, verhalten sich hier also risikoscheu: Sie folgen der „Maximin-Regel", das heißt, sie versuchen das denkbare Minimum zu maximieren. Sie orientieren sich an der besten unter den denkbaren schlechtesten Alternativen.

Ergebnis dieses Verfahrens sind die beiden Grundsätze der Gerechtigkeit. Der erste Grundsatz lautet: „Jedermann soll gleiches Recht auf das umfangreichste System gleicher Grundfreiheiten haben, das mit dem gleichen System für alle anderen verträglich ist." (TG: § 11, 81; vgl. § 46) Die immateriellen politischen Grundgüter werden streng egalitaristisch verteilt. Die Freiheiten sollen für jeden gleich sein. Dazu zählen unter anderem politische Freiheit (das Recht, zu wählen und öffentliche Ämter zu bekleiden), Rede- und Versammlungsfreiheit, Gewissens- und Gedankenfreiheit, die Unverletzlichkeit der Person und das Recht auf persönliches Eigentum.

Der zweite Grundsatz bezieht sich insbesondere auf die Verteilung von Einkommen und Vermögen und auf die Beschaffenheit von Organisationen, in denen es unterschiedliche Macht und Verantwortung gibt. Die Verteilung muss hier nicht gleichmäßig, aber zu jedermanns Vorteil sein. So lautet der zweite Grundsatz der Gerechtigkeit:

> „Soziale und wirtschaftliche Ungleichheiten sind so zu gestalten, daß a) vernünftigerweise zu erwarten ist, daß sie zu jedermanns Vorteil dienen, und b) sie mit Positionen und Ämtern verbunden sind, die jedem offen stehen." (TG: § 11, 81; vgl. § 46)

Ungleichverteilung ist also zulässig, aber es sind hierbei vergleichsweise hohe Auflagen gemacht. In jedem Fall aber kommt dem ersten Grundsatz, also dem Prinzip gleicher Freiheit, absolute Vorrangigkeit gegenüber dem zweiten zu:

> „Diese Grundsätze sollen in lexikalischer Ordnung stehen, derart, daß der erste dem zweiten vorausgeht. Diese Ordnung bedeutet, daß Verletzungen der vom ersten Grundsatz geschützten gleichen Grundfreiheiten nicht durch größere gesellschaftliche oder wirtschaftliche Vorteile gerechtfertigt oder ausgeglichen werden können." (TG § 11, 82; vgl. § 39)

Der erste Grundsatz wie auch seine Vorrangigkeit entsprechen weitgehend den in liberalen demokratischen Gesellschaften verbreiteten Auffassungen und sind auch in der modernen politischen Theorie weithin unbestritten. Auf Kritik ist dagegen vor allem der zweite Grundsatz gestoßen, der freilich zugleich der besonders innovative Teil der Theorie ist. Man kann sagen, dass Rawls hier eine – zumal nach amerikanischen Vorstellungen – sehr sozialdemokratische Vorstellung des Ausgleichs von Ungleichheiten vertritt.

Denn was heißt „zu jedermanns Vorteil"? Rawls präzisiert den zweiten Grundsatz im Sinne seines „Differenzprinzips", das er vom Prinzip der Pareto-Optimalität abgrenzt (vgl. TG: § 12, 87ff.). Ein Zustand gilt als pareto-optimal, wenn sich die Situation einer Person nicht mehr verbessern kann, ohne dass sich dadurch die Situation der anderen verschlechtert; und besser ist eine Verteilungsstruktur gegenüber einer gegebenen Verteilung dann, wenn einer sich verbessert und alle übrigen sich zumindest nicht verschlechtert haben. Für Rawls wäre das zu wenig: Ungleichverteilung ist nur dann akzeptabel, wenn sie wirklich „zu jedermanns Vorteil" ist, auch zum Vorteil des am schlechtesten Gestellten. Rawls' System „demokratischer Gleichheit" geht über das System der „natürlichen Freiheit" wie auch über das der „liberalen Gleichheit" hinaus (vgl. TG: § 12, 86ff.). Er lehnt nicht nur den sozialstaatlich ungebremsten Kapitalismus mit seiner bloß formalen Chancengleichheit ab, sondern auch das Prinzip fairer Chancengleichheit, sofern dieses die „Lotterie der Natur" (TG: § 12: 94) nicht korrigiert. Dies gelingt erst im System demokratischer Gleichheit, das faire Chancengleichheit mit dem Differenzprinzip kombiniert: Die von der Natur durch besondere Begabungen Begünstigten dürfen Vorteile nur insoweit genießen, als dadurch auch die Lage der Benachteiligten verbessert wird. „Niemand hat sich seine besseren natürlichen Fähigkeiten oder einen besseren Startplatz in der Gesellschaft verdient." (TG: § 17, 122)

Rawls' politische Theorie gewichtet den Wert der Gleichheit weit stärker als dies in anderen liberalen Ansätzen der Fall ist. Das Bewusstsein der Gleichheit bestimmt nicht nur den Bereich grundlegender Bürgerrechte und politischer Freiheiten. Es soll auch den ökonomischen Bereich anleiten, der nicht nur nach dem Kriterium etwa der Effizienz zu beurteilen ist. Man könnte sagen: Rawls politisiert die Frage nach dem gesamtgesellschaftlichen Nutzen weit stärker als dies in vergleichbaren Ansätzen der Fall ist. Hauptgegner ist dabei der Utilitarismus (vgl. Höffe 2006: 14ff.). Rawls weist die utilitaristische Position zurück, nach der die Summe des Nutzens oder der Durchschnittswert des Nutzens zu maximieren ist, auch wenn dabei einige Einzelne schlechter wegkommen. Für Rawls erscheint es nicht naheliegend, „daß Menschen, die sich als Gleiche sehen und ihre Ansprüche gegeneinander geltend machen können, sich auf einen Grundsatz einigen sollten, der einigen geringere Lebenschancen auferlegt, nur weil die Summe der Vorteile für die anderen größer ist" (TG: § 3, 31). Diese Vorstellung widerspricht dem „Gedanken der Gegenseitigkeit, der im Begriff einer wohlgeordneten Gesellschaft enthalten ist" (ebd.).

Wenn wir uns wirklich „als Gleiche sehen" – und das ist für Rawls eine nicht verhandelbare Prämisse –, dann müssten wir zu dem Schluß kommen, dass die genannten Grundsätze „unseren wohlüberlegten Urteilen entsprechen" (TG: § 9, 68), dass sie mit unseren allgemeinen Gerechtigkeitsüberzeugungen übereinstimmen. Genau auf diese Übereinstimmung zielt Rawls' gesamte Theorie, die uns zu einem „Überlegungsgleichgewicht" (TG: § 4, 38; § 9, 68ff.) führen soll. Rawls bedient sich eines kohärenztheoretischen Vorgehens. Diese Methode nimmt ihren Ausgang bei unseren moralischen Alltagsurteilen, klärt diese nach allgemeinen Rationalitätskriterien, wägt dann verschiedene denkbare Gerechtigkeitskonzeptionen gegeneinander ab und fügt diese schließlich zu einem kohärenten Schema zusammen.

An dieser Methode lassen sich bereits einige jener Kritikpunkte festmachen, mit denen Rawls' Ansatz konfrontiert ist. Deren wichtigste beziehen sich letztlich auf die Frage, ob der universalistische Anspruch der Theorie wirklich haltbar ist bzw. ob Rawls nicht an manchen Stellen Prämissen einführt, die keineswegs „unserer aller" Gerechtigkeitsüberzeugungen entsprechen. Das beginnt mit dem Urzustand, den Rawls genau so konstruiert, dass seine Grundsätze plausibel erscheinen. So ließe sich fragen, warum der in den unterstellten Entscheidungsregeln eingebauten Risikoscheu der Vorzug gegenüber anderen denkbaren Haltungen gegeben wird. Fundamentaler ist zweifelsohne ein anderer Einwand, der über den Streit mit dem Utilitarismus und alle Fragen nach materieller Gleichheit hinausweist und insbesondere die Kritik der sog. Kommunitaristen provoziert hat: Das Hauptproblem von Gerechtigkeit als Fairneß sei der „Vorrang des Rechten vor dem Guten", der nach Rawls einen „Hauptzug dieser Auffassung" darstellt (TG: § 6, 50) und mit dem Rawls sich explizit in die Tradition der kantischen Moralphilosophie stellt. Die je individuellen Vorstellungen von Lebensglück und Lebenszielen, all das, was in aristotelischer Tradition „Glückseligkeit" und das „Gute" heißt, wird der Gerechtigkeit untergeordnet und an ihr gemessen.

> „Anders als in teleologischen Theorien ist etwas nur dann gut, wenn es zu Lebensformen passt, die mit den bereits vorhandenen Grundsätzen des Rechten übereinstimmen." (TG: § 60, 434)

Bei Aristoteles heißt es: „Wer die beste Verfassung nach Gebühr in Betracht nehmen will, muß zuerst bestimmen, welches das begehrenswerteste Leben ist. Solange man das nicht weiß, kann man auch nicht wissen, welches die beste Verfassung ist." (Aristoteles, *Politik*: 1323 a 14) Auch für Rawls ist eine Theorie des Guten schon deshalb notwendig, weil er sie „zur Kennzeichnung der Grundgüter und der Interessen der Menschen im Urzustand" braucht (TG: Kap. 7, 433). Die Rangfolge wird aber gegenüber Aristoteles umgekehrt:

> „Nach der Gerechtigkeit als Fairneß dagegen akzeptieren die Menschen von Anfang an einen Grundsatz der gleichen Freiheit für alle, ohne im einzelnen ihre Ziele zu kennen. Damit verstehen sie sich faktisch dazu, ihre Vorstellungen vom Guten den Grundsätzen der Gerechtigkeit anzupassen oder wenigstens keine Ansprüche zu stellen, die ihnen unmittelbar entgegenstehen." (TG: § 6, 49)

Die Kritik an dieser Vorrangstellung des Rechten bildet einen der zentralen Kritikpunkte, die insbesondere die Kommunitaristen gegen Rawls und seinen Liberalismus ins Feld führen. Die Debatte, die sich daraus zwischen Kommunitaristen und Liberalen entzündete, gehört zu den interessantesten politiktheoretischen Kontroversen der vergangenen Jahrzehnte. John Rawls hat sich dabei mit den Argumenten seiner Kritiker intensiv auseinandergesetzt. Ergebnis sind seine Studien zur Idee des politischen Liberalismus. Bevor wir auf diesen „Rawls II“ eingehen, sollen zunächst einige Positionen des Kommunitarismus vorgestellt werden.

2. Michael Sandel: Kritik am „unencumbered self“ des Liberalismus

„Der Kommunitarismus“ bildet keine auch nur annähernd geschlossene Schule des politischen Denkens. Es gibt keine klar benennbare Gruppe von Denkern, die sich eindeutig zu ihm bekennen. Was den Sammelbegriff trotzdem rechtfertigt, ist die gemeinsame Stoßrichtung der Kritik, die am Liberalismus und an John Rawls als seinem prominentesten Vertreter vorgetragen wird. Knüpft man am gerade erwähnten liberalen „Vorrang des Rechten vor dem Guten“ an, so lässt sich diese Kritik in erster Annäherung so umschreiben: Es wird geltend gemacht, dass jede Vorstellung von Gerechtigkeit erst aus einer dem Rechten vorgelagerten Vorstellung vom Guten erwachse. Diese Vorstellungen vom Guten wie auch vom Gerechten bilden sich in Gemeinschaften („communities“) aus, die der liberale Blick auf die Gesellschaft der Individuen notorisch übersehe. Der liberale „moral point of view“ als archimedischer Punkt außerhalb aller geschichtlichen und sozialen Einbindungen übergehe die partikularen Bindungen und Bedürfnisse der Menschen. Der Liberalismus (und die gesamte vertragstheoretische Tradition) propagiere einen Individualismus und Atomismus, der die Realität menschlichen Lebens völlig verfehle. Oder anders gesagt: Das individualistische Menschenbild des Liberalismus entspreche zwar dem typisch modernen „common sense“; genau dieser sei aber längst zum Hauptproblem moderner Gesellschaften geworden, die an Werte- und Gemeinschaftsverlust leiden, an einer Fokussierung auf individuelle Rechte und einer Vernachlässigung der Pflichten eines jeden Bürgers.

Gerade mit Letzterem wird das sehr praktische, unmittelbar politische Anliegen vieler „Kommunitaristen“ deutlich, wie es vor allem von Amitai Etzioni vertreten wird. Spätestens in diesem Zusammenhang darf der Hinweis auf den spezifisch amerikanischen Kontext dieser Debatte nicht unerwähnt bleiben (vgl. Joas 1993): Gerade das Lob der „communities“, der lokalen, nachbarschaftlichen Gemeinschaften, das Ideal der „grass-root-democracy“, die dahinter stehende Idee und Mentalität der Selbstorganisation, auch die Skepsis gegenüber bürgerfernen politischen Institutionen – all das lässt sich nicht einfach auf andere gesellschaftliche Kontexte und Traditionen des Denkens übertragen. Nur ein Beispiel: Der in Deutschland bis zur Mitte des 20. Jahrhunderts äußerst einflussreiche Diskurs über die Dichotomie von Gemeinschaft und Gesellschaft geht von einem ganz anderen Gemeinschaftsbegriff aus. Schließlich muss noch vorweg geschickt werden, dass im Grunde alle kommunitaristischen Kritiker des Liberalismus mit diesem gleichwohl die Grundwerte der freiheitlichen Demokratie teilen: Diese soll nicht durch antiliberale Alternativen ersetzt, sondern durch ein besseres Verständnis ihrer Grundlagen und Voraussetzungen gerade erhalten werden.

Beginnen wir mit der im engeren Sinn philosophischen Kritik an Rawls. Es ist Michael Sandel, durch dessen *Liberalism and the Limits of Justice* (1982) der Begriff „kommunitaristisch“ weite Verbreitung findet, der das Problem des atomisierten liberalen Individuums erstmals umfassend herausarbeitet. Sandels Kritik gilt dem Bild eines „fiktiven Selbst“, auf das sich Rawls in seiner gesamten Argumentation stütze. Die über Rawls’ Urzustand hergeleiteten Gerechtigkeitsprinzipien scheinen sich jedem vernünftigen Menschen bei reiflicher Überlegung aufzudrängen. „Sie setzen allerdings ein bestimmtes Bild der Person bzw. der Art voraus, wie wir als Wesen beschaffen sein müssen, damit wir die Gerechtigkeit für die höchste Tugend halten. Das ist das Bild des ungebundenen, d.h. gegenüber Zwecken und Zielen als primär und unabhängig verstandenen Selbst.“(Sandel 1994: 24) Wenn man jedoch von einem solchen ungebundenen, frei schwebenden Selbst, dem „unencumbered self“, ausgeht, dann hat dies gravierende Konsequenzen für die Art von Gesellschaft oder Gemeinschaft, zu der liberale Individuen, wie Rawls sie unterstellt, überhaupt fähig sind. Solche Individuen würden nur freiwillig entstandenen Gemeinschaften beitreten, sie könnten sich aber schwerlich jenen vorgefundenen Gemeinschaften verpflichtet fühlen, in die wir hineingeboren werden, wie etwa Familie oder Nation. Das ungebundene Selbst kann mit anderen kooperieren, aber es bleibt ihm jene Art von Gemeinschaft verwehrt, „die von präetablierten moralischen Normen konstituiert ist“ (ebd.: 25).

Sandel geht es dabei nicht allein darum, zwei gleichermaßen denkbare Modelle von Gemeinschaft vorzustellen und dann für die Vorzüge der „konstitutiven" gegenüber der bloß „kooperativen" Form zu werben. Vielmehr will er zeigen, dass das liberale Kooperationsmodell selbst auf wackligen Füßen steht. Insbesondere am Differenzprinzip wird dies deutlich. Hier wird zugrunde gelegt und vorausgesetzt, was mit dem liberalen Personenbild überhaupt nicht erklärt werden kann: nämlich eine prinzipielle Bereitschaft zu teilen, ein Gefühl der Verbundenheit und Solidarität untereinander. Woher soll diese Bereitschaft kommen? Was verpflichtet den Einzelnen dazu – und zwar ausgerechnet das „unencumbered self"?

> „Das Differenzprinzip ist […] ein Teilungsprinzip. Als solches muß es eine Form von moralischer Bindung unter denjenigen voraussetzen, deren Vorteile es einsetzen und deren Anstrengungen es im Rahmen gemeinschaftlicher Bemühungen ausnützen möchte. […] Aber auf der alleinigen Grundlage einer kooperativen Vorstellung von Gemeinschaft bleibt unklar, wie das moralische Fundament dieser Gemeinsamkeit aussehen könnte. […] Was das Differenzprinzip zwar voraussetzt, aber nicht zu liefern vermag, ist ein Weg zur Identifikation derjenigen, in deren Gemeinschaft meine Vorteile zu Recht als Allgemeinbesitz betrachtet werden, d.h. ein Weg, uns selbst von vornherein gemeinschaftlich verpflichtet und moralisch engagiert zu verstehen." (ebd.: 28f.)

Man könnte auch sagen: Warum sollten wir uns den anderen, zum Beispiel den am schlechtesten Gestellten, überhaupt verpflichtet fühlen – und zwar tatsächlich, und nicht nur in einem hypothetisch konstruierten Urzustand, in dem wir als rationale Risikominimierer ohnehin nur an uns selbst denken? Rawls' Herleitung seiner Gerechtigkeitsgrundsätze mag spieltheoretisch überzeugen – Gerechtigkeit und Solidarität einer realen Gesellschaft lassen sich so aber weder erklären noch sicherstellen. Dazu braucht man das, was Rawls nicht ausreichend thematisiert:

> „Loyalitäten und Überzeugungen, deren moralische Kraft teilweise auf dem Faktum beruht, dass sie in unserem Leben untrennbar mit unserem jeweiligen Selbstverständnis verknüpft sind, d.h. mit uns als den Mitgliedern dieser Familie, dieser Gemeinde, dieser Nation oder dieses Volkes, mit uns als Repräsentanten dieser Geschichte, als den Bürgern dieser Republik" (ebd.: 29).

Voraussetzung für die Bereitschaft, in der von Rawls angesonnenen Weise zu teilen, ist die Zugehörigkeit zu einer partikularen Wir-Gemeinschaft, der wir uns auch ohne rationales Kalkül verpflichtet fühlen. Nur auf Grundlage einer solchen Loyalität kann eine so starke moralische Verpflichtung erwachsen, wie sie insbesondere in Rawls zweitem Grundsatz der Gerechtigkeit zum Ausdruck kommt. Die abstrakte Verpflichtung gegen prinzipiell jedermann, wie sie in Ethiken des kantischen Typus unterstellt wird, ist dafür zu schwach. Das heißt nicht, dass die Rawls'schen Gerechtigkeitsgrundsätze der Sache nach falsch wären. Es heißt aber, dass die „liberale Vorstellung moralisch tatsächlich nicht selbsttragend ist, sondern auf einen Begriff von Gemeinschaft angewiesen bleibt, den sie offiziell verwirft" (ebd.: 31). Und nicht nur die philosophische Argumentation, sondern auch die ihr entsprechende politische Praxis erweist sich als nicht selbsttragend, insofern „sie sich auf einen Gemeinschaftssinn stützen muß, den sie nicht zu stärken vermag, ja vielleicht sogar untergräbt" (ebd.). Auf der Linie dieser Kritik finden sich bis weit in die öffentlichen Debatten hinein unzählige Stimmen, die einen überhand nehmenden Individualismus und Egoismus diagnostizieren und für die Aushöhlung der moralischen Fundamente der Gesellschaft verantwortlich machen. Philosophischer Diskurs und polemische Anklage gehen bei diesem durchaus brisanten Thema zuweilen fließend ineinander über.

3. Charles Taylor und die wahren „Quellen des Selbst"

Gerade vor diesem Hintergrund kommt Charles Taylor das Verdienst zu, die Debatte in ihrer politiktheoretischen Dimension versachlicht zu haben. Er bietet eine philosophisch fundierte Kritik am Liberalismus, die es erlaubt, dessen gemeinschaftliche Basis aufzudecken, ohne dabei die liberalen Werte der Freiheit und Gleichheit preiszugeben. Die entscheidende Ebene, auf der Taylor den Liberalismus kritisiert, ist die der Anthropologie. Der Liberalismus geht, so Taylor, von einem falschen, zumindest von einem ergänzungsbedürftigen Menschenbild aus. Er übergeht die sozialen und kulturellen Kontexte und damit auch die fundamentalen Voraussetzungen personaler Identitätsbildung, er übersieht – mit Aristoteles gesprochen –, dass der Mensch ein „zoon politikon" ist, und zwar auch der moderne liberale Mensch.

Dieses falsche Menschenbild, das mit den neuzeitlichen Vertragstheorien von Hobbes und Locke prominent wird und das moderne politische Denken bis Nozick und Rawls prägt, kennzeichnet Taylor als „Atomismus". Atomistische Ansätze gehen in ihrer Argumentation von einem Individuum aus, das aus allen sozialen Verpflichtungen herausgerissen ist und primär an seinen individuellen Nutzen denkt. Sie bieten „a vision of society as in some sense constituted by individuals for the fulfilment of ends which were primarily individual" (Taylor 1985b: 187). Es sind Ansätze, „which try to defend in some sense the priority of the individual and his rights over society, or which present a purely instrumental view of society" (ebd.). Auf dieser Basis postulieren solche Ansätze den Vorrang des Rechten, „the primacy of rights":

> „Primacy-of-right theories in other words accept a principle ascribing rights to men as binding unconditionally, binding, that is, on men as such. But they do not accept as similarly unconditional a principle of belonging or obligation." (ebd.: 188)

Taylor geht es gar nicht darum, individuelle Freiheitsrechte normativ zurückzuweisen. Und es geht ihm auch nicht primär darum, diesen Atomismus als verwerflich zu kritisieren. Die atomistischen Grundannahmen sind vielmehr schlicht falsch: Sie vermögen – bei gänzlich wertfreier Betrachtung, auf einer „ontologischen" Ebene – das soziale Leben nicht adäquat zu erklären (Taylor 1994b: 103f.). Bei diesen grundsätzlichen „ontologischen Fragen" stehen sich Atomismus und Holismus gegenüber. Diese Fragen sind aber säuberlich zu trennen von „Fragen der Parteinahme", die sich „auf den moralischen Standpunkt oder die Politik, die man vertritt", beziehen (ebd.: 104). Bei diesen Fragen stößt man zwischen den beiden Polen „individualistisch" und „kollektivistisch" auf die verschiedensten Positionen.

Der Atomismus hantiert mit einer konstruierten Person, die so in der Wirklichkeit gar nicht existiert. Er verfehlt die wahren „Quellen des Selbst", die *Sources of the Self*, so der Titel von Taylors wohl wichtigster Arbeit. Er verfehlt die Art und Weise, wie Menschen leben und ihre Welt erfahren und interpretieren, wie den Dingen die Bedeutung zukommt, die sie für den Menschen haben – kurz: wie der Mensch zur Person wird. Wenn man diese Vorgänge der Selbstinterpretation genauer untersucht, dann stößt man zunächst nicht auf die liberalen Fragen nach der Gerechtigkeit, sondern auf solche nach der eigenen Identität, danach, „wodurch unser Leben Sinn erhält oder Erfüllung findet" und „wodurch das Leben lebenswert ist" (Taylor 1988: 16f.) – Fragen des *guten* Lebens. Hier stößt man auf die „starken Wertungen" eines Menschen, die uns und unsere Identität fundamental stärker betreffen als jene „schwachen Wertungen", die als rationale Abwägungen von Alternativen oder als Kalkül von Nutzen und Aufwand überhaupt nur auf Grundlage der starken Wertungen zur Anwendung kommen können. Starke Wertungen „beinhalten Unterscheidungen zwischen Richtig und Falsch, Besser und Schlechter, Höher und Niedriger, deren Gültigkeit nicht durch unsere eigenen Wünsche, Neigungen oder Entscheidungen bestätigt wird, sondern sie sind von diesen unabhängig und bieten selbst Maßstäbe, nach denen diese beurteilt werden“ (Taylor 1994a: 17). Konstitutiv für menschliches Handeln und personale Identität ist, „daß man sein Leben innerhalb eines derart durch starke qualitative Unterscheidungen geprägten Horizonts führt“ (Taylor 1994a: 55). Dieser Horizont gibt dem Menschen die „moralische Landkarte“, mit deren Hilfe wir zu bestimmen vermögen, „was für uns wichtig ist und was nicht“ (ebd.: 60; vgl. 1988: 37f.). Vor der Frage „Was soll ich tun?“ steht die Frage nach der eigenen Identität, also die Frage „Wer bin ich?“.

> „Definiert wird meine Identität durch die Bindungen und Identifikationen, die den Rahmen oder Horizont abgeben, innerhalb dessen ich von Fall zu Fall zu bestimmen versuchen kann, was gut oder wertvoll ist oder was getan werden sollte bzw. was ich billige oder ablehne. Mit anderen Worten, dies ist der Horizont, vor dem ich Stellung zu beziehen vermag.“ (Taylor 1994a: 55)

Dabei ist die individuelle Identität eng verwoben mit den sozialen und gemeinschaftlichen Kontexten, in denen ein Mensch aufwächst, mit der kollektiven Identität einer Gruppe. Ja, die individuelle Identität geht aus der kollektiven hervor. Individuelle Identität wird intersubjektiv konstituiert, über Sprache und kulturelle Praktiken, in die ein Individuum hineingeboren wird. Auch dies übergeht der Atomismus. Ihm fehlt, so Taylor, eine „soziale Konzeption des Menschen“, also die Einsicht, „daß eine wesentliche, konstitutive Bedingung des Strebens nach dem menschlichen Guten mit der gesellschaftlichen Existenzweise des Menschen verknüpft ist“ und „daß der Mensch außerhalb einer Sprachgemeinschaft und einer gemeinsamen Auseinandersetzung über Gut und Böse, gerecht und ungerecht nicht einmal ein moralisches Subjekt […] sein kann“ (Taylor 1988: 150).

Das hat nun eine Reihe von Konsequenzen für die liberale, „atomistische“ Gerechtigkeitskonzeption. Die erste und wichtigste besteht darin, dass nach Taylor nicht dem Rechten, sondern dem Guten eine unabweisbare Priorität einzuräumen ist – und zwar nicht einfach nur normativ, sondern „ontologisch“. Damit aber übergeht der Liberalismus das, was ihm zugrunde liegt, und damit wird die ganze Argumentation „inkohärent“:

> „Natürlich gelingt es Rawls, seine beiden Prinzipien der Gerechtigkeit abzuleiten (sofern seine Argumente im Bereich der Theorie der rationalen Entscheidung triftig sind). Aber daß es sich hierbei tatsächlich um annehmbare Gerechtigkeitsprinzipien handelt, erkennen wir, wie Rawls selbst einräumt, daran, daß sie mit unseren intuitiven Grundvorstellungen übereinstimmen. Würden wir artikulieren, was diesen intuitiven Vorstellungen zugrunde liegt, so würden wir zunächst eine überaus ‚füllige' Theorie des Guten darlegen. Die Behauptung, dies sei nicht ‚nötig', um unsere Theorie der Gerechtigkeit zu entwickeln, stellt sich als höchst irreführend heraus. Um zu entscheiden, welche Gerechtigkeitsprinzipien angemessen sind, müssen wir uns auf unseren hier gegebenen Sinn für das Gute stützen […]." (Taylor1994a: 171)

Das Rechte wird allein dadurch bestimmt, „dass das Gute dasjenige ist, was, indem es artikuliert wird, den eigentlichen Sinn der Regeln nennt" (ebd.: 172). Das wird auch deutlich an dem, worauf sich Gerechtigkeitsvorstellungen oder Gleichheitspostulate am Ende meist zurückführen lassen: den Begriff der menschlichen Würde. Darüber, was unter Menschenwürde verstanden werden soll, gibt es freilich durchaus „Meinungsverschiedenheiten". Und diese wiederum sind, so Taylor, der Grund für die Dispute über das Wesen der Gerechtigkeit. Nur sind sie auf der Ebene des Gerechten gar nicht zu beantworten:

> „Unsere Auffassung von Menschenwürde ist ihrerseits an eine Konzeption des menschlich Guten geknüpft, d.h. an unsere Antwort auf die Frage, was das Gute für den Menschen ist. […] Differenzen in der Frage der Gerechtigkeit sind verknüpft mit Differenzen im Hinblick auf das Wesen des Guten […]." (Taylor 1988: 147)

Zu dieser „aristotelischen Meta-Auffassung" gehört neben dem Primat des Guten auch die Betonung der Bedeutung der gemeinschaftlichen Kontexte und Horizonte, der kollektiven Identität für die jeweilige Auffassung vom Guten wie auch vom Gerechten. Hier ist Taylor tatsächlich sehr nahe an Aristoteles, am Bild der Polis als einer Gemeinschaft, die von geteilten Vorstellungen des Guten und Gerechten getragen wird. Dessen Einsichten sind keineswegs veraltet. Auch, ja gerade die liberale Demokratie hat hier einiges zu lernen. Jeder Mensch bedarf der Gemeinschaft mit anderen – auch der Liberale. Und jedes politische Gemeinwesen braucht ein gewisses Maß an Gemeinschaft – auch die liberale Demokratie (vgl. Taylor 2002). Der Liberalismus muss lernen, „daß eine demokratische Gesellschaft eine allgemein anerkannte Definition des guten Lebens benötigt" (Taylor 1994b: 104) und dass das Recht auf Rechte und die Verpflichtung gegenüber der Gemeinschaft gleichrangig sind. Für Taylor gibt es eine Verpflichtung, „dazuzugehören", für all jene, die das Recht und die Freiheit für sich reklamieren wollen: eine „obligation to belong to a polity".

> „The crucial point here is this: since the free individual can only maintain his identity within a society / culture of a certain kind, he has to be concerned about the shape of this society / culture as a whole." (Taylor 1985b: 207)

In diese Richtung weisen denn auch die praktisch-politischen Ratschläge, die Taylor und andere Kommunitaristen den liberalen Demokratien mit auf den Weg geben und die wir im Folgenden näher betrachten werden. Taylor lehnt das atomistische Menschenbild der neuzeitlichen Vertragstheorien ab, nicht aber die Parteinahme zugunsten der Freiheit des Einzelnen und seiner Rechte. Mehr noch: Ein Liberaler könnte „ohne weiteres ein Holist sein" (Taylor 1994b: 123). Wäre er es, dann würde er auch besser erkennen, welche Gefahren seinem liberalen Gemeinwesen drohen – und welche Gegenstrategien angezeigt erscheinen.

4. Kommunitaristische Gegenstrategien: Engagement, Gemeinsinn, Patriotismus

Was es bedeutet, die „obligation to belong" zu verspüren und darauf ein tragfähiges Gemeinwesen zu gründen, das kann der Liberalismus zunächst einmal am klassischen Republikanismus studieren – um sodann zu versuchen, wenigstens einige Momente republikanischer Gesinnung zu übernehmen.

> „Die Definition eines republikanischen Regimes, wie es im klassischen Sinne verstanden wird, setzt eine vom Atomismus verschiedene Ontologie voraus, die dem atomistisch infizierten ‚common sense' fremd ist. Sie setzt voraus, daß wir die Beziehungen zwischen Identität und Gemeinschaft untersuchen und die verschiedenen Möglichkeiten unterscheiden, insbesondere den möglichen Ort von Wir-Identitäten gegenüber bloß konvergenten Ich-Identitäten [...]." (Taylor 1994b: 116)

Eine Wir-Identität zu haben heißt, dass die Bürger sich mit ihrem Gemeinwesen und dem geteilten Gut identifizieren. Von Machiavelli wie auch Rousseau kennen wir die republikanische Rezeptur, die Verbindung von Patriotismus, Freiheit und Partizipation. Die republikanische Solidarität untermauert die Freiheit, sie ist „für ein freies

Regime unabdingbar, weil dieses seine Mitglieder dazu aufruft, Dinge zu tun, die bloße Untertanen vermeiden können" (Taylor 1994b: 117). Für Taylor gilt dies keineswegs nur für den klassischen Republikanismus. Auch der Liberalismus, der wie bei Rawls Gerechtigkeit über faire Verfahren herstellt, muss auf mehr fußen als auf der Konvergenz von Interessen und schwachen Wertungen. Er kann es indes auch. Dazu muss er lediglich die Bedeutung von „Gut" differenziert genug betrachten:

> „Der prozedurale Liberalismus kann nicht ein Gut im engeren Sinne haben, weil die Gesellschaft gegenüber der Frage des guten Lebens neutral sein muß. Aber in dem umfassenden Sinne, in dem die Herrschaft der Gerechtigkeit auch als ‚Gut' zählen kann, kann es ein äußerst wichtiges geteiltes Gut geben." (Taylor 1994b: 119)

Hier könnte der Liberalismus anknüpfen, und von hieraus lassen sich die Dimensionen benennen, in denen die Grundlagen und Voraussetzungen einer liberalen Republik gestärkt werden müssen. Für Taylor sind dabei einige Aspekte von besonderer Bedeutung, die so oder ähnlich auch bei den meisten anderen Kommunitaristen auftauchen. Ein demokratisch-kommunitarisches Gemeinwesen lebt vom Solidaritätsgefühl, das die Bürger aneinander und an das gemeinsame Ganze bindet, von einem Minimum an Patriotismus: „eine lebensfähige prozedurale Republik muß zu ihrem eigenen Regimepatriotismus ein nicht-neutrales Verhältnis haben" (Taylor 1994b: 124). Ein solcher „Patriotismus" muss sich nicht primär auf die Nation beziehen (dies v.a. bei MacIntyre 1984). Vielmehr muss in ihm eine starke Bindung aus freiwilliger Einsicht gegenüber den Institutionen und Verfahren der Selbstregierung zum Ausdruck kommen. Die Bürger dürfen kein instrumentelles Verhältnis zur eigenen politischen Ordnung haben, dürfen sich nicht nur als Zuschauer und Leistungsempfänger verstehen, und ebenso wenig als bloße Privatpersonen oder gar Untertanen. Das impliziert bereits die zweite Forderung, die ebenfalls in fast allen kommunitaristischen Ansätzen vorkommt: eine Stärkung bürgerlicher Partizipation und entsprechender Partizipationsmöglichkeiten. Demokratie darf nicht auf die entfremdeten Verfahren der Massendemokratie reduziert werden. Die bürgerfernen Institutionen einer rein repräsentativen zentralstaatlichen Demokratie lassen die Graswurzeln der Demokratie verdorren. Die Demokratie lebt von engagierten Bürgern, von einer lebendigen Zivilgesellschaft, vom täglich praktizierten Bürgersinn, und dies vor allem auf der Ebene der lokalen „communities" und nachbarschaftlichen Netzwerke. Hier wird Sozialkapital reproduziert und gestärkt – und dass eben dieses Sozialkapital und das bürgerschaftliche Engagement in den USA seit den 60er Jahren dramatisch rückläufig sind, bildet für die Kommunitaristen den alarmierenden empirischen Beleg für die Dringlichkeit ihrer Forderungen (vgl. v.a. Putnam 2000). In diesem Zusammenhang vertreten denn auch viele Kommunitaristen eine vergleichsweise Kapitalismus-kritische Position: Der Kapitalismus wird nämlich dann zu einer Gefahr für die Demokratie, wenn er mit seiner materialistischen Ideologie des Konsums die Verantwortungsbereitschaft und das Engagement der Bürger unterminiert.

Mit diesen und vielen anderen Forderungen befinden wir uns bereits inmitten der praktisch-politischen Dimension des Kommunitarismus. Insbesondere Amitai Etzioni hat sich darum bemüht, die Grundideen des Kommunitarismus breitenwirksam und in allgemein verständlicher Form in die Gesellschaft zu tragen. Unter anderem hat Etzioni das recht einflussreiche Manifest *Das Kommunitaristische Programm: Rechte und Pflichten* initiiert und inhaltlich maßgeblich geprägt. Dort heißt es:

> „Die amerikanischen Männer, Frauen und Kinder gehören vielen Gemeinschaften an: Familien, Nachbarschaften, zahllosen sozialen, religiösen, ethnischen, beruflichen Vereinigungen; und dem Staatskörper selbst. Weder die menschliche Existenz noch die individuelle Freiheit können langfristig außerhalb der interdependenten, einander überlappenden Gemeinschaften bestehen, denen wir angehören. Noch kann eine Gemeinschaft auf Dauer überleben, wenn ihre Mitglieder nicht einen Teil ihrer Zeit, Kraft und Ressourcen in gemeinsame Projekte stecken. Die ausschließliche Orientierung an privaten Interessen schwächt das Netzwerk der sozialen Umwelten, von dem wir alle abhängen, und gefährdet unser gemeinsames Experiment demokratischer Selbstverwaltung. Aus diesen Gründen sind wir überzeugt, dass nur eine kommunitaristische Perspektive die Individualrechte langfristig schützen kann." (Etzioni 1998: 282)

Auch in zahlreichen weiteren Veröffentlichungen hat Etzioni – oft eher im Stile von Ratgeberliteratur denn im Stile theoretischer Argumentation – für die kommunitaristische Sache geworben, nicht selten mit einem direkten und sehr moralischen Appell an den Leser. Sehr weit vorne steht dabei immer die Forderung, sich insbesondere für die Familie mehr und hingebungsvoller zu engagieren, und das heißt vor allem: für die Kinder und deren Erziehung. „Die Kinder zuerst!" – das muss die Devise verantwortungsvoller Eltern sein. Diese Verantwortung haben allzu viele Väter und Mütter leider vergessen, sie sind „von ihrem Erfolgs- und Konsumstreben so aufgefressen oder so mit ihrer Karriere beschäftigt“ (ebd.: 286), dass sie den Bedürfnissen der Kinder in keiner Weise mehr gerecht werden – und damit auch nicht ihrer Verantwortung der Gemeinschaft gegenüber. In besonderem Maße gilt dies für jene vielen Väter, die sich nach einer Scheidung ihrer Verantwortung gerne weitgehend entziehen. Für die Autoren des Manifests sind dies mitnichten rein private Fragen und Probleme. Moralische Erziehung findet vor allem in der Familie statt; hier und in den kleinen nachbarschaftlichen Gemeinschaften werden jene sozialen Tugenden eingeübt, auf die auch die politische Gemeinschaft angewiesen ist. Damit ist man wieder beim zentralen kommunitaristischen Credo: Ein Gemeinwesen braucht engagierte tugendhafte Bürger, die sich nicht nur als Träger von Rechten verstehen dürfen:

> „Die Sprache des Rechts ist moralisch unvollständig. […] Zwischen Recht und Rechtschaffenheit klafft eine Lücke, die nur mit einem reicheren moralischen Vokabular zu schließen ist, das etwa mit Kategorien wie Anstand, Pflicht, Verantwortung und Gemeinwohl arbeitet.“ (ebd.: 294)

Dieses reichere moralische Vokabular droht in den individualistischen liberalen Gesellschaften verlernt zu werden. Und es ist – womit sich der Kreis zu John Rawls wieder schließt – ein Vokabular, das den liberalen Gerechtigkeitstheorien weitgehend fremd ist; ein Vokabular jener emphatischen Art, die beispielsweise John F. Kennedys *Inaugural Address* von 1961 prägte: „And so, my fellow Americans: ask not what your country can do for you – ask what you can do for your country!“

5. Rawls II: Das „Faktum des Pluralismus“ und der „overlapping consensus“

John Rawls ist äußerst ausführlich und gewissenhaft auf die verschiedensten Einwände seiner Kritiker eingegangen, auch auf die der Kommunitaristen. Er ist diesen in manchen Punkten sogar sehr weit entgegengekommen – das betrifft vor allem den ursprünglich universalistischen Anspruch, der nun zumindest partiell einer kontextualistischen Argumentation zu weichen scheint. Darauf wird später ausführlich eingegangen. Zunächst aber ist festzuhalten, dass sich „Rawls II“ in seinen Studien zum politischen Liberalismus einer weiter gefassten Frage zuwendet als der, die die *Theorie der Gerechtigkeit* untersucht. Immer noch steht das Verhältnis des Rechten zum Guten im Mittelpunkt. Nun aber heißt die liberale Leitfrage:

> „Wie kann eine gerechte und stabile Gesellschaft von freien und gleichen Bürgern dauerhaft bestehen, wenn diese durch ihre vernünftigen religiösen, philosophischen und moralischen Lehren voneinander getrennt sind?" (PL: 35)

Diese Frage impliziert bereits eine Problemdiagnose von fundamentaler Bedeutung, die Rawls zugleich den Kommunitaristen mit ihrem Pochen auf das Primat des Guten entgegenhält: Moderne Gesellschaften sind geprägt von einem unüberwindlichen Pluralismus von Vorstellungen vom Guten. Dieses „Faktum des Pluralismus" muss in Rechnung gestellt werden, ja es bedeutet letztlich die zentrale Herausforderung moderner politischer Theorie (vgl. GPP). Deshalb auch hält Rawls – bei allen sonstigen Korrekturen – unzweideutig am Vorrang des Rechten vor dem Guten fest. In diesem Zusammenhang bleibt Rawls außerdem dabei, dass bei aller Bedeutung des Guten die moderne kantianische Perspektive nicht gegen eine aristotelische eingetauscht werden kann und soll, wie dies bei Taylor ja durchaus anklingt. Auch dies bleibt ein Grundsatz des gesamten Rawlschen Denkens: „Für die Alten war die Lehre vom Guten das zentrale Problem, für die Modernen ist es die Konzeption der Gerechtigkeit." (PL: 36)

Dass ein Rückgriff auf aristotelische oder andere klassische Traditionen höchstens in begrenztem Umfang möglich ist, hat für Rawls mit einer spezifisch neuzeitlichen Problemsituation zu tun, die jenen Traditionen in dieser Form fremd war und die den Paradigmenwechsel vom Guten zum Gerechten als letztlich unausweichlich erscheinen lässt: der Konkurrenz jenseitiger Erlösungsreligionen. In der Einleitung zu seiner *Geschichte der Moralphilosophie* hebt Rawls hervor, wie diese sehr verschiedenen historischen und kulturellen Kontexte die zentralen Fragestellungen der antiken und der modernen Moralphilosophie je anders beeinflusst haben. Die griechischen Stadtstaaten mit ihren Polis-Religionen wie auch die griechischen Philosophen mit ihren Fragen nach dem guten und gerechten Leben kannten nicht, was erst das christliche Mittelalter ins Zentrum des Lebens wie auch der Philosophie gerückt hat: radikal jenseitig orientierte, autoritative, doktrinär verfasste, durch göttliches Gesetz und kirchliche Autorität verbürgte Erlösungsreligionen. Und sie kannten auch nicht, was Reformation und Glaubensspaltung ab dem 16. Jahrhundert in Europa auslösten: die kriegerische Rivalität eben solcher, sich auf eine transzendente Wahrheit berufender Religionen. Wir hatten bereits gesehen, dass die „Friedenswissenschaft" des Thomas Hobbes nicht zuletzt als Antwort auf eben dieses Problem zu verstehen ist.

> „Die somit aufgeworfene Frage war nicht bloß die von den Griechen gestellte Frage, wie man leben soll, sondern die Frage, wie man mit Menschen zusammenleben kann, die einer anderen autoritativen Erlösungsreligion anhängen. Das war eine neue Problematik, und damit wurde in brennender Form die Frage aufgeworfen, wie eine menschliche Gesellschaft unter derartigen Bedingungen überhaupt möglich sei." (GM: 33)

Man kann vorwegschicken: Gelöst wurde diese Frage im modernen Europa auf eben jenem Weg, den Rawls und seine liberalen Vorgänger empfehlen: durch Religionsfreiheit und Toleranz, durch Trennung von Staat und Kirche, Politik und Religion, durch eine Privatisierung des Religiösen und eine Beschränkung des Politischen auf vorletzte Fragen. Als Faktum des Pluralismus bzw. als „Polytheismus der Werte" (Max Weber) bleibt dieses Problem aber auch nach Überwindung der Glaubenskriege eine zentrale politische und gesellschaftliche Herausforderung. Und auf eben diese ist die oben zitierte Leitfrage des politischen Liberalismus zugeschnitten. Eine moderne demokratische Gesellschaft ist notwendiger Weise – aufgrund ihrer eigenen normativen Bedingungen – gekennzeichnet durch das Nebeneinander einander ausschließender, aber gleichwohl vernünftiger „umfassender Lehren". Diese Lehren decken die wichtigsten religiösen, philosophischen und moralischen Aspekte des menschlichen Lebens ab und geben bestimmten Werten einen Vorrang und ein besonderes Gewicht. Auf der letzten Ebene solcher Ideale ist kein allgemein anerkennungsfähiges Kriterium von wahr oder falsch ermittelbar.

Die liberale Antwort auf diesen Pluralismus gibt eines der Rawls'schen Leitmotive: „Justice as Fairness – Political Not Metaphysical". Die umfassenden Lehren, also das Trennende und notorisch Strittige, sind möglichst aus dem Politischen herauszuhalten:

> „Kurz gesagt, es geht darum, daß in einem demokratischen Verfassungsstaat das öffentliche Verständnis von Gerechtigkeit so weit wie möglich von kontroversen philosophischen und religiösen Lehren unabhängig sein sollte. Indem wir eine entsprechende Konzeption ausarbeiten, wenden wir das Prinzip der Toleranz auf die Philosophie selbst an: die öffentliche Gerechtigkeitskonzeption muß politisch und darf nicht metaphysisch sein." (IPL: 255)

Diese „Methode der Vermeidung" (IPL: 264, 312), die strittige Wahrheitsfragen ausklammert, bezieht Rawls zum einen auf die politische Theorie: Und insofern der politische Liberalismus sich dieser Methode bedient, ist er in seiner Darstellungsweise eine „freistehende Auffassung".

> „Der politische Liberalismus zielt demnach auf eine Konzeption politischer Gerechtigkeit als freistehende Auffassung. Er bietet keine spezifische metaphysische oder erkenntnistheoretische Lehre, die über das hinausginge, was von der politischen Konzeption selbst vorausgesetzt wird. Als Darstellung politischer Werte bestreitet eine freistehende politische Konzeption nicht, daß es andere Werte gibt, die etwa auf das persönliche, familiäre und gemeinschaftliche Leben Anwendung finden; auch behauptet er nicht, daß politische Werte von anderen Werten losgelöst oder ohne Verbindung mit ihnen wäre. Ein Ziel liegt […] darin, den Bereich des Politischen und die auf ihn bezogene Gerechtigkeitskonzeption so zu beschreiben, daß seine Institutionen die Unterstützung eines übergreifenden Konsenses gewinnen können." (PL: 75f.)

Damit ist zugleich die politische Praxis selbst angesprochen, für die die genannte Vermeidungsstrategie natürlich in erster Linie gilt: Die umfassenden Lehren – so wichtig sie für die Menschen auch sind – sollen sich „aus dem öffentlichen Leben zurückziehen", sie sollen den „öffentlichen Vernunftgebrauch" nicht stören.

> „Der öffentliche Vernunftgebrauch – die öffentlich vorgetragenen Argumente der Bürger über wesentliche Verfassungsinhalte und grundlegende Fragen der Gerechtigkeit – wird jetzt am besten durch eine politische Konzeption geleitet, deren Grundsätze und Werte alle Bürger bejahen können." (PL: 75)

Das heißt beispielsweise, dass bei der politischen Suche nach Lösungen für gesellschaftliche Probleme niemand mit genuin religiösen Gründen argumentieren darf, weil diese nur für ihn und seine Glaubensbrüder, nicht aber für alle anderen Bürger Gültigkeit beanspruchen können. In Dingen religiöser Überzeugung kann es schlechterdings keinen vernünftigen Konsens geben. Worauf sich vernünftige Bürger einer wohlgeordneten Gesellschaft aber einigen können und müssen, das ist der genannte „übergreifende Konsens" („overlapping consensus"). Er bildet die normative Basis der Gesellschaft. Dieser liberale Basiskonsens soll dabei mehr sein als ein bloßer „modus vivendi", der lediglich eine Art „Waffenstillstand" wäre. Der „overlapping consensus" ist ein aus Sicht der verschiedenen, in Fragen des Guten inkommensurablen „umfassenden Lehren" zustimmungsfähiges, ja als vernünftig und unverzichtbar einsehbares Ensemble gerechter Grundregeln, ohne den Kooperation und ein friedliches Miteinander gar nicht funktionieren würden. Dieser Konsens soll, so

Rawls, keineswegs völlig isoliert neben den umfassenden Lehren stehen – die im Sinne Taylors ja auch einen Großteil der für die Menschen wichtigen „starken Wertungen“ enthalten. Der „overlapping consensus“ soll sich vielmehr in die verschiedenen umfassenden Lehren wie ein „Modul“ so einfügen (PL: 78), dass

> „die Bürger selbst im Rahmen der Ausübung ihrer Gedanken- und Gewissensfreiheit mit Blick auf ihre umfassenden Lehren die politische Konzeption als abgeleitet von oder übereinstimmend oder zumindest vereinbar mit ihren sonstigen Werten betrachten“ (PL: 75f.).

Damit dieser liberale Grundkonsens stabil ist, braucht man Bürger mit entsprechend systemkompatiblen Einstellungen. Folgerichtig steht im Zentrum des Ansatzes eine „Konzeption der Person“, mit der die liberale Gesellschaft steht und fällt. Diese liberale Konzeption geht von freien und gleichen, moralischen und vernünftigen Personen aus. Im Besonderen müssen die Rawlsschen Bürger über eine „faire Gesinnung“ (PL: 317) verfügen. „Vernünftig“ sind moralische Personen vor allem insofern, als sie über einen Sinn für Gerechtigkeit verfügen und bereit sind, fair mit anderen zu kooperieren und die eigene Gerechtigkeitsauffassung öffentlich zu rechtfertigen (vgl. PL: 41, 120ff.). Diese Konzeption bzw. Idee der Person ist, wie Rawls betont, eine „normative Konzeption“ (PL: 84, Anm.). Mit ihr wird explizit „ein praktisches Ziel“ verfolgt. Sie beansprucht nicht, die menschliche Natur in einem umfassenden Sinn zu beschreiben. Woher nimmt Rawls nun diese Konzeption, wie begründet er sie? In diesem Punkt bekennt sich Rawls zu einem sehr pragmatischen Vorgehen:

> „Da unsere Darstellung der Gerechtigkeit als Fairneß von der Idee ausgeht, die Gesellschaft als faires, Generationen übergreifendes System sozialer Kooperation zu verstehen, wählen wir eine Personenkonzeption, die zu dieser Idee passt.“ (PL: 84)

Das ist keineswegs so willkürlich, wie es auf den ersten Blick erscheint. Und es ist dies vor allem deswegen nicht, weil Rawls dabei sehr nahe an der politischen Kultur und den gegebenen, teilweise impliziten Überzeugungen argumentiert, wie sie in entwickelten liberalen Demokratien gegeben sind. Damit bewegt sich Rawls in erheblichem Maße weg von einer rein philosophischen Argumentation hin zu einer politischen Theorie, die den kulturellen Grundlagen und Kontexten mehr Beachtung schenkt. Darauf ist nun näher einzugehen.

6. Kontexte der Gerechtigkeit: Politischer Liberalismus als Darstellung des „stillschweigend Bejahten"

Rawls' politischer Liberalismus will als eine „freistehende" und zugleich normative Theorie das Selbstverständnis und die Grundlagen einer modernen liberalen Demokratie auf den Begriff bringen. Weder will Rawls das ewig gültige Bild einer wahren gesellschaftlichen Ordnung einem platonischen Ideenhimmel abschauen, noch beansprucht er, dass sein Konzept zu allen Zeiten und in allen Kulturen auf Zustimmung stoßen müsse. Er wendet sich gleichsam an seine Mitbürger und will ihnen verdeutlichen, was ihr Zusammenleben ausmacht. Und umgekehrt entnimmt er eben diesem gegebenen Zusammenleben die Ideen, die er theoretisch klärt und zusammenfasst. Praktisches Ziel und methodisches Vorgehen fließen zusammen, ja sind aufeinander verwiesen:

> „Indem er sich an die öffentliche Kultur einer demokratischen Gesellschaft richtet, hofft der kantische Konstruktivist an eine Konzeption der Person appellieren zu können, die in dieser Kultur stillschweigend bejaht wird [...]. Was eine Gerechtigkeitskonzeption rechtfertigt, ist nicht ihr Wahrsein bezüglich einer vorgängigen, uns vorgegebenen Ordnung, sondern ihre Übereinstimmung mit einem tieferen Verständnis unserer selbst und unserer Bestrebungen, sowie unsere Einsicht, daß diese Lehre in Anbetracht unserer Geschichte und der in unser Leben eingebetteten Traditionen die vernünftigste für uns ist." (ebd.: 85)

Rawls wendet sich an *uns*, er bezieht sich auf die Lehren *unserer* Geschichte, auf die in *unser* Leben eingebetteten Traditionen. Es geht vor diesem Hintergrund nicht um philosophische Wahrheit, sondern um ein *Verstehen* unserer selbst. *Wir* fühlen uns den liberalen Werten verpflichtet, wir, die wir in ganz bestimmten Traditionen und Kontexten aufgewachsen sind. „Rawls versucht diese *Paradoxie der Verbindlichkeit ohne Wahrheit* kontextualistisch aufzulösen. Der moralische Gehalt der Gerechtigkeitstheorie wird hermeneutisch verbürgt." (Kersting 2006: 18) Rawls legt unsere Traditionen und unser Selbstverständnis hermeneutisch, also sinnverstehend, aus. Aufgabe dieser politischen Theorie ist die Artikulation und Klärung verbreiteter Überzeugungen und Gewissheiten unserer Tradition bzw. Kultur – in diesem Fall: der westlichen Kultur der Menschen- und Bürgerrechte, oder noch spezieller: alles dessen, woran ein Amerikaner glaubt, wenn er sich zum „American Creed" bekennt. Diese Theorie „zieht sich nicht aus dem gesellschaftlichen Leben und der Welt zurück", sie beansprucht nicht, „abseits von allen Traditionen politischen Denkens und Handelns die Wahrheit zu erkennen“ (PL: 117).

> „Wir sammeln solche gefestigten Überzeugungen wie den Glauben an religiöse Toleranz und die Ablehnung der Sklaverei und bemühen uns, die ihnen zugrunde liegenden Ideen und Grundsätze in einer kohärenten politischen Gerechtigkeitskonzeption zusammenzubringen. [...] Wir beginnen demnach mit einem Blick auf die politische Kultur selbst, die wir als Fundus implizit anerkannter Ideen und Grundsätze betrachten.“ (PL: 72f.)

Indem Rawls von den vorgefundenen, eingelebten und „stillschweigend bejahten“ Überzeugungen und Gewohnheiten ausgeht, nimmt er erkennbar „kommunitaristische“ Momente in seine Theorie auf. Man könnte aber auch sagen, dass er sich dem Konzept des „Ethos“ annähert, und damit – und nicht nur damit – einer Konzeption, die bemerkenswerter Weise viel näher an Aristoteles zu stehen scheint, als Rawls dies eingesteht. Wir werden darauf noch eingehen.

Auf diesem Wege jedenfalls stößt Rawls auf die „Hintergrundkultur einer Zivilgesellschaft“ – und dies ist die „Kultur des Sozialen, nicht des Politischen“. Es ist die „Kultur des alltäglichen Lebens mit seinen vielen Vereinigungen: Kirchen und Universitäten, gelehrten und wissenschaftlichen Gesellschaften, Clubs und Teams, um einige zu nennen“ (PL: 79). Diese tragen und verkörpern die „Tradition des demokratischen Denkens“, den „common sense“ (PL: 79) – man könnte auch sagen: das Ethos einer liberalen Demokratie.

Wie wichtig dieses Ethos bzw. die „in unser Leben eingebetteten Traditionen“ und damit die historisch-kulturellen Kontexte der Gerechtigkeit sind, wird insbesondere an dem deutlich, was im Zentrum des liberalen „common sense“ wie auch des liberalen Personenkonzepts steht und stehen muss: der „Gerechtigkeitssinn“ der Bürger. Dieser „Gerechtigkeitssinn“ muss vorhanden sein, damit zum einen die liberale und faire Kooperation der Bürger funktionieren kann und damit zum anderen die „hermeneutische“ Argumentation der Theorie zu überzeugen vermag. Diesen speziellen, liberalen Gerechtigkeitssinn zu haben, ist nun aber keine Frage der Rationalität eines Menschen, ist nichts, von dessen Richtigkeit man durch angestrengtes Nachdenken oder durch die Kraft des besseren Arguments intellektuell überzeugt werden könnte. Wenn Bürger über diesen Gerechtigkeitssinn verfügen, ihn verinnerlicht haben, so ist dies das Ergebnis „ihres durch das Leben im Rahmen einer gerechten Grundstruktur geprägten *Charakters*“ (GFN: 283, Hervorheb. C.S.). Der Gerechtigkeitssinn ist – mit Aristoteles gesprochen – keine „dianoetische“

Tugend, keine Verstandestugend, sondern eine „ethische" Tugend, eine Charaktertugend. Er kennzeichnet eine „hexis", eine charakterliche Grundhaltung, einen Habitus (vgl. Band 1 zu Aristoteles). Sich anderen gegenüber fair und tolerant zu verhalten, ist eine Frage des Charakters, nicht des Intellekts. Es gibt viele hoch gebildete und rationale Menschen, die über diese Tugenden nicht verfügen.

Betrachten wir noch einige damit verwandte ethische Tugenden, die nach Rawls das Fundament der liberalen Gesellschaft ausmachen, die „kooperativen Tugenden des politischen Lebens". Es sind dies vor allem „die Tugenden der Toleranz und der Bereitschaft, anderen auf halbem Wege entgegenzukommen", der „Sinn für Fairneß" und „Kompromissbereitschaft" (PL: 248).

> „Diese Tugenden garantieren die Bereitschaft, wenn nicht gar den Wunsch, mit anderen unter Bedingungen zu kooperieren, die von allen auf der Ebene der Gleichheit und der wechselseitigen Achtung öffentlich akzeptiert werden können." (GFN: 183f.)

Diese Tugenden bilden das „politische Kapital einer Gesellschaft" (PL: 248). Sie werden durch Gewöhnung und eine entsprechende Praxis allmählich aufgebaut (PL: 248, Anm.) und sie bedürfen der Pflege und konstanten Erneuerung. So wächst das gegenseitige Vertrauen der Bürger und die „Loyalität" zu ihrem Gemeinwesen – indem sie in diesem „aufwachsen", in es hineinsozialisiert werden.

Mit diesen Einsichten in die ethischen Grundlagen und politisch-kulturellen Kontexte der liberalen Demokratie hat Rawls seine Position nicht unwesentlich der seiner kommunitaristischen Kritiker angenähert. Von einem „unencumbered self" (Sandel) kann hier jedenfalls keine Rede mehr sein. Die Theorie bleibt mit Blick auf metaphysische Prämissen „freistehend". Zugleich ist sie nun wesentlich stärker in die besagten Kontexte „eingebettet" bzw. empirisch rückgebunden. Das Ziel, die „eigentliche Aufgabe" politischer Philosophie „besteht darin, die tieferen Grundlagen der Übereinstimmung, von denen man hofft, daß sie im Common sense eingebettet sind, aufzudecken und zu formulieren" (IPL: 84). „Praktische", „historische und soziologische" Gründe sprechen nun für die politische Gerechtigkeitskonzeption (IPL: 313, Anm. 22), mehr noch: diese Gründe haben bei Rawls II systematisches Gewicht.

Nun kann man darüber streiten, ob Rawls' Ansatz dadurch tragfähiger geworden ist oder ob er sein Anliegen unnötiger Weise einem überzogenen Kulturrelativismus ausgeliefert hat. Zunächst einmal sollte es einer politischen Theorie nicht als Nachteil ausgelegt werden, wenn sie sich um einen Rückbezug auf empirische Gegebenheiten und Realitäten bemüht. Der Verzicht auf moralphilosophische Wahrheit wird durch den Zugewinn an „hermeneutischen" und politisch-kulturellen Klärungen mehr als kompensiert. Zudem sollte man diesen politischen Liberalismus nicht an falschen Maßstäben messen, sondern an denen, die Rawls selbst angibt: Er will (lediglich) das, was „einem tieferen Verständnis unserer selbst" entspricht, in kohärenter Weise herausarbeiten – verbunden mit der normativen Absicht, eine politische (und keine metaphysische) Antwort auf das moderne „Faktum des Pluralismus" zu finden. Und eben dies gelingt Rawls zweifelsohne. Wer bei solchen Fragen partout nicht auf Letztbegründungen oder metaphysische Wahrheiten verzichten will, dem hat Rawls tatsächlich wenig zu bieten. Seinen Kritikern könnte man dabei die Gegenfrage stellen, welche politische Theorie den Geist und Buchstaben der amerikanischen Verfassung (oder auch des deutschen Grundgesetzes) besser erfassen könnte als die von John Rawls.

Nicht von den Kritikern des Liberalismus kommen indes die vielleicht gewichtigsten Einwände, sondern von Philosophen, die Rawls' normatives Anliegen gerade teilen. Exemplarisch sei hier Jürgen Habermas' Kritik an der Preisgabe des universalistischen moralischen Anspruchs angeführt. Dabei geht es nicht um die Frage, was unter Gerechtigkeit verstanden werden soll, sondern letztlich um die Frage, welche Aufgabe und welche Begründungsansprüche praktische Philosophie für sich reklamieren sollte. Habermas ist hier skeptisch:

> „Ich fürchte, daß Rawls Zugeständnisse an philosophische Gegenpositionen macht, die der Klarheit seines eigenen Ansatzes schaden. [...] Ferner habe ich den Eindruck, daß Rawls Begründungsfragen von Fragen der Akzeptanz schärfer trennen müsste; er scheint die weltanschauliche Neutralität seiner Gerechtigkeitskonzeption mit der Preisgabe ihres kognitiven Geltungsanspruchs erkaufen zu wollen." (Habermas 1996: 66f.)

Politische Philosophie sollte „unter Bedingungen nachmetaphysischen Denkens bescheiden sein, aber nicht auf die falsche Weise" (ebd.: 67). Letzteres tue Rawls jedoch, indem er viel zu ausschließlich auf das Kriterium der Stabilität und nicht (mehr) auf das der moralischen Richtigkeit abziele. Rawls komme dabei dem Kontextualismus viel zu weit entgegen. Die „rekonstruierende Aneignung" muss mehr leisten „als nur die hermeneutische Vergewisserung eines kontingenten Überlieferungszusammenhangs" (ebd.: 79). Der „moral point of view" ist für Habermas unaufgebbar und unverzichtbar – für die praktische Philosophie wie auch für die liberale Demokratie selbst. Gegen Rawls wendet Habermas ein,

> „[...] daß wir von vernünftigen Bürgern so lange keinen ‚übergreifenden Konsens' erwarten dürfen, wie sie nicht in der Lage sind, einen ‚moralischen Gesichtspunkt' zu adoptieren, der von den Perspektiven der verschiedenen Weltbilder, die jeder von ihnen einzeln einnimmt, unabhängig ist und der diesen vorausgeht. [...] Ich möchte zeigen, daß – und warum – Rawls am Ende nicht umhinkann, den Forderungen der praktischen Vernunft, die vernünftigen Weltbildern *abverlangt* werden und keineswegs nur deren glückliche Überlappung widerspiegeln, volles Gewicht einzuräumen." (ebd.: 98)

So ergibt sich mit Blick auf Rawls in der Tat „die interessante Frage, wie sich denn ‚vernünftige' Weltbilder als solche überhaupt identifizieren lassen, wenn Maßstäbe einer von Weltbildern unabhängigen praktischen Vernunft nicht zur Verfügung stehen" (ebd.: 111). Ob sich freilich solche Maßstäbe des Gerechten ihrerseits wiederum einer bestimmten Auffassung vom Guten verdanken, wie Charles Taylor dies behauptet, kann hier offen gelassen werden. Mit einem aber hat Habermas zweifelsohne recht: „Eine Philosophie, die nur noch hermeneutisch erläuterte, was ohnehin besteht, hätte ihre kritische Kraft eingebüßt." (ebd.: 122).

Schluss: Ein „neutralistisches Selbstmißverständnis" des Liberalismus?

John Rawls' politische Theorie wie auch die Kritik, die an ihm geübt wurde und in die Kommunitarismusdebatte mündete, sind nicht primär deshalb zu solcher Prominenz gelangt, weil die philosophischen Argumente und Positionen so völlig neu wären, sondern weil hier einige fundamental wichtige Fragen moderner Demokratien zusammenlaufen. Es sind Fragen nach dem normativen Selbstverständnis, der Integrationskraft und damit auch der Zukunftsfähigkeit moderner Gesellschaften. Es sind Fragen, bei denen Probleme politischer Ordnung und individueller Lebensweise eng miteinander verzahnt sind. Und es sind Fragen, bei denen sich philosophischer Diskurs und öffentliche Debatte thematisch oft überschneiden – um einmal die deutsche Variante dieser Fragestellungen heranzuziehen, zeigen dies Schlagwörter wie: Leitkultur, Verfassungspatriotismus, Integration, Parallelgesellschaften, Werteverfall, multikulturelle Gesellschaft usw. usf.

Diese Nähe zu öffentlich breit und oft emotional diskutierten Themen ist für eine sachliche wissenschaftliche Diskussion nicht immer unproblematisch. Gleichwohl kann man für den „Streit" zwischen Liberalen und Kommunitaristen mittlerweile in einigen Punkten von einer weitgehenden Annäherung sprechen. Das wurde oben bereits an Rawls' Korrekturen bzw. Ergänzungen seiner eigenen Position deutlich. Freilich waren die wichtigsten Vertreter dieser Debatte ohnehin von Beginn an in entscheidenden Punkten weitgehend einer Meinung, zumindest in grundsätzlichen Fragen der „Parteinahme" (Taylor): Letztlich bestreitet kein Kommunitarist den Wert individueller Freiheit, sie alle stehen, so könnte man sagen, zu den Prinzipien, die in der amerikanischen Verfassung ihren Ausdruck finden.

Vor diesem Hintergrund erscheint als zumindest eine der entscheidenden Fragen dieser Debatte, ob diese Prinzipien und Werte der liberalen Demokratie als Ausdruck eines liberalen Gerechtigkeitsverständnisses zu begreifen sind oder kommunitaristisch als Ausdruck eines gemeinschaftlich geteilten Guten – oder beides zugleich. Diese zuletzt genannte Option einer Ergänzungsfähigkeit beider Positionen soll nicht die verbleibenden und teilweise fundamentalen Unterschiede auf philosophischer Ebene verwischen, etwa hinsichtlich der anthropologischen Grundannahmen. Die genannte Option erscheint aber deswegen nicht unplausibel, weil sich liberale und kommunitaristische Argumente teilweise auf unterschiedlichen Ebenen bewegen – und gerade deshalb einander ergänzen können.

Wir sind oben bei Taylor bereits auf eine mögliche Variante einer solchen Ergänzung oder Vermittlung gestoßen: auf die Möglichkeit, die „Herrschaft der Gerechtigkeit" selbst als ein von allen „geteiltes Gut" zu begreifen (Taylor 1994b: 119), womit sich der normative Vorrang des Rechten und die „holistische" Einsicht in die Bedeutung des Guten zumindest nicht von vornherein widersprechen müssten. Der Liberalismus müsste dabei keinesfalls seine zentralen politischen Werte fallen lassen, er müsste lediglich „sein neutralistisches Missverständnis aufgeben" (Kersting 1997: 455):

> „Damit sich eine liberale Gemeinschaft dauerhaft etablieren kann, muß sich der Liberalismus freilich selbst als eine Theorie des Guten begreifen und die Verhaltensweisen und Einstellungen der Bürger herausstellen und fördern, die für die Einrichtung und Bestandssicherung einer liberalen Gemeinschaft unerlässlich sind. Dabei erweist sich, daß seine Begriffe, Rationalitätskonzepte und Sozialmodelle, die allesamt ihren Ort im Kontext einer Theorie individualistischer Rechtfertigung haben, selbst nicht geeignet sind, die Kohärenz verbürgende Integrationspraxis

liberaler Gemeinschaften angemessen zu begreifen.“ (Kersting 1997: 426, Anm. 50)

Auch damit sind keineswegs alle Differenzen ausgeräumt, einige wahrscheinlich sogar eher übertüncht. Doch gerade mit Blick auf die Stabilitätsbedingungen liberaler und pluralistischer Demokratien könnte damit einiges gewonnen sein, also mit Blick auf eben jene Ebene politischer Kultur, auf der Rawls dem Kontextualismus (zu recht) einige Zugeständnisse macht. Und zumindest auf dieser Ebene ließe sich zwischen den meisten Teilnehmern der Debatte wahrscheinlich ein „overlapping consensus“ in pragmatischer Hinsicht erzielen, der mit Michael Walzer davon ausginge, dass der Liberalismus zwar eine „periodische kommunitaristische Korrektur“ tatsächlich brauche, dass aber zu seinen Kernprinzipien keine realistischen oder wünschenswerten Alternativen bestehen:

> „Es ist jedoch keine besonders hilfreiche Form von Korrektur, wenn man einfach behauptet, der Liberalismus sei dem Buchstaben nach zusammenhangslos oder er könne durch irgendeine vorliberale oder antiliberale Gemeinschaft, die ganz knapp unter der Oberfläche oder gleich hinter dem Horizont auf ihren Einsatz warte, ersetzt werden. Nichts wartet auf seinen Einsatz: Die amerikanischen Kommunitaristen müssen einsehen, daß es auch unter der Oberfläche und jenseits des Horizonts nichts gibt als voneinander getrennte, mit Rechten ausgestattete, freiwillig sich zusammenschließende, in freier Rede sich äußernde, liberale Individuen. Und dennoch wäre es gut, wenn wir diese Individuen lehren könnten, sich als soziale Wesen zu begreifen, als die historischen Produkte und partiell auch als die Verkörperungen von liberalen Werten.“ (Walzer 1994: 170)

Literatur

Schriften von John Rawls:

TG *Eine Theorie der Gerechtigkeit*, Frankfurt a.M. 1975.

IPL *Die Idee des politischen Liberalismus. Aufsätze 1978-1989*, Frankfurt a.M. 1992.

PL *Politischer Liberalismus*, Frankfurt a.M. 1998.

GFN *Gerechtigkeit als Fairneß. Ein Neuentwurf*, Frankfurt a.M. 2003.

GM *Geschichte der Moralphilosophie. Hume – Leibniz – Kant – Hegel*, Frankfurt a.M. 2004.

GPP *Geschichte der Politischen Philosophie*, Frankfurt a.M. 2008.

Schriften der Kommunitaristen:

Etzioni, Amitai, *Die Verantwortungsgesellschaft. Individualismus und Moral in der heutigen Demokratie*, Frankfurt a.M. 1997.

–, *Die Entdeckung des Gemeinwesens. Ansprüche, Verantwortlichkeiten und das Programm des Kommunitarismus*, Frankfurt a.M. 1998.

MacIntyre, Alasdair, Ist Patriotismus eine Tugend?, in: Honneth, Axel (Hg.), *Kommunitarismus. Eine Debatte über die moralischen Grundlagen moderner Gesellschaften*, Frankfurt a.M. / New York 1994, S. 84-102.

–, *Der Verlust der Tugend. Zur moralischen Krise der Gegenwart*, Frankfurt a.M. 1995.

Putnam, Robert, *Bowling Alone. The Collapse and Revival of American Community*, New York 2000.

Sandel, Michael, *Liberalism and the Limits of Justice*, Cambridge 1982.

– (Hg.), *Liberalism and Its Critics*, Oxford 1984.

–, Die verfahrensrechtliche Republik und das ungebundene Selbst, in: Honneth, Axel (Hg.), *Kommunitarismus. Eine Debatte über die moralischen Grundlagen moderner Gesellschaften*, Frankfurt a.M. / New York 1994, S. 18-35.

Taylor, Charles, *Human agency and language. Philosophical Papers 1*, Cambridge 1985 [=Taylor 1985a].

–, *Philosophy and the human sciences. Philosophical Papers 2*, Cambridge 1985 [=Taylor 1985b].

–, *Negative Freiheit? Zur Kritik des neuzeitlichen Individualismus*, Frankfurt a.M. 1988.

–, *Quellen des Selbst. Die Entstehung der neuzeitlichen Identität*, Frankfurt a.M. 1994 [=Taylor 1994a].

–, Aneinander vorbei: Die Debatte zwischen Liberalismus und Kommunitarismus, in: Honneth, Axel (Hg.), *Kommunitarismus. Eine Debatte über die moralischen Grundlagen moderner Gesellschaften*, Frankfurt a.M. / New York 1994, S. 103-130 [=Taylor 1994b].

–, *Wieviel Gemeinschaft braucht die Demokratie? Aufsätze zur politischen Philosophie*, Frankfurt a.M. 2002.

Walzer, Michael, *Sphären der Gerechtigkeit. Ein Plädoyer für Pluralität und Gleichheit*, Frankfurt a.M. 1992.

–, Die kommunitaristische Kritik am Liberalismus, in: Honneth, Axel (Hg.), *Kommunitarismus. Eine Debatte über die moralischen Grundlagen moderner Gesellschaften*, Frankfurt a.M. / New York 1994, S. 157-180.

Darstellungen:

Habermas, Jürgen, Politischer Liberalismus – eine Auseinandersetzung mit John Rawls, in: ders., *Die Einbeziehung des Anderen. Studien zur politischen Philosophie*, Frankfurt a.M. 1996, S. 65-127.

Haus, Michael, *Kommunitarismus. Einführung und Analyse*, Wiesbaden 2003.

Höffe, Otfried, *Praktische Philosophie – Das Modell des Aristoteles*, Berlin 1996.

–, Einführung in Rawls' *Theorie der Gerechtigkeit*, in: ders. (Hg.), *John Rawls. Eine Theorie der Gerechtigkeit*, Berlin 2006, S. 3-26.

Honneth, Axel (Hg.), *Kommunitarismus. Eine Debatte über die moralischen Grundlagen moderner Gesellschaften*, Frankfurt a.M. / New York 1994.

Joas, Hans, Gemeinschaft und Demokratie in den USA. Die vergessene Vorgeschichte der Kommunitarismus-Diskussion, in: Brumlik, Micha / Brunkhorst, Hauke (Hg.), *Gemeinschaft und Gerechtigkeit*, Frankfurt a. M. 1993, S. 49-62.

Kersting, Wolfgang, *Recht, Gerechtigkeit, demokratische Tugend. Abhandlungen zur praktischen Philosophie der Gegenwart*, Frankfurt a.M. 1997.

–, *Gerechtigkeit und öffentliche Vernunft. Über John Rawls' politischen Liberalismus*, Paderborn 2006.

Mason, Andrew, *Community, Solidarity and Belonging. Levels of Community and their normative Significance*, Cambridge 2000.

Niesen, Peter, Die politische Theorie des politischen Liberalismus: John Rawls, in: Brodocz, André / Schaal, Gary (Hg.), *Politische Theorien der Gegenwart II*, Opladen 2001, S. 23-54.

Reese-Schäfer, Walter, *Kommunitarismus*, Frankfurt a.M. 2001.

Rosa, Hartmut, Die politische Theorie des Kommunitarismus: Charles Taylor, in: Brodocz, André / Schaal, Gary (Hg.), *Politische Theorien der Gegenwart II*, Opladen 2001, S. 55-88.